Maria Angela Apicella • Dominique Guillemant

Léo et Théo 3

Guide pédagogique

PIERRE BORDAS ET FILS
ELI

Léo et Théo 3
Guide pédagogique
de Maria Angela Apicella et Dominique Guillemant

Responsable du projet : Sabina Cedraro
Rédaction : Barbara Andreozzi
Direction artistique : Letizia Pigini
Responsable de production : Francesco Capitano
Illustrations : Elisa Rocchi
Conception graphique : Airone comunicazione – Sergio Elisei
Mise en page : Federico Borsella

CP 6 – 62019 Recanati – Italie
Tel +39 071 750701
Fax +39 071 977851
info@elionline.com
www.elionline.com

Achevé d'imprimer en Italie par Tecnostampa –
Pigini Group Printing Division – Loreto – Trevi – Italie
18.83.419.0

ISBN 978-88-536-2356-0

Sommaire

Tableau des contenus

Lexique / Phonétique	EMILE / Le monde autour de toi
Les vacances : *la mer, le lac, la montagne, la ville, l'île, la campagne, la colonie de vacances, l'hôtel, la tente, l'appartement, le gîte rural* **Les moyens de transport :** *la voiture, le camping-car, le car, le train, l'avion, le bateau* **Les actions pendant les vacances :** *nager, jouer aux raquettes, lire des magazines, visiter un musée, photographier, voir des animaux, randonner, pique-niquer* **Les adjectifs :** *formidable, amusant, intéressant, fatigant, aventureux, bizarre, ennuyeux* **Phonétique :** La liaison	**EMILE : Géographie** **L'écosystème** **Le monde autour de toi** **Au cœur de la nature**
L'habitation : *l'immeuble, l'appartement, la maison, le balcon, le toit, le garage, le jardin, le grenier, le rez-de-chaussée, l'étage* **Les pièces et les meubles :** *le salon (le canapé, le fauteuil), la cuisine (la table, la chaise, le frigo), la chambre (le lit, l'armoire, la table de nuit, la lampe, le tapis, l'étagère, le bureau, la bibliothèque), la salle de bain (le miroir, le lavabo, la douche), les toilettes (le W.-C.)* **Phonétique :** Le son [ɑ̃] s'écrit « an », « am », « en », « em »	**EMILE : Histoire** **La maison dans l'histoire** **Le monde autour de toi** **La maison en France**
La famille et les liens de parenté : *cousin, cousine, tante, oncle* **Les émotions :** *être content, être triste, être en colère, être supris, avoir peur* **La technologie :** *le portable, l'ordinateur, la tablette, la télé, le casque, le clavier, la console, la clé USB, la souris, la webcam* **Les verbes de la technologie :** *envoyer un message vocal / un texto / une photo, téléphoner, prendre des photos, filmer, écouter de la musique, regarder des vidéos, surfer sur Internet, chercher / partager des informations, écrire un mail, jouer aux jeux vidéo* **Phonétique :** Le son [k] s'écrit « c », « k », « qu »	**EMILE : Science** **Le système solaire** **Le monde autour de toi** **Le Futuroscope**
À la supérette : *choisir les légumes, lire la liste des courses, mettre les courses dans le caddie, faire la queue, payer à la caisse, remplir son sac* **L'argent :** *les pièces de monnaie, les billets, la carte de crédit, la carte de fidélité* **Les quantités :** *un kilo, un morceau, une brique, une canette, un pot, un paquet, une tablette, un tube, une boîte, une bouteille, une plaquette, un sachet, une pincée, une cuillère, une tranche, un verre, une tasse* **Phonétique :** Le son [z] s'écrit « z », « s »	**EMILE : Arts plastiques** **La nourriture dans l'art** **Le monde autour de toi** **Manger en France**
Les magasins : *le supermarché, la boutique, la boucherie, la pâtisserie, l'animalerie, la pharmacie, la papeterie, le magasin de jouets, la librairie, la boulangerie* **En ville :** *la gare, l'école, le passage piétons, le cinéma, le théâtre, le musée, le jardin public, le restaurant, la statue, l'hôpital, la poste, les feux de circulation, le parking* **Les moyens de transport :** *en autobus, à pied, à vélo, en voiture, en métro, en taxi* **Les principaux verbes de mouvement :** *aller, traverser, tourner, passer* **Phonétique :** Le son [ɛ̃] s'écrit « in », « im », « ain », « aim », « ein », « un », « um »	**EMILE : Éducation civique** **Sauvons la planète !** **Le monde autour de toi** **Les marchés parisiens**
Les métiers : *la vendeuse, la maîtresse, la vétérinaire, le cuisinier, l'acteur, le pompier, le médecin, le mécanicien, la coiffeuse, la secrétaire, le boulanger, le musicien* **Les lieux de travail :** *le théâtre, l'école, le cabinet médical, le bureau, le restaurant, le salon de coiffure, le magasin, le garage, le parc animalier* **Les adjectifs :** *intéressant, ennuyeux, amusant, fatigant, dynamique, créatif, dangereux, patient, courageux, curieux, disponible, sensible* **Phonétique :** Le son [ɔ̃] s'écrit « on», « om »	**EMILE : Histoire** **Les grandes inventions** **Le monde autour de toi** **Des métiers d'hier et... de demain !**

Légende des symboles

audio

vidéo

numérique

chanson

parle

Introduction

La méthode

Léo et Théo est une méthode de français créée pour répondre aux besoins spécifiques des enfants à partir de 8-9 ans, en tenant compte de leur développement cognitif, affectif et social. Léo et Théo, deux jumeaux identiques et en même temps très différents, sont les protagonistes qui accompagnent les élèves au cours de cette méthode de français. Leurs personnalités si différentes permettent aux jeunes apprenants de s'identifier avec l'un ou l'autre selon les situations.

Riche en couleurs, images et photos, *Léo et Théo* est une méthode ludique et intuitive qui propose :

- une **progression graduelle** des apprentissages centrée sur les rythmes d'apprentissage des élèves à travers un avancement progressif dans la complexité en suivant une programmation spiralaire ;
- le **développement des compétences** en mettant l'accent sur les savoirs, savoir-faire et savoir-être ;
- une **approche communicative** où la langue est conçue comme un instrument de communication et d'interaction sociale dans des situations de la vie, les plus variées ;
- une **approche actionnelle** qui stimule le développement des compétences réceptives et interactives ;
- une **grande variété d'activités, de chansons, de jeux et de projets** concrets, pour faire vivre aux enfants une expérience créative et ludique de l'apprentissage de la langue ;
- des **activités pluridisciplinaires** (*EMILE*) et des **pages de civilisation** qui enrichissent le parcours culturel des élèves à la découverte de la France et de la francophonie.

Lors de l'élaboration de cette méthode, certains facteurs communs dans les classes de primaire de nombreux pays ont été pris en compte :

- le nombre élevé d'élèves par classe ;
- le manque de ressources ;
- la diversité du personnel enseignant (spécialistes et non-spécialistes, avec plus ou moins d'expérience) ;
- la diversité (élèves provenant de différents horizons, différents niveaux de compétences, etc.) ;
- les variations du nombre d'heures par semaine.

Les objectifs

L'objectif principal de cette méthode est d'enseigner le français comme **outil communicatif** et comme moyen d'accès à d'autres cultures et modes de vie. Pour cette raison, la langue est toujours introduite par le biais de personnages amusants et dans un contexte familial. Dans un premier moment, les garçons et les filles peuvent utiliser cette langue dans des situations de la vie quotidienne. Cela leur permet d'augmenter leur estime de soi et d'élargir leurs connaissances générales. L'objectif important est aussi la préparation au ***DELF Prim*** (A1.1 – A1 – A2.1).

Les élèves :

- participent activement à leur apprentissage grâce à l'interaction, à l'exploration et aux jeux ;
- utilisent différentes ressources paralinguistiques pour renforcer leur capacité de communication ;
- participent à des échanges contextuels pour apprendre à communiquer en français de manière appropriée ;
- acquièrent des concepts, des procédures et des attitudes qui leur permettront de comprendre et d'adapter leur environnement ;
- acquièrent des expériences émotionnelles, motrices, sociales et cognitives qui leur permettront de découvrir une nouvelle culture et d'approfondir leurs connaissances.

Les principes pédagogiques

La méthode *Léo et Théo* a été développée en tenant compte des principes pédagogiques suivants :

- **Une approche centrée sur l'élève :** les apprenants acquièrent des connaissances grâce à un processus interactif qui les implique, le matériel pédagogique et l'enseignant servant de lien.
- **Le choix des sujets :** chaque unité travaille sur un sujet spécifique. Ces sujets ont été choisis en tenant compte de l'âge et des intérêts des apprenants. Ils abordent des aspects de la réalité et du monde.
- **Expression personnelle :** plusieurs activités permettent aux élèves de réfléchir sur eux-mêmes et sur les sujets, les personnages et les situations présentés dans le Livre de l'élève. Les élèves décrivent leur environnement à travers des dessins et des descriptions orales et écrites (famille, amis, animaux de compagnie, préférences, etc.).
- **Une approche pluridisciplinaire :** en primaire, le français n'est pas un sujet isolé, mais fait partie d'un programme d'études globalisé dans lequel les différents domaines sont interdépendants. Dans *Léo et Théo* on utilise les mêmes stratégies que d'autres matériaux tels que la manipulation du matériel, l'observation, la prédiction, le séquençage, le regroupement et la discrimination… En outre, on aide les élèves à développer différentes compétences pour résoudre les problèmes qui surviennent lors du processus d'apprentissage.

Les niveaux

Cette méthode de français pour l'école primaire s'articule sur **trois niveaux** et a pour objectif d'amener les élèves au début du niveau A2 du Cadre européen commun de référence pour les langues : A1.1 – premier niveau, A1 – deuxième niveau et A2.1 – troisième niveau.

La durée

La méthode *Léo et Théo 3* offre suffisamment de matériel pour couvrir entre 80 et 90 leçons, y compris celles consacrées à l'évaluation. Chaque leçon est prévue pour durer de 45 à 60 minutes environ. Cependant, les notes didactiques prévoient également des situations dans lesquelles il est nécessaire de couvrir un nombre plus ou moins important d'heures.

Présentation du matériel du niveau 3

Le niveau 3 comprend :

Pour l'élève	Pour l'enseignant
Livre de l'élève 3 (96 pages) Cahier d'activités 3 (72 pages) + CD audio Livre actif téléchargeable en ligne	Guide pédagogique 3 (192 pages) 2 CD audio Livre actif DVD Contes musicaux 3 – ***Peter Pan***

Livre de l'élève 3

Les jumeaux Léo et Théo ont passé leurs vacances chez leurs grands-parents et ils rencontrent leurs amis le jour de la rentrée. Chacun raconte comment il a passé cette période estivale. De nouveaux contenus permettront aux apprenants de renforcer les structures langagières et le lexique qu'ils connaissent déjà et de les renforcer grâce à des activités ludiques et communicatives. Les élèves apprendront à parler de leur propre habitat et du monde qui les entoure, à exprimer leurs sentiments et leurs sensations, à interagir avec un commerçant, à parler de cuisine, à s'orienter en ville et à parler de leurs projets futurs. Petit à petit, grâce à l'apport de ce troisième volume, les apprenants seront capables de s'exprimer au quotidien. Les pages de culture et civilisation françaises leur permettront d'approfondir la connaissance de la France.

Le Livre de l'élève 3 propose :

- **Six unités** précédées d'une **unité zéro** comprenant chacune **huit leçons** :

LEÇON 1
Deux pages de **BD** avec deux activités de compréhension du texte et une **chanson d'ouverture** (voir pages 17 et 18 pour des indications méthodologiques sur les bandes dessinées et les chansons).

LEÇONS 2-3-4

Trois pages qui présentent généralement deux ou trois thématiques avec leurs **fonctions et structures communicatives** spécifiques, à travers diverses activités qui développent les compétences de compréhension et production orale.

LEÇON 5

Une page consacrée à des **jeux** récapitulatifs de l'unité et à la **phonétique**.

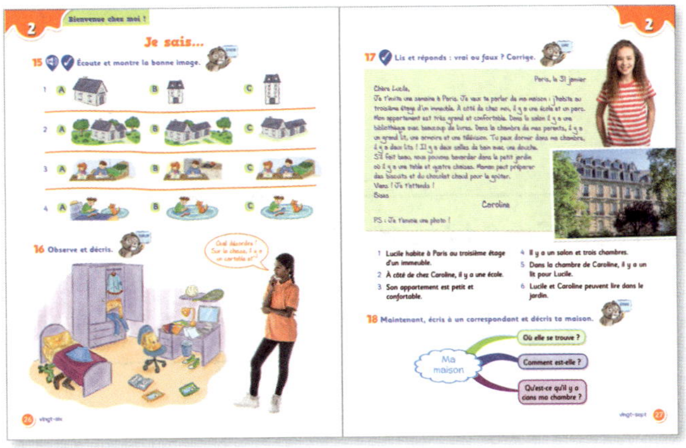

LEÇON 6

Deux pages consacrées aux **compétences linguistiques** (compréhension et production orale et écrite).

LEÇONS 7-8

Deux pages d'***EMILE*** (voir page 19 pour des indications méthodologiques sur l'*EMILE*) et deux pages de **culture générale**.

- Des sections spéciales :

Une section ***Mes compétences*** toutes les 2 unités pour un contrôle des acquis qui se termine avec un espace consacré à l'autoévaluation (*Dis ce que tu sais faire !*).

Une section ***Vive les fêtes !*** (la Saint-Valentin, la Fête de la Musique et la Fête nationale) qui consiste en des leçons culturelles pour que les apprenants s'approchent de la culture et civilisation française et consolident les structures et le vocabulaire, en développant différentes compétences.

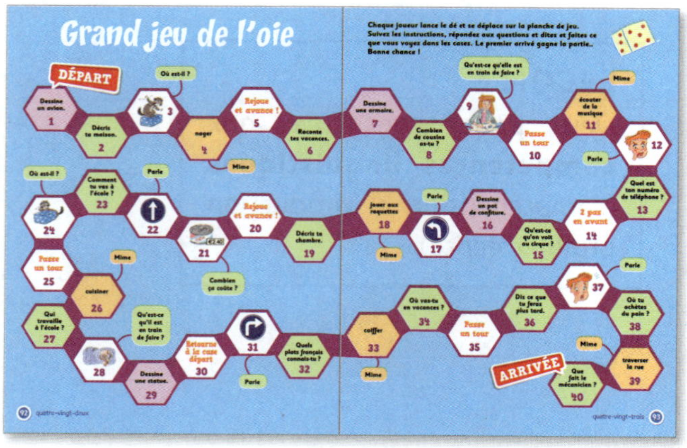

Un ***Grand jeu de l'oie*** récapitulatif du vocabulaire et des structures linguistiques apprises.

Une section ***Théâtre***, qui contient une petite pièce à jouer, par exemple, à l'occasion d'une kermesse de fin d'année.

Cahier d'activités 3

C'est un livre attrayant, en couleur, qui propose un grand nombre d'exercices de renforcement et d'approfondissement complétant parfaitement les activités présentées dans le livre, surtout au niveau de l'écriture. Utilisé à l'école ou à la maison, il permet de consolider les connaissances acquises au cours des leçons.

Le Cahier d'activités 3 propose :

Six unités principales qui ont la même structure que le livre de l'élève, mais contenant aussi des exercices spécifiques utiles pour la préparation de l'examen du **DELF Prim A2**. Chaque unité du cahier d'activités se termine par une section ***Mes compétences*** et un espace d'autoévaluation qui permettent aux apprenants de comprendre leur niveau de compétences.

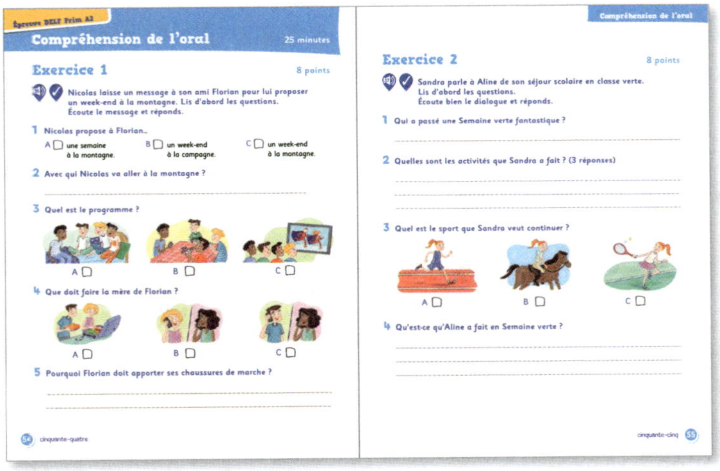

Une ***épreuve type* du DELF Prim A2**, complète et cohérente avec l'approche de base du CECR.

Une section ***Mon glossaire***, contenant une liste des principaux mots acquis au cours des différentes leçons.

Le guide pédagogique

Il accompagne pas à pas le Livre de l'élève et le Cahier d'activités, en guidant les enseignants dans un voyage créatif à la fois flexible et personnalisable et leur permettant de savoir exactement ce qu'il faut faire à chaque étape de la leçon. Il donne un aperçu détaillé de chaque leçon, ainsi que des idées et suggestions pour exploiter les cours et créer des activités supplémentaires à proposer avant ou après l'utilisation du livre. En outre, il fournit des indications didactiques et pédagogiques relatives à chacune des phases de l'apprentissage à travers des exercices et des activités, des jeux, etc. Le guide pédagogique propose une grande variété d'activités de renforcement et d'extension pour aborder la diversité dans la salle de classe et pour stimuler la capacité des élèves en permettant un apprentissage significatif.

Vous y trouverez :

- un tableau des **compétences clés** et des **objectifs** pour chaque unité ;
- une grille indiquant les connaissances, les structures linguistiques et le lexique à acquérir, ainsi que les supports et le matériel à utiliser dans chaque leçon ;
- des **pré activités** ;
- **l'analyse et les notes didactiques** pour les activités du Livre de l'élève et du Cahier d'activités ;
- **la transcription** de toutes les activités d'écoute ;
- **la clef des activités** du Livre de l'élève et du Cahier d'activités ;
- **des activités extra de renforcement** à faire en classe ;
- des encadrés avec des **notes culturelles et de civilisation** présentant un développement et une expansion de chaque thème ;
- 12 **fiches photocopiables** sur lesquelles faire travailler les élèves en suivant les conseils d'utilisation fournis dans le guide ; elles proposent différentes activités et des travaux manuels pour faciliter la mémorisation des structures et du lexique traités en classe ;
- des **tests** pour l'évaluation finale pour chaque unité avec les clefs et les transcriptions des enregistrements. Les enregistrements des tests sont disponibles en ligne sur le site www.elionline.com dans la section consacrée à *Léo et Théo*.

Les CD audio

Les CD audio accompagnant chacun des niveaux de la méthode proposent l'enregistrement des dialogues de toutes les bandes dessinées ainsi que de nombreuses activités d'écoute :

- les **CD audio 1 et 2** de la classe, fournis à l'enseignant, comprennent les enregistrements des activités d'écoute qui apparaissent dans le Livre de l'élève ;
- le **CD de l'élève** comprend les enregistrements des activités d'écoute qui apparaissent dans le Cahier d'activités.

Le recours au CD audio est vivement conseillé afin de fournir aux élèves un modèle phonétique correct, surtout en ce qui concerne l'apprentissage des sons inexistants dans la langue maternelle de l'apprenant.

Le livre actif

Le livre actif, téléchargeable en ligne pour les élèves et fourni en DVD à l'enseignant, accompagne chaque niveau du cours et on l'utilise en classe sur TBI (Tableau Blanc Interactif) ou à la maison sur l'ordinateur. Il contient la version numérique du Livre de l'élève et du Cahier d'activités et permet de le feuilleter, d'écouter les enregistrements, de regarder les vidéos et de faire les exercices en interaction.

C'est un livre liquide, flexible et hautement lisible qui comprend :

- la reproduction du Livre de l'élève et du Cahier d'activités ;
- les activités numérisées ;
- tous les enregistrements audio ;
- toutes les chansons ainsi que leur version mélodique ;
- les vidéos de toutes les bandes dessinées et des pages de civilisation et *EMILE* ;
- le guide didactique complet.

Les livres numériques stimulent la créativité et constituent un excellent outil de révision. Ils permettent à l'enseignant une utilisation polyvalente du matériel dans la salle de classe grâce au support TBI, en donnant à tous les élèves la possibilité de participer à des jeux et à des activités qui optimisent les conditions d'apprentissage de chacun.

L'utilisation de la technologie comme outil d'expansion, de recherche, d'organisation et de communication de l'information est une compétence fondamentale du 21ème siècle, essentielle pour la formation des apprenants et pour la recherche d'un emploi futur. C'est dans ce cadre que se situe la large offre numérique fournie par ce cours : un large éventail d'outils qui peuvent être utilisés à la fois par l'enseignant, pour le travail en classe avec le TBI, et par l'étudiant, pour le travail indépendant de révision, renforcement et approfondissement à la maison.

Le DVD Contes musicaux

C'est une collection de contes pour enfants en langue française (*Hansel et Gretel* pour le niveau 1, *Le livre de la jungle* pour le niveau 2 et *Peter Pan* pour le niveau 3) réalisée selon un format qui fournit les instruments nécessaires pour mettre en scène une comédie musicale.

Il s'agit d'une méthode qui offre un support aux enseignants et aux élèves montrant la voie à suivre pour organiser les activités présentes à l'intérieur d'un spectacle, en optimisant la mise en scène, les temps et les lieux.
Les Contes musicaux impliquent toutes les disciplines qui composent la comédie musicale et fournissent la méthode adéquate pour procéder à la réalisation du spectacle, en offrant des conseils pratiques expérimentés au préalable.
Du casting à la répétition générale, en passant par la création des costumes, ce texte aide et accompagne l'enseignant au cours de toutes les activités, dans le but d'encourager et de motiver le plus d'enfants possible.

Les compétences

Enseigner en tenant compte des compétences a aujourd'hui une importance primordiale à l'école.
On les définit comme «la capacité à utiliser les connaissances, les compétences personnelles, sociales et / ou méthodologiques, dans des situations de travail ou d'études et dans le développement professionnel et personnel ». Le concept de compétences englobe à la fois les connaissances théoriques ainsi que les compétences pratiques, les attitudes et les valeurs qui doivent être transmises aux élèves pour garantir leur formation intégrale.

Huit compétences clés ont été identifiées :

1) Compétences en lecture et en écriture

- être capable d'identifier, de comprendre, d'exprimer et d'interpréter des concepts, des sentiments, des faits et des opinions, à l'oral et à l'écrit, à l'aide de supports visuels, audio et numériques ;
- savoir communiquer dans une diversité de situations, oralement et par écrit, et adapter la communication en fonction du contexte ;
- avoir un esprit ouvert au dialogue constructif et critique, un goût pour les qualités esthétiques et un intérêt pour la communication avec les autres.

2) Compétences multilingues

- être capable d'utiliser plusieurs langues de manière appropriée et efficace pour la communication ;
- connaître du vocabulaire et la grammaire fonctionnelle dans plusieurs langues, ainsi que les principaux types d'interaction verbale et les registres de langue ;
- être sensible à la diversité culturelle, s'intéresser aux langues et à la communication interculturelle avec respect.

3) Compétence mathématique et compétences en sciences, en technologies et en ingénierie

- savoir développer et appliquer un raisonnement et une intelligence mathématiques en vue de résoudre divers problèmes de la vie quotidienne ;
- avoir une bonne connaissance des nombres, des mesures et des structures, des opérations fondamentales et des présentations mathématiques de base ;
- comprendre des termes et notions mathématiques et être sensible aux problèmes auxquels les mathématiques peuvent apporter une solution ;
- savoir expliquer et connaître les principes élémentaires de la nature, les méthodes scientifiques de base, la technologie et les produits et les procédés technologiques ;
- comprendre les conséquences de la science, de la technologie, de l'ingénierie et de l'activité humaine en général sur l'environnement naturel ;
- faire preuve de jugement critique, de curiosité, et d'un intérêt pour les problèmes éthiques et de respect au regard des progrès scientifiques et technologiques vis-à-vis de soi-même, de la famille, de la collectivité et des problèmes mondiaux.

4) Compétence numérique

- savoir utiliser de façon critique et responsable les technologies numériques pour apprendre, travailler et participer à la société ;
- comprendre comment les technologies numériques peuvent soutenir la communication, la créativité et l'innovation, et être conscients de leurs possibilités, de leurs limites, de leurs effets et de leurs risques ;
- avoir une attitude réfléchie et critique, mais aussi la curiosité et l'ouverture d'esprit dans l'utilisation des technologies et du contenu numériques.

5) Compétences personnelles et sociales et capacité d'apprendre à apprendre
- savoir réfléchir sur soi-même, gérer efficacement le temps et l'information, travailler en équipe dans un esprit constructif, faire preuve de résilience et gérer personnellement son apprentissage et sa carrière ;
- connaître ses propres méthodes d'apprentissage préférées, ses besoins en matière de développement des compétences et les différents moyens d'y répondre ;
- savoir apprendre et travailler de manière autonome et en équipe ;
- savoir organiser son propre apprentissage, l'évaluer et le partager en étant capables de surmonter l'incertitude et le stress ;
- savoir communiquer de manière constructive dans différents contextes en faisant preuve de tolérance ;
- avoir une attitude de collaboration, d'assertivité et d'intégrité ;
- savoir exploiter les expériences d'apprentissage et de vie antérieures et rechercher des occasions d'apprendre et de développer les acquis dans diverses situations de la vie.

6) Compétences citoyennes
- mettre l'accent sur la capacité à agir en tant que citoyens responsables et à participer pleinement à la vie civique et sociale ;
- comprendre des valeurs européennes communes ;
- prendre conscience des buts, valeurs et orientations des mouvements sociaux et politiques et des systèmes durables ;
- connaître le processus d'intégration européenne et la sensibilisation à la diversité et aux identités culturelles en Europe et dans le monde ;
- développer un esprit critique (développement des arguments et participation constructive à des activités locales) ;
- accéder aux médias (compréhension critique, interaction et compréhension de leur rôle et leurs fonctions) ;
- soutenir la diversité sociale et culturelle, l'égalité entre les hommes et les femmes et la cohésion sociale, les modes de vie durables ;
- promouvoir la culture de la paix et de la non-violence et la volonté de respecter la vie privée des autres et de prendre ses responsabilités en matière d'environnement.

7) Compétences entrepreneuriales
- connaître et comprendre les méthodes de planification et de gestion de projets, qui englobent à la fois les processus et les ressources ;
- savoir travailler isolément ou en équipe, mobiliser des ressources (personnes et objets) ;
- avoir le sens de l'initiative et de l'action et savoir motiver les autres et valoriser leurs idées.

8) Compétences relatives à la sensibilité et à l'expression culturelles
- comprendre et respecter la façon dont les idées et le sens sont exprimés et communiqués de manière créative dans des cultures différentes ;
- s'engager à comprendre, à développer et à exprimer ses propres idées et son sentiment d'appartenance ou son rôle dans la société de différentes manières et dans divers contextes ;
- connaître des cultures et des expressions locales, nationales, régionales, européennes et mondiales, y compris ses propres langues, patrimoine, traditions et produits culturels ;
- comprendre les différents modes de communication des idées dans les textes écrits, imprimés et numériques, dans le théâtre, le cinéma, la danse, les jeux, l'art... ;
- comprendre sa propre identité en développement et son patrimoine culturel dans un monde caractérisé par la diversité culturelle ;
- savoir exprimer et interpréter avec empathie des idées figuratives et abstraites, des expériences et des émotions ;
- savoir trouver et mettre à profit des possibilités présentant une valeur personnelle, sociale ou commerciale à travers les arts et d'autres formes de culture ;

- avoir une attitude ouverte par rapport à la diversité des expressions culturelles et la respecter ;
- être curieux à l'égard du monde et avoir une ouverture d'esprit permettant d'imaginer de nouvelles possibilités et de participer à des expériences culturelles.

Les compétences dans *Léo et Théo*

Léo et Théo applique de manière opératoire les lignes directrices sur le développement des compétences en proposant un parcours didactique orienté vers la pensée critique, la collaboration et l'expression personnelle autonome et créative. En particulier :

1) **Compétences en lecture et en écriture :** dans *Léo et Théo*, la L1 favorise la compréhension des bandes dessinées présentées et aide les étudiants à comprendre les consignes des activités et les jeux qu'ils doivent faire.
2) **Compétences multilingues :** le cours développe pleinement cette compétence et guide les élèves pour atteindre le niveau A2.1.
3) **Compétence mathématique et compétences en sciences, en technologies et en ingénierie :** le cours propose des activités qui développent des compétences logico-mathématiques et, à travers les pages d'*EMILE*, présente des sujets d'éducation environnementale, alimentaire, scientifique et technologique.
4) **Compétence numérique :** ces compétences sont activées par l'utilisation du livre actif.
5) **Compétences personnelles et sociales et capacité d'apprendre à apprendre :** les compétences personnelles et sociales s'exercent à travers les nombreuses activités d'interaction orale en binôme et en groupes (jeux et projets) présents dans chaque unité. Les activités proposées au sein de l'unité et les pages d'auto-évaluation visent à faire acquérir aux élèves une conscience progressive et une autonomie dans le processus d'apprentissage de la langue française.
6) **Compétences citoyennes :** les deux pages d'*EMILE* et de culture générale permettent aux apprenants de développer un esprit critique et favorisent la participation constructive à la vie civique et sociale.
7) **Compétences entrepreneuriales :** ils se développent à travers l'exécution des tâches de la réalité dans la réalisation des tâches manuelles dans les pages *Mes compétences*.
8) **Compétences relatives à la sensibilité et à l'expression culturelles :** les pages *Le monde autour de toi* offrent aux étudiants l'opportunité de découvrir la culture et les traditions des pays francophones, favorisant le dialogue interculturel et la compréhension.

Dans chaque unité du cours, les connaissances sont transformées en compétences par des exercices guidés et des compétences à travers des activités semi-libres et libres jusqu'à ce qu'elles mènent à l'exécution de tâches réelles permettant à l'enseignant et à l'enfant d'évaluer le niveau de compétence atteint. Les compétences développées dans chaque unité ne sont cependant pas autonomes, mais étendues à des cercles concentriques pour former une compétence de base complète.

Évaluation des compétences clef

Cette évaluation s'effectue au moyen des instruments suivants : les tâches, l'observation systématique et l'autoévaluation.

- **Les tâches :** il peut s'agir d'un travail oral, écrit, visuel ou autre qui démontre le niveau de compétence acquis par l'élève à un certain moment de son apprentissage.
- **L'observation systématique :** elle fournit à l'enseignant des informations sur les progrès réalisés par chaque élève et lui permet de modifier sa pratique pédagogique en fonction des besoins de la classe.
- **L'autoévaluation :** elle aide les élèves à réfléchir sur leur processus d'apprentissage et à développer leur capacité d'autonomie.

Compétences de vie

Dans les pages *Mes compétences* nous proposons les tâches de la réalité où, à travers le travail de groupe, ces compétences de vie sont mises en œuvre :

- la capacité de collaboration et de communication ;
- la capacité de prendre des initiatives, de prendre des décisions et de résoudre des problèmes ;
- la pensée critique dans la création pratique de panneaux d'affichage ou de lapbooks ;
- la capacité de relation interpersonnelle.

Les compétences de vie sont également développées dans de nombreuses activités du cours. Par exemple dans les jeux de rôle et les jeux (communication et collaboration), dans les pages de culture (conscience sociale et culturelle) et de dramatisation, à la fois dans la comédie finale et dans les DVD Contes musicaux (collaboration, empathie, gestion émotionnelle...). L'utilisation du livre actif favorise ensuite la culture informatique.

Indications méthodologiques

Comment tirer le meilleur parti des bandes dessinées ?

Les bandes dessinées sont le cœur de chaque unité tout au long du cours, car ce sont des activités qui impliquent tous les canaux sensoriels et qui sont donc efficaces avec chaque enfant quel que soit son style d'apprentissage (visuel, auditif, cinétique ou verbal).
Strictement calibrées d'un point de vue linguistique, les histoires de *Léo et Théo* ont toujours beaucoup de mots-clés : elles sont humoristiques, mais aussi conçues pour transmettre des valeurs éducatives au-delà du contenu linguistique.
Après chaque histoire il y a des exercices de compréhension qui évitent de recourir à la traduction.
Les enfants comprennent le sens de ce qu'ils entendent et voient et comprennent grâce à l'appropriation dans des contextes communicatifs (phrases sonores et intonation).
La succession recommandée pour tirer le meilleur avantage linguistique des histoires est la suivante :

1) Réchauffement

- Demander à la classe d'observer les illustrations et de faire des hypothèses sur l'histoire racontée par la bande dessinée (langue maternelle).
- Identifier les mots-clés et les phrases-clés de la bande dessinée, en particulier ceux qui peuvent freiner la compréhension globale, les écrire au tableau et les présenter.

2) Écoute et vision de la vidéo

- Inviter la classe à suivre l'histoire dans le livre ou regarder la vidéo au TBI.
- Suivre le livre et relire l'histoire en imitant les différentes scènes, en changeant et en modulant le ton de la voix, en reproduisant autant que possible non seulement la prononciation des mots, mais aussi le ton des phrases de la langue française.
- Regarder de nouveau la vidéo et demander aux enfants de concentrer leur attention sur ce qu'ils voient : expression des personnages, couleurs, onomatopées...
- Inviter les enfants à écouter l'histoire les yeux fermés et à imaginer le plus de détails possible sur ce qu'ils ont vu et entendu.

3) Tous en scène !

Si l'enseignant le désire, il peut demander aux élèves de mettre en scène les dialogues en classe. Pour ce faire il faudra :

- Écouter la vidéo pour la troisième fois et demander aux enfants de répéter les dialogues. Cela favorise la compréhension et l'intériorisation de l'histoire en impliquant tout le corps de l'enfant et sa sphère émotionnelle.
- Inviter les élèves à parler, en utilisant le manuel. Il est possible de le faire de deux façons différentes : ou tous les enfants répètent tout ce que disent les personnages, en modifiant peut-être leur propre voix (lecture collective) ou chaque enfant choisit un personnage à qui il veut donner une voix (lecture sélective). Dans ce cas, il devra imiter ses gestes et sa mimique.

Un laps de temps supplémentaire est conseillé pour permettre aux élèves de mémoriser l'histoire et de la réciter devant leurs camarades. Il est bon d'encourager les élèves à construire, même de manière humoristique, des objets ou des masques pour rendre la contextualisation de l'histoire plus réaliste. Ce stratagème est une aide efficace pour les enfants les plus introvertis et qui ont du mal à s'exposer en classe, mais c'est aussi un moyen motivant pour donner un sens à ce qui est dit et aller au-delà de l'activité.

Comment tirer le meilleur parti des chansons

Léo et Théo contient des chansons amusantes qui permettent aux élèves de perfectionner leur prononciation et de renforcer le vocabulaire et les structures nouvellement acquis.

Grâce aux chansons, les enfants sont capables de produire un large éventail de structures et une grande variété de mots dans un contexte naturel et spontané.

La musique a également l'avantage d'aider la mémorisation, d'enseigner à utiliser les deux hémisphères du cerveau et de s'adapter aux enfants ayant des styles d'apprentissage différents (visuels, auditifs et kinesthésiques). La musique contribue également à la création d'une atmosphère, à la relaxation et à la concentration, et permet l'expression des émotions et du sentiment d'appartenance au groupe, grâce à la participation de tous les enfants à l'activité.

Il est bien connu que les chansons ont également la capacité de transmettre une énergie positive, un sentiment d'harmonie et de sérénité qui favorise un environnement d'apprentissage positif. Les chansons sont écrites sur les compétences vocales et linguistiques des enfants et un soin particulier a été mis dans l'arrangement instrumental.

Les démarches à suivre pour analyser toutes les chansons présentes dans ce volume sont les suivantes :

1) Livre fermé, faire écouter la chanson deux ou trois fois et demander aux élèves ce qu'ils en pensent et si le rythme leur plaît.

2) Demander aux élèves s'ils ont reconnu des mots ou des expressions et les écrire au tableau.

3) Demander aux élèves s'il y a des mots qu'ils n'ont pas compris mais dont ils ont su déduire le sens. Écrire ces nouveaux mots au tableau.

4) Faire répéter chaque phrase sans la mélodie pour en fixer la prononciation et la prosodie correctement.

5) Répéter l'activité précédente avec la mélodie.

6) Faire réécouter toute la chanson avant de la chanter tous ensemble. Il est préférable que l'enseignant chante avec les élèves qui l'imiteront volontiers et se sentiront plus à l'aise, y compris les plus timides.

7) Enfin, vous pouvez utiliser la version karaoké pour permettre aux enfants de chanter sur la base orchestrale.

Comment tirer le meilleur parti de l'*EMILE*

Les pages d'*EMILE (Enseignement d'une Matière par l'Intégration d'une Langue Etrangère)* permettent aux élèves d'acquérir un vocabulaire appartenant à d'autres sujets, qui sont abordés ici en français. Ils sont liés à diverses activités telles que les enquêtes, la création d'affiches et les petites tâches de recherche. Ces activités ont pour objectif d'activer les processus créatifs et de donner de nouvelles contributions pour stimuler l'extension et l'approfondissement de l'utilisation de la langue étrangère à l'école et au-delà de l'école. Réaliser un travail manuel simple correspond au besoin d'accompagner les élèves pour atteindre les compétences fondamentales en sciences et technologie, apprendre à apprendre et stimuler l'esprit d'initiative et l'esprit d'entreprise.
Ce sont des activités qui mettent en jeu, renforcent et développent non seulement la créativité, mais aussi de nombreuses connaissances et aptitudes de l'enfant, en contribuant grandement à sa croissance.
L'activité manuelle est en fait le reflet visible d'un processus qui implique :

- la compréhension d'un texte ou d'illustrations (instructions) ;
- la formulation des hypothèses (si je fais cela, j'obtiens ce résultat) ;
- la conception ;
- la planification ;
- l'organisation ;
- la prévision des résultats intermédiaires et finaux ;
- l'adaptation continue à la réalité contingente, à la résolution de problèmes et au développement de la créativité ;
- la réorganisation des compétences et des connaissances ;
- l'optimisation des procédures et le fait d'apprendre à apprendre (pour accomplir cela, je peux faire ces actions, mais maintenant je sais que je peux suivre un chemin plus court ou plus simple) ;
- vérifier en termes fonctionnels (« ça fonctionne / ça ne fonctionne pas / où est-ce que je me trompe ? ») ;
- l'autoévaluation du résultat en terme de plaisir, de satisfaction personnelle et de gratification (« suis-je satisfait du résultat obtenu ? ») ;
- l'autoévaluation de la procédure suivie.

Le livre actif

Il s'agit de la version numérique et interactive du manuel. Il rassemble toutes les ressources du cours dans un environnement multimédia unique et offre un accès direct aux plateformes et ressources en ligne. Vous pouvez utiliser le livre actif sur votre ordinateur, mais aussi sur n'importe quel appareil mobile tel qu'une tablette. À l'école, il peut être utilisé avec un ordinateur et un vidéoprojecteur, connectés au TBI.

Le livre actif est un outil fondamental pour l'enseignant d'aujourd'hui, pour enrichir et approfondir la leçon en classe, mais aussi pour l'apprenant, car il encourage l'autonomie et la personnalisation du parcours d'apprentissage.

L'enseignant aura accès :

- au Livre de l'élève et Cahier d'activités entièrement navigable ;
- à des exercices interactifs et autocorrectifs présents dans le Livre de l'élève et dans le Cahier d'activités ;
- aux clefs de tous les exercices interactifs (uniquement dans la version pour l'enseignant) ;
- à tous les enregistrements audio du cours ;
- à toutes les vidéos du cours ;
- aux outils présents sur la plateforme bSmart ;
- à toutes les ressources pour l'enseignant recueillies dans un seul support.

Exercices interactifs, audio et vidéo

Les exercices interactifs contenus dans le livre actif sont répartis dans les pages du Livre de l'élève et du Cahier d'activités. Ce sont des exercices d'auto-correction qui permettent à l'élève d'avoir une rétroaction immédiate et à l'enseignant d'interpréter les difficultés ou les points forts et d'orienter le cours en conséquence. Les exercices interactifs incluent la sauvegarde automatique et la possibilité de réinitialiser après l'avoir fait. À l'intérieur, il peut contenir audio et vidéo. Seulement dans la version de l'enseignant, dans les exercices interactifs est également fourni le bouton « solutions » pour afficher toutes les solutions des exercices activés.

La barre d'outils

Depuis la barre d'outils de la plate-forme bSmart, il est possible d'accéder à la palette de dessin traditionnelle (crayon, surligneur, cases pour insérer des notes, effaceur) mais aussi pour faire des coupures de texte, insérer des exercices, fichiers, notes, vidéos, hyperliens et des enregistrements audio à pratiquer avec la prononciation.

Où trouver le livre actif ?

La version professeur du livre actif est disponible sur DVD. La version étudiante peut être consultée et téléchargée en ligne en utilisant le code fourni dans le Livre de l'élève. Pour plus d'informations, rendez-vous sur le site www.elionline.com/livresnumeriques.

La plateforme ELI WebCLOUD

WebCLOUD est une plateforme en ligne pour la composition créative. L'enseignant qui utilise un texte ELI peut y accéder gratuitement et inviter ses élèves à créer une véritable équipe éditoriale numérique.
Au sein de WebCLOUD, il est possible de créer une photo de journal, un magazine ou un blog avec la classe de manière simple et immédiate, en mettant en page le texte avec des photos et des liens vers des vidéos originales. L'enseignant peut alors décider de rendre le produit final visible uniquement dans sa classe virtuelle, ou le publier sur la plateforme WebCLOUD, partageant ainsi le travail de sa classe avec toute la communauté qui utilise les textes ELI dans le monde.

Comment accéder à WebCLOUD ?

L'enseignant qui utilise un texte ELI peut aller sur le site webcloud.elionline.com et entrer le nom d'utilisateur et le mot de passe avec lequel il est déjà enregistré sur le site ELI. Si vous n'êtes pas encore inscrit, rendez-vous sur www.elionline.com et inscrivez-vous ; l'enseignant aura accès au site (Espace enseignant) et aux plateformes en ligne ELI avec le nom d'utilisateur et le mot de passe qu'il a saisis. L'étudiant peut accéder à WebCLOUD depuis le site webcloud.elionline.com insérant les informations d'identification pour le journal dans lequel ils ont été envoyés par son enseignant.

Unité 0

On recommence !

<table>
<tr><th colspan="2">Compétences clés</th></tr>
<tr><td>Compétences multilingues
• Participer à des échanges oraux pour perfectionner ses propres stratégies linguistiques et non linguistiques. (Livre, p. 4 ex. 3, p. 7 ex. 10)</td><td>Compétences personnelles et sociales et capacité d'apprendre à apprendre
• Savoir appliquer les connaissances grammaticales et lexicales déjà acquises, à travers des exercices de révision. (Livre, pp. 4-5-6-7. Cahier, pp. 2-3-4-5)
• Participer en classe à des échanges verbaux en respectant les règles de la communication. (Livre, p. 4 ex. 3, p. 7 ex. 10).</td></tr>
<tr><th colspan="2">Objectifs d'apprentissage</th></tr>
<tr><th>Compétences</th><th>Structures</th></tr>
<tr><td>Compréhension orale
• Comprendre quelqu'un qui parle de la nationalité et des langues parlées
• Comprendre quelqu'un qui parle de sa routine
• Comprendre quelqu'un qui achète dans un magasin
Compréhension écrite
• Reconnaître et identifier les différentes parties du corps
• Comprendre une descritpion physique
• Reconnaître et identifier les différents aliments</td><td>Actives
D'où vient Caroline ? Caroline vient de France. Elle est française.
Elle parle quelle langue ? Elle parle français.
J'ai les cheveux roux, raides et longs. Je porte des lunettes.
Dans le frigo B, il y a du fromage, mais il n'y a pas de beurre.
J'aime les fraises, mais je n'aime pas les œufs. J'adore le lait, mais je déteste le yaourt.
Léo fait du volley le lundi et le vendredi.
Je n'aime pas faire de la danse, c'est difficile ! Je préfère écouter de la musique, c'est amusant !
Qu'est-ce que Ping porte ? Elle porte une jupe. Comment est sa jupe ? Sa jupe est noire et rouge à carreaux.
Julie fait du 38. Julie chausse du 37.
La robe coûte 82 euros.
Cet animal a des ailes. Il a des plumes bleues.
Les prépositions devant les noms de pays / villes : de, d', du, des, en au, aux, à
L'accord des adjectifs
Les articles partitifs : du, de la, de l', des
Il y a du/des... / Il n'y a pas de...
Les adjectifs démonstratifs : ce, cet, cette / ces</td></tr>
</table>

Objectifs d'apprentissage	
Compétences	**Lexique**
Production orale • Demander et dire la nationalité, d'où l'on vient et quelles langues on parle • Faire une description physique • Exprimer ses goûts et ses préférences • Parler de sport et de ses loisirs préférés • Demander et dire quels sports on aime et quand on fait du sport • Demander et dire ce que l'on porte • Décrire les vêtements • Demander et dire le prix, la taille et la pointure pour faire des achats dans un magasin • Nommer et décrire les animaux sauvages et de la ferme **Production écrite** • Compléter des textes courts avec le vocabulaire lié à la nationalité, aux langues parlées, aux vêtements et aux animaux	**Actif** **Les pays :** *la Chine, le Maroc, L'Espagne, Le Sénégal, l'Allemagne, le Brésil, la France, les États-Unis* **Les nationalités et les langues :** *français(e), chinois(e), marocain(e), espagnol(e), sénégalais(e), allemand(e), brésilien(ne), américain(e)* **Les parties du corps :** *la tête, les cheveux, le visage, le front, l'œil / les yeux, les oreilles, la joue, le nez, la bouche, le menton, les dents, le corps, le cou, le dos, le bras, la main, le ventre, la jambe, le genou, le pied* **La description physique :** *grand(e), petit(e), mince, rond(e), bleus, verts, noirs, marron, bruns, châtains, blonds, roux, raides, frisés, longs, courts* **Les aliments et les boissons :** *la soupe, la quiche, la salade, la viande, l'omelette, le poisson, les pâtes, le riz, les légumes, les frites, l'eau, l'orangeade, le coca, la tarte aux fraises, le flan, la crêpe au chocolat, le fromage, les œufs, les fruits, le poulet* **Les goûts :** *j'aime, j'adore, je n'aime pas, je déteste* **Les actions de la journée :** *je me lève, je me lave, je m'habille, je prends mon petit-déjeuner, je vais à l'école, je déjeune, je goûte, je joue, je dîne, je vais me coucher* **Les loisirs :** *jouer aux jeux vidéo, écouter de la musique, jouer de la guitare, faire du vélo, bavarder avec des amis, regarder des dessins animés, lire des bandes dessinées, faire du bricolage* **Les sports :** *je joue au basket, au football, au tennis, au volley, au ping-pong ; je fais de la natation, du judo, de la danse, du patinage, du ski* **Les adjectifs :** *facile, difficile, intéressant, fatigant, amusant* **Les vêtements :** *le blouson, le t-shirt, le pull, la chemise, le pantalon, la robe, la jupe, le short, les chaussettes, les chaussures, les baskets, les bottes, la casquette* **Les motifs des tissus :** *à pois, à fleurs, à carreaux, fantaisie, à rayures* **Les nombres de 61 à 100** **Les animaux sauvages et de la ferme :** *le tigre, le serpent, le perroquet, le dauphin, l'ours, l'écureuil, la méduse, le loup, le zèbre, le lion, la girafe, le requin, le cheval, la vache, le veau, le coq, la poule, les poussins, la brebis, l'âne, le lapin, les abeilles, la souris* **Les habitats :** *la mer, la jungle, la forêt, la savane* **Les verbes :** *voler, nager, ramper, sauter, courir* **Les parties des animaux :** *les poils, les plumes, la queue, les pattes, les moustaches, les ailes, le bec, la trompe, les taches, les griffes*

LEÇON 1

On recommence !

J'apprends
Réviser les sujets principaux abordés dans le Livre 2

Structures
Révision des principales structures acquises dans le Livre 2

Lexique
Révision des principaux mots acquis dans le Livre 2

Supports et matériel
Livre de l'élève et Cahier d'activités
CD audio 1 de la classe
CD de l'élève
Livre actif

Pré activité

C'est la rentrée des classes et pour s'assurer que les élèves ont bien assimilé ce qui a été proposé dans le Livre 2, l'unité 0 propose une série d'activités sur la nationalité, la description physique, la vente et l'achat dans un magasin de vêtements, l'alimentation, les activités quotidiennes et enfin les animaux. Dans le Livre 1, les élèves ont appris à saluer, à parler de leur famille, de l'école (fournitures scolaires, classe, couleurs), du temps qu'il fait en fonction des saisons, de leur routine et de leurs vacances. Le Livre 2 leur a permis d'enrichir leur présentation personnelle. L'enseignant pourrait préparer une fiche avec différentes questions ayant trait à tous ces aspects pour faire le point. Il pourrait écrire des questions au tableau et demander à chacun de répondre à l'oral pour briser la glace en ce début d'année scolaire et éventuellement demander de répondre à l'écrit comme devoir à la maison. Cela lui permettra de discerner les points qui n'ont pas totalement été acquis.

Voici quelques exemples :

Livre 1
- *Bonjour, comment tu t'appelles ?*
- *Comment vas-tu ?*
- *Quel âge as-tu ?*
- *Parle de ta famille.*
- *Est-ce que tu as un animal domestique ?*
- *Qu'est-ce qu'il y a dans ta trousse et dans ta salle de classe ?*
- *Quand tu fêtes ton anniversaire ?*
- *Comment tu fêtes ton anniversaire ?*
- *Quelle est ta saison préférée ?*
- *Comment est ta routine quotidienne ? À quelle heure tu te lèves / prends ton petit-déjeuner / vas à l'école / déjeunes / fais tes devoirs / joues avec tes amis / dînes / vas te coucher ?*
- *Quel temps fait-il aujourd'hui ?*
- *Qu'est-ce que tu mets dans ta valise pour partir en vacances au lac / à la campagne / à la montagne ?*
- *Qu'est-ce que tu fais en vacances ?*

Livre 2
- *Quelle est ta nationalité ?*
- *Tu vis dans quel pays ?*
- *Tu habites dans quelle ville ?*
- *Quelles langues parles-tu ?*
- *Est-ce que tu as des amis étrangers ?*
- *Quel est ton signe du zodiaque ?*
- *Indique et nomme les parties de ton corps.*
- *Tu as mal où ?*
- *Comment es-tu ? De quelle couleur sont tes yeux / cheveux ?*
- *Qu'est-ce que tu prends au petit-déjeuner / déjeuner / dîner ?*
- *Qu'est-ce que tu aimes / n'aimes pas / adores / détestes manger ?*
- *Quels sont tes loisirs préférés ? Quand tu fais ces activités ?*
- *Tu fais du sport ? Quand ?*
- *Comment tu t'habilles ?*
- *Comment sont tes vêtements ?*
- *Quels animaux sauvages / de la ferme connais-tu ?*
- *Décris ton animal préféré.*

Les élèves seront surpris de voir combien de choses ils arrivent à exprimer et à communiquer sur eux-mêmes ! Cela les stimulera à aller de l'avant et ils auront hâte d'aborder l'unité 1 du Livre 3 pour pouvoir exprimer d'autres détails.

Livre de l'élève pages 4-5

1 Écoute et lis.

Les élèves écouteront et liront le message de bienvenue des personnages de leur méthode de français. L'enseignant pourrait leur demander d'indiquer les personnages de gauche à droite et de les nommer. Quel est leur personnage préféré ?

Transcription de l'enregistrement

Léo Salut ! Voilà une nouvelle année à passer avec nous et notre furet Hector. Isabelle, Ahmed et Lin sont aussi très contents de vous retrouver !

Théo Vous êtes prêts ? Quatre, trois, deux, un... on recommence !

2 Écoute et associe.

Les élèves entendront des informations sur les huit enfants représentés et devront associer ce qu'ils entendent à chacun d'entre eux.

Transcription de l'enregistrement

Rudi Mon drapeau est noir, rouge, jaune. Je suis...

Omar Mon drapeau est vert, jaune, rouge avec une étoile verte. Je suis...

Kevin Mon drapeau est à rayures rouges et blanches. Il y a des étoiles blanches sur un fond bleu. Je suis...

Raquel Mon drapeau est rouge et jaune. Je suis...

Andreas Mon drapeau est à rayures bleues et blanches. Je suis...

Caroline Mon drapeau est bleu, blanc, rouge. Je suis...

Julieta Mon drapeau est vert, jaune et bleu. Je suis...

Camilla Mon drapeau est vert, blanc, rouge. Je suis...

Clef de l'activité : *1 Rudi, 2 Omar, 3 Kevin, 4 Raquel, 5 Andreas, 6 Caroline, 7 Julieta, 8 Camilla*

3 Écoute et demande.

Deux par deux, en se basant sur les photos et les drapeaux de l'activité précédente, les élèves se poseront des questions sur la nationalité et la langue parlée par les enfants. Pour ce faire, ils écouteront d'abord l'enregistrement.

Transcription de l'enregistrement

A D'où vient Caroline ?
B Caroline vient de France. Elle est française.

A Elle parle quelle langue ?
B Elle parle français.

4 Observe, lis et complète.

Cette activité permettra aux enfants de réviser les noms des parties du corps et certains verbes qui leur sont propres, en particulier l'expression « avoir mal ». Ils observeront les illustrations et compléteront les phrases avec le mot manquant.

Clef de l'activité : *1 main, 2 oreilles, 3 yeux, 4 nez, 5 ventre, 6 joues, 7 pied, 8 tête*

5 Observe, lis et associe.

Les élèves liront la description physique de six enfants et l'associeront à la photo correspondante.

Clef de l'activité : *1 Adèle, 2 Dahlia, Christian, 4 Corinne, 5 Deepak, 6 Éric*

Cahier d'activités pages 2-3

1 Complète, puis écoute et vérifie.

Les élèves compléteront la bulle de Léo avec les éléments proposés, puis écouteront l'enregistrement pour vérifier l'excatitude des données insérées.

Transcription de l'enregistrement et clef

Léo Bonjour ! Vous connaissez notre nouvel **ami** ? Il s'appelle Felipe et il est **brésilien**. Au **Brésil** on parle **portugais**, donc le portugais est sa **langue** maternelle. Maintenant, il vit à Paris et il parle aussi **français** ! Dans son **pays** d'origine, on joue au foot mais Felipe joue au **tennis**.

2 Complète.

Les élèves reliront la bulle de Léo et compléteront les phrases en fonction de ce qui est demandé.

Clef de l'activité : *1 brésilien, 2 Brésil, 3 Paris, 4 portugais, français*

3 Complète.

Les élèves devront lire les phrases jusqu'au bout car elles contiennent des indications qui permettent de les compléter. Il s'agit en effet avant tout d'un petit exercice de compréhension écrite.

Clef de l'activité : *2 marocain, 3 grecs, 4 italien, 5 japonais, 6 espagnol*

4 Observe, lis et choisis.

Les élèves observeront la photo des deux enfants et liront leur description physique. Ils auront le choix entre deux propositions et devront souligner, surligner ou encercler la bonne.

Clef de l'activité : *Adrien est* ***petit*** *et mince. Il a les cheveux* ***châtains*** *et* ***raides****. Il a les* ***yeux*** *marron. Sa soeur s'appelle Charlotte. Elle est* ***grande*** *et* ***mince****. Elle a les yeux* ***bleus****. Ses cheveux sont* ***longs*** *et* ***blonds****.*

5 Cherche les 10 aliments et complète les phrases.

Les élèves chercheront dix mots cachés dans la grille exclusivement en vertical et en horizontal. Ensuite ils utiliseront ces mots pour compléter les phrases qui décrivent les repas d'une journée entière. Les tirets qui indiquent le nombre de lettres à insérer guideront les élèves.

Clef de l'activité :

E	A	U	L	L	C	I	M	O	P
J	Y	P	É	P	R	K	U	M	B
E	A	P	G	J	O	U	P	S	V
I	O	J	U	G	I	X	A	A	P
Y	U	A	M	F	S	C	I	L	O
A	R	L	E	D	S	C	N	A	I
H	T	R	S	S	A	C	U	D	S
T	H	É	T	T	N	O	S	E	S
C	O	N	F	I	T	U	R	E	O
U	S	O	U	P	E	H	F	S	N

1 thé, croissant, yaourt ; 2 poisson, légumes ; 3 pain, confiture ; 4 soupe, salade, eau

LEÇON 2

J'apprends
Réviser les sujets principaux abordés dans le Livre 2

Structures
Révision des principales structures acquises dans le Livre 2

Lexique
Révision des principaux mots acquis dans le Livre 2

Supports et matériel
Livre de l'élève et Cahier d'activités
CD audio 1 de la classe
CD de l'élève
Livre actif

Livre de l'élève pages 6-7

6 Observe et trouve les différences.

Les élèves observeront le contenu de deux réfrigérateurs et feront des comparaisons comme dans l'exemple. Cette activité permet l'utilisation des articles partitifs aussi bien à la forme affirmative que négative.

Clef de l'activité : *Réponse possible : Dans le frigo B, il y a de la confiture, mais il n'y a pas de fraises. Dans le frigo A il y a du jus de fruits, mais il n'y a pas de yaourt. Dans le frigo B il y a de la salade, mais il n'y a pas de carottes.*

7 Observe encore et exprime tes goûts.

Les élèves pourront exprimer à l'oral ou à l'écrit ce qu'ils aiment manger ou pas comme dans l'exemple donné.

Clef de l'activité : *Réponse personnelle*

8 Observe et dis ce que font les personnages.

Cette activité reprend les loisirs et les sports. Les élèves observeront la grille et décriront ce que Léo, Théo et Isabelle aiment faire dans leur temps libre pendant la semaine, comme dans l'exemple donné.

Clef de l'activité : *Léo fait du volley le lundi et le vendredi. Il regarde les dessins animés le mardi. Il écoute de la musique le mercredi. Il joue de la guitare le jeudi. Théo fait de la natation le lundi et le jeudi. Il fait du vélo le mardi. Il joue aux jeux vidéo le mercredi. Il joue au football le vendredi. Isabelle fait de la danse le lundi et le vendredi. Elle lit des bandes dessinés le mardi. Elle fait du patinage le mercredi. Elle fait du bricolage le jeudi.*

9 Parle de tes activités. Comment sont-elles ?

Les élèves parleront des activités qu'ils peuvent faire dans leur temps libre et motiveront pourquoi ils les aiment ou pas en utilisant les cinq adjectifs proposés.

Clef de l'activité : *Réponse personnelle*

10 Observe et joue avec tes camarades.

Deux par deux, les élèves se poseront des questions comme dans l'exemple pour décrire la tenue vestimentaire des quatre enfants représentés.

Clef de l'activité : *Réponses personnelles*

11 Écoute. Vrai ou faux ?

Les élèves entendront un dialogue dans une boutique entre une vendeuse et Julie. Ils écouteront ce dialogue puis liront les affirmations pour dire si elles sont vraies ou fausses. Après, l'enseignant pourrait faire réécouter l'enregistrement et demander aux élèves de corriger les réponses fausses.

Transcription de l'enregistrement

Vendeuse	Bonjour, mademoiselle. Je peux t'aider ?
Julie	Oui, je cherche une robe rouge à pois blancs.
Vendeuse	Quelle est ta taille ?
Julie	Je fais du 38.
Vendeuse	Tiens, voilà la cabine d'essayage.
Julie	Merci madame. Vous avez des bottes marron ?
Vendeuse	Oui, quelle pointure ?
Julie	Je chausse du 37.
Vendeuse	Tu veux une chemise ?
Julie	Non, merci. Combien coûtent la robe et les bottes ?
Vendeuse	La robe coûte 78 euros et les bottes coûtent 91 euros.

Clef de l'activité : *1 faux (Elle cherche une robe rouge à pois blancs), 2 vrai, 3 faux (Elle fait du 38), 4 vrai, 5 vrai, 6 faux, 7 faux (Elle coûte 78 euros), 8 vrai*

12 Lis et devine l'animal.

Les élèves liront la description d'un animal et identifieront la photo de l'animal auquel elle correspond.

Clef de l'activité : *C'est le coq.*

13 Décris les autres animaux.

L'enseignant demandera aux élèves d'identifier les autres animaux et de les décrire à l'oral ou dans leur cahier. Ensuite, il fera la correction au tableau.

Clef de l'activité : *Réponse possible : Cet animal a des ailes. Il a des plumes bleues, jaunes et vertes. Il a un bec. Il a deux pattes. Il a une queue. Il vit dans la jungle. Il parle. C'est le perroquet.*
Cet animal a des ailes. Il est à rayures noires et jaunes. Il fait du miel. C'est l'abeille.

Cahier d'activités pages 4-5

6 Écoute et complète les horloges.

Les élèves entendront la routine d'un enfant et compléteront les horloges en dessinant les aiguilles.

Transcription de l'enregistrement et clef

Le dimanche, je me lève à neuf heures et quart.
Je prends mon petit-déjeuner à neuf heures et demie. Je prends du pain et de la confiture.
Je me lave et je m'habille à dix heures vingt.
Je mets un t-shirt, un short et des baskets.
Je vais faire du vélo au jardin public à onze heures moins dix.
J'adore le dimanche !

Clef de l'activité :

7 Observe et complète : *faire* ou *jouer* ?

Avant de faire l'activité, l'enseignant rappellera aux élèves l'usage des verbes *faire* et *jouer* qui sont suivis d'articles contractés différents. Les élèves compléteront avec les verbes qui conviennent et observeront les illustrations pour écrire la bonne activité. Tous les pronoms personnels sujets sont proposés afin de vérifier la conjugaison des verbes en *-er*.

Clef de l'activité : *1 fais, natation ; 2 joues, guitare ; 3 joue, ping-pong ; 4 faisons, vélo ; 5 jouez, football ; 6 font, danse*

8 Observe et complète.

Les élèves observeront la tenue vestimentaire de Lin et d'Ahmed pour compléter leur description.

Clef de l'activité : *Aujourd'hui Lin porte un **t-shirt** orange, une **jupe** rose à **pois**, des **chaussettes** roses à **rayures** et des **chaussures** noires.*
*Pour aller au cinéma, Ahmed met une **casquette** jaune, un **blouson** bleu, une **chemise** verte à **carreaux**, un **pantalon** marron, des **baskets** bleues et blanches.*

9 Associe.

Les élèves associeront les questions d'une vendeuse dans un magasin de vêtements aux réponses du client. L'enseignant pourrait demander à deux élèves de jouer une saynète entre un vendeur / une vendeuse et un client devant la classe.

Clef de l'activité : *1 C, 2 A, 3 F, 4 E, 5 B, 6 D*

10 Lis et complète.

Les élèves compléteront la description d'un livre sur les animaux en écrivant les éléments donnés à l'endroit qui convient.

Clef de l'activité : *1 lion, 2 girafe, 3 éléphant, 4 vache, 5 l'âne, 6 brebis, 7 ailes, 8 bec, 9 dauphins, 10 sautent*

Unité 1

Des vacances géniales !

Compétences clés

Compétences multilingues
- Chanter une chanson ludique pour mémoriser les mots liés aux vacances et identifier le passé composé. (Livre, p. 9 ex. 5)
- Participer à des échanges oraux pour perfectionner ses propres stratégies linguistiques et non linguistiques. (Livre, p. 10 ex. 7, p. 11 ex. 11, p. 12 ex. 14, p. 13 ex. 15)

Compétence numérique
- Regarder une vidéo en utilisant les nouvelles technologies avec facilité et responsabilité. (Livre p. 8 ex. 2)

Compétences personnelles et sociales et capacité d'apprendre à apprendre;
- Faire des jeux de rôle pour renforcer l'apprentissage des mots liés aux vacances et pour dire ce qu'on a fait pendant les vacances. (Livre, p. 10 ex. 7, p. 11 ex. 11, p. 12 ex. 14, p. 13 ex. 15)
- Savoir lire et interpréter une grille grammaticale pour faire correctement une activité. (Livre, p. 10 ex. 7, p. 11 ex. 11, p. 12 ex. 14. Cahier, p. 9 ex. 7-8, p. 11 ex. 12-13)
- Participer en classe à des échanges verbaux en respectant les règles de la communication. (Livre, p. 10 ex. 7, p. 11 ex. 11, p. 12 ex. 14, p. 13 ex. 15)

Compétences citoyennes
- Connaître les différents écosystèmes et lire des textes sur deux parcs nationaux permettra de comprendre la richesse de notre planète et l'importance du respect de la nature. Cette approche pourra en outre susciter chez les apprenants un sentiment de curiosité sur le monde qui les entoure. (Livre, pp. 16-17-18-19)

Compétences entrepreneuriales
- Réaliser une affiche sur les bonnes habitudes dans le Parc de la Vanoise. (Livre, p. 18, ex. 3)

Objectifs d'apprentissage

<table>
<tr><th>Compétences</th><th>Structures</th></tr>
<tr><td rowspan="3">Compréhension orale
• Comprendre quelqu'un qui parle de ses vacances
Compréhension écrite
• Reconnaître et identifier les différents lieux de vacances, les moyens de transport et les activités pendant les vacances
• Comprendre un texte sur les vacances et répondre à des questions sur ce texte
Production orale
• Demander et donner des informations sur le lieu et la durée des vacances
• Demander et donner des informations sur les activités effectuées pendant les vacances
• Parler de ses vacances au passé
Production écrite
• Compléter une carte avec des informations sur ses vacances</td><td>Actives
Où tu vas en vacances ? / Quand tu pars pour la mer ? / Avec qui tu vas à la mer ? / Combien de temps tu restes à la mer ?
J'ai été en Italie. J'ai voyagé en avion. J'ai dormi à l'hôtel.
Pourquoi tu aimes la mer ? Parce que j'aime nager. / Moi, je préfère la montagne.
Les pronoms toniques : moi, toi, lui, elle, nous, vous, eux, elles
Passives
il faut… ; il est interdit de… ; on peut… / on ne peut pas… ; les cascades les plus impressionnantes des Antilles</td></tr>
<tr><th>Lexique</th></tr>
<tr><td>Actif
Les vacances : la mer, le lac, la montagne, la ville, l'île, la campagne, la colonie de vacances, l'hôtel, la tente, l'appartement, le gîte rural
Les moyens de transport : la voiture, le camping-car, le car, le train, l'avion, le bateau
Les activités pendant les vacances : nager, jouer aux raquettes, lire des magazines, visiter un musée, photographier, voir des animaux, randonner, pique-niquer
Les adjectifs : formidable, amusant, intéressant, fatigant, aventureux, bizarre, ennuyeux
Passif
L'écosystème : les déserts froids, les prairies, les forêts tropicales, le maquis méditerranéen, les forêts de conifères, la toundra, les forêts tempérées, les déserts chauds, la savane

transparente, plage, pioche, anorak, igloo, ombre, milieux, glace, ours polaires, phoques, pingouins, se nourrissent, bisons, cerfs, végétation, luxuriante, climat, doux, pins, arbustes, sangliers, sapins, renards, pôles, buissons, rennes, élans, renards arctiques, chênes, hêtres, bouleaux, faune, secs, cactus, scorpions, dromadaires, baobabs, gazelles, outre-mer, bouquetins, chamois, patou, berger, troupeaux, règlement, cueillir, écraser, camper, traces, déranger, fragile, vélo tout terrain, parapente, deltaplane, archipel, luxuriante, cascades, impressionnantes, sable, pondre, volcanique, fumerolles, toxiques, vapeurs</td></tr>
</table>

LEÇON 1

Des vacances géniales !

J'apprends
Parler des vacances

Structures
Comment ont été vos vacances ? Moi, j'ai passé des vacances fantastiques !
Nous, nous avons visité la Normandie.

Lexique
transparente

Supports et matériel
Livre de l'élève et Cahier d'activités
CD audio 1 de la classe
CD de l'élève
Livre actif

Les jumeaux Léo et Théo et leurs amis se retrouvent le jour de la rentrée dans la cour de l'école et ils sont curieux de savoir comment se sont passées les vacances. Chacun d'entre d'eux va raconter ses vacances en montrant une photo de sa destination. Les élèves savent déjà où les jumeaux et Isabelle sont allés en vacances car leurs projets pour l'été ont été le sujet de la dernière unité du Livre 1 « Safari... en Normandie ! ». À présent, ils vont tous raconter au passé avec qui ils sont allés en vacances, par quel moyen, où et ce qu'ils ont fait.

Livre de l'élève pages 8-9

1 Observe les photos et trouve : une girafe, un éléphant, la mer, la neige.

Cette pré activité consiste à observer les photos de vacances des personnages pour identifier quatre éléments.

Clef de l'activité : *une girafe – photo 3, un éléphant – photo 3, la mer – photo 5, la neige – photo 4*

2 Écoute et lis.

Avant de demander aux élèves d'ouvrir leur livre aux pages 8 et 9, l'enseignant proposera de regarder la vidéo du livre actif en disant : **« observez et écoutez »** ou simplement **« écoutez la vidéo »**. Ensuite, l'enseignant fera écouter le CD audio avec le livre ouvert pour faciliter la lecture et la compréhension du texte. Il pourra également demander aux élèves de prêter leur voix aux personnages : dans un premier temps en écoutant et répétant tous ensemble le contenu de chaque bulle après avoir stoppé l'audio, puis en relisant la BD en attribuant chaque personnage à un élève. Dans ce cas précis il s'agit de simples monologues et les personnages n'interagissent que dans la première vignette.

Transcription de l'enregistrement

Léo Salut, les amis ! Comment ont été vos vacances ?

Isabelle Moi, j'ai passé des vacances fantastiques ! Et vous, les amis ?

Léo Nous, nous avons visité la Normandie. Nos grands-parents vivent dans un petit village à la campagne. Nous avons joué avec les animaux de papy. Nous avons aussi vu le Mont-Saint-Michel. Et toi, Isabelle, quand tu as fait ton safari ?

Isabelle En août ! Cet été, j'ai passé mes vacances en Tanzanie avec ma famille. Nous, nous avons pris l'avion et dans la savane, nous avons photographié beaucoup d'animaux en liberté ! Et toi, Lin, tu as passé combien de jours à la montagne ?

Lin J'ai passé 15 jours à Chamonix, au pied du Mont Blanc. J'adore la montagne ! Cette année, j'ai préféré aller en colonie de vacances. Nous avons voyagé en car et le voyage a été long. Chaque jour, nous avons randonné à pied et à vélo. Et toi, Ahmed, tu as passé combien de jours en Corse ?

Ahmed Trois semaines ! Cet été, je n'ai pas visité beaucoup de choses, j'ai joué aux raquettes sur la plage. J'ai voyagé en voiture, puis en bateau avec mes parents. Eux, ils ont visité Ajaccio, moi j'ai beaucoup nagé et j'ai fait de la planche à voile. En Corse, la mer est bleue et transparente !

2 Vrai ou faux ? Corrige.

Il s'agit d'une simple activité de compréhension écrite qui consiste à dire si ces six affirmations sont vraies ou fausses. Cependant, pour dynamiser cette activité, si le niveau d'apprentissage de la classe le permet, l'enseignant pourrait demander aux élèves de fermer leur livre et lire les affirmations à voix haute en demandant à chaque fois : **« Vrai ou faux ? »**. Dans ce cas les élèves répondront dans leur cahier en mettant le numéro de la phrase et un *V* ou un *F* en fonction de leur réponse. Puis l'enseignant leur demandera d'ouvrir leur cahier, il fera relire les affirmations et invitera un élève à répondre. Les élèves pourront alors vérifier si ce qu'ils avaient compris à l'oral est exact ou pas. Cette activité pourrait être mise en œuvre à chaque fois que l'occasion se présente, si l'enseignant le juge nécessaire et approprié à sa classe.

Clef de l'activité : *1 vrai, 2 faux (Ils ont visité la Normandie), 3 vrai, 4 faux (Elle a pris l'avion), 5 vrai, 6 faux (Il a nagé et il a fait de la planche à voile)*

4 Complète.

Voilà cinq phrases amorcées que les élèves compléteront en identifiant les réponses dans les récits de voyage des personnages.

Clef de l'activité : *1 amis. 2 le Mont-Saint-Michel. 3 beaucoup d'animaux en liberté. 4 a été long. 5 visité beaucoup de choses.*

5 Écoute et chante.

Suivre les indications fournies à la page 18 pour l'exploitation pédagogique du chant.

Transcription de l'enregistrement

À la mer, j'ai nagé.
À la montagne, j'ai randonné.
À la ville, j'ai visité.
À la campagne, j'ai pique-niqué.

Les vacances, c'est du passé !
Les valises sont au grenier.
C'est le jour de la rentrée
et à l'école je veux aller !

Cahier d'activités page 6

1 Complète, puis écoute et vérifie.

L'enseignant, s'il s'agit de devoirs à la maison, conseillera aux élèves de relire à voix haute les récits des personnages avant de faire l'activité qui consiste à compléter les bulles. Les élèves devront insérer à l'endroit qui convient les éléments fournis dans l'encadré.

Transcription de l'enregistrement et clef

Isabelle	Cet été, **j'ai passé** mes vacances en Tanzanie avec ma famille. Nous, **nous avons pris** l'avion et dans la savane, **nous avons photographié** beaucoup d'animaux en liberté !
Léo	Nous, **nous avons visité** la Normandie. **Nous avons joué** avec les animaux de papy.
Lin	**Nous avons voyagé** en car et le voyage a été long. Chaque jour, **nous avons randonné** à pied et à vélo.
Ahmed	Cet été, **je n'ai pas visité** beaucoup de choses, **j'ai joué** aux raquettes sur la plage.

LEÇON 2

Où tu vas en vacances ?

J'apprends
Poser des questions sur les vacances et répondre

Structures
Où tu vas en vacances ? / Quand tu pars pour la mer ? / Avec qui tu vas à la mer ? / Combien de temps tu restes à la mer ?

Lexique
Les vacances : *la mer, le lac, la montagne, la ville, l'île, la campagne*

Supports et matériel
Livre de l'élève et Cahier d'activités
CD audio 1 de la classe
Livre actif

Livre de l'élève page 10

6 Écoute et dis le numéro.

Dans l'unité 6 du Livre 1, les élèves ont déjà eu l'occasion de parler de destinations de voyage (*le lac, la campagne, la montagne*) et d'autres éléments sont ici ajoutés (*la mer, la ville, l'île*).

Les élèves écouteront l'enregistrement et diront le numéro auquel ces éléments correspondent. Le fait qu'ils en connaissent la moitié les rassurera énormément et les stimulera dans l'apprentissage de nouveaux mots.

Transcription de l'enregistrement

à la mer	à la campagne
à la montagne	en ville
au lac	sur une île

Clef de l'activité : *à la mer 5, à la montagne 6, au lac 1, à la campagne 2, en ville 3, sur une île 4*

La forme interrogative

Cette unité aborde l'interrogation partielle portant sur une question précise qui peut concerner le lieu, le temps, la personne, la cause...
Nous avons choisi d'introduire les pronoms interrogatifs *où, quand, avec qui* et *combien de* en recourant à la façon de poser une question en utilisant l'intonation de la voix.

- ***Où*** *tu passes tes vacances ?*
- ***Quand*** *tu pars pour la mer ?*
- ***Avec qui*** *tu vas à la mer ?*
- ***Combien de temps*** *tu restes à la mer ?*

S'il le désire, l'enseignant pourra signaler au tableau que l'on peut poser une question de trois façons différentes :

- *Où tu passes tes vacances ?* (intonation de la voix)
- *Où est-ce que tu passes tes vacances ?* (locution *est-ce que*)
- *Où passes-tu tes vacances ?* (inversion du verbe et du sujet)

7 Écoute et demande.

Cette activité de production orale met en situation un petit jeu de rôle sur le thème des vacances. Les élèves se mettront deux par deux pour savoir où l'autre passe ses vacances. Pour le moment, le temps utilisé est encore le présent de l'indicatif car le but est de mémoriser le lexique proposé et la forme interrogative partielle.

Transcription de l'enregistrement

A Où tu vas en vacances ?
B Je vais en Corse !
A Ah ! Sur une île !

A Quand tu pars ?
B Au mois d'août !

A Avec qui ?
B Avec mes amis.

A Combien de jours tu restes en Corse ?
B 15 jours !

Clef de l'activité : *Réponses personnelles*

Cahier d'activités page 7

2 Observe et complète.

Cette activité propose six destinations de vacances illustrées et les élèves compléteront les phrases situées en-dessous. Cette activité est progressive : la légende de la première image comprend l'article contracté *à la*, la deuxième ne comprend que la préposition simple *à*. Les élèves sont au fur à mesure amenés à compléter les phrases suivantes de façon adéquate.

Clef de l'activité : *1 piscine, 2 la montagne, 3 au lac, 4 à la campagne, 5 en ville, 6 sur une île*

3 Mets les questions dans l'ordre et associe les réponses.

Les élèves formuleront correctement les phrases interrogatives en remettant les mots dans l'ordre qui convient. Ensuite ils associeront les questions aux réponses A, B, C, D.

Clef de l'activité : *1 Où tu vas en vacances ? C, 2 Avec qui tu pars pour la montagne ? A, 3 Quand tu pars ? B, 4 Combien de jours tu restes à la montage ? D*

4 Réponds.

Les élèves répondront à deux questions personnelles sur les vacances.

Clef de l'activité : *Réponses personnelles*

LEÇON 3

Partons en vacances !

J'apprends
Parler des vacances au passé

Structures
J'ai été en Italie. J'ai voyagé en avion. J'ai dormi à l'hôtel.

Lexique
Les moyens de transport : *la voiture, le camping-car, le car, le train, l'avion, le bateau*
Les vacances : *dormir à l'hôtel / dans un appartement / dans un gîte rural / sous une tente*

Supports et matériel
Livre de l'élève et Cahier d'activités
CD audio 1 de la classe
CD de l'élève
Livre actif
Fiche photocopiable 1, page 162

Livre de l'élève page 11

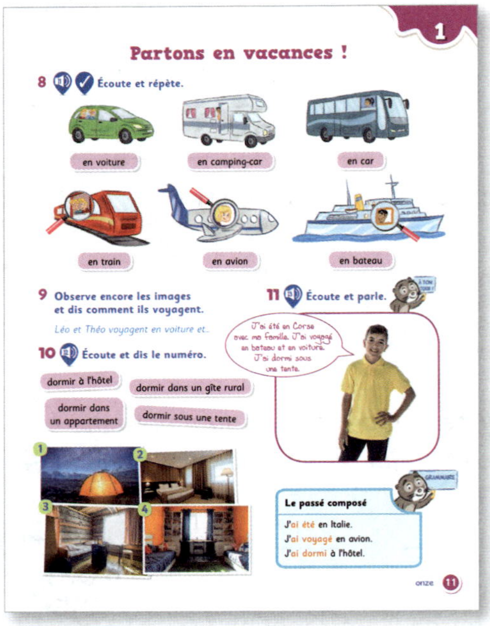
1
Partons en vacances !
8 Écoute et répète.
en voiture
en camping-car
en car
en train
en avion
en bateau
9 Observe encore les images et dis comment ils voyagent.
Léo et Théo voyagent en voiture et...
10 Écoute et dis le numéro.
dormir à l'hôtel
dormir dans un gîte rural
dormir dans un appartement
dormir sous une tente
1 2 3 4
11 Écoute et parle.
J'ai été en Corse avec ma famille. J'ai voyagé en bateau et en voiture. J'ai dormi sous une tente.
Le passé composé
J'ai été en Italie.
J'ai voyagé en avion.
J'ai dormi à l'hôtel.
onze 11

8 Écoute et répète.

Après avoir approfondi la connaissance des destinations de vacances, les élèves vont apprendre les noms des moyens de transport que l'on peut utiliser pour voyager. Ils écouteront l'enregistrement, liront et répéteront les mots. L'enseignant fera au passage remarquer qu'on utilise la préposition *en* pour les introduire.

Transcription de l'enregistrement

en voiture	en train
en camping-car	en avion
en car	en bateau

9 Observe encore les images et dis comment ils voyagent.

L'enseignant fera remarquer qu'à bord des moyens de transport de l'activité 8 nous retrouvons les personnages de la méthode. Pour faire cette activité, les élèves liront l'exemple proposé et formuleront d'autres phrases pour exprimer comment voyagent les amis de Léo et Théo.

Clef de l'activité : *Léo et Théo voyagent en voiture et en train. Ahmed voyage en camping-car et en bateau. Lin voyage en car. Isabelle voyage en avion.*

Pour mémoriser le lexique lié aux lieux des vacances et aux moyens de transport, l'enseignant pourra proposer de jouer au memory des vacances contenu dans la fiche photocopiable 1 à la page 162.

Le passé composé

Le passé composé est un temps du passé formé de l'auxiliaire *avoir* ou *être* suivi d'un participe passé. À ce stade de l'apprentissage nous avons délibérément choisi de ne pas aborder l'accord du participe passé. Les verbes proposés ne sont donc que des verbes qui nécessitent exclusivement de l'auxiliaire *avoir*. L'enseignant invitera les élèves à réviser le verbe *avoir* d'abord oralement. Il se concentrera pour le moment sur la 1ère personne du singulier en l'écrivant au tableau et en la faisant recopier dans leur cahier. Ensuite, il montrera comment l'on forme le participe passé de certains verbes :

- verbe *être* → ***été*** ;
- verbes en *-er* comme *voyager* → ***voyagé*** ;
- verbes en *-ir* comme *dormir* → ***dormi*** ;

D'autres verbes seront ensuite proposés dans l'unité : *lire* → ***lu***, *voir* → ***vu***, *faire* → ***fait***, *prendre* → ***pris***.
Si l'enseignant choisis d'introduire ces verbes, il demandera aux élèves de chercher les formes du passé composé dans les récits des personnages aux pages 8 et 9 et de les recopier dans leur cahier. Il pourrait même leur demander d'écrire l'infinitif de ces verbes.

10 Écoute et dis le numéro.

Après les destinations et les moyens de transport, le moment est venu d'introduire les lieux où l'on peut dormir en vacances. Les élèves écouteront et indiqueront le numéro correspondant aux bonnes photos. L'enseignant fera remarquer l'usage des prépositions *à*, *dans* et *sous* en fonction du mode d'hébergement.

Transcription de l'enregistrement

dormir à l'hôtel
dormir dans un gîte rural
dormir dans un appartement
dormir sous une tente

Clef de l'activité : *dormir à l'hôtel 2, dormir dans un gîte rural 3, dormir dans un appartement 4, dormir sous une tente 1*

Culture et civilisation

Le **gîte rural** est une solution d'hébergement touristique à la campagne. Il s'agit de maisons individuelles meublées et équipées que des particuliers louent aux vacanciers pour une période. Ni le petit-déjeuner ni les autres repas ne sont servis. La location d'un gîte pour les vacances est une solution à la fois économique et conviviale que beaucoup de Français choisissent, surtout les adeptes du tourisme vert !

11 Écoute et parle.

Les élèves écouteront et liront la bulle de l'enfant et sur le même modèle raconteront leurs vacances à leurs camarades.

Transcription de l'enregistrement

J'ai été en Corse avec ma famille. J'ai voyagé en bateau et en voiture. J'ai dormi sous une tente.

Clef de l'activité : *Réponse personnelle*

Cahier d'activités pages 8-9

5 Complète les mots croisés.

Les élèves observeront les illustrations et compléteront la grille avec les noms des moyens de transport.

Clef de l'activité : *1 camping-car, 2 bateau, 3 car, 4 train, 5 voiture, 6 avion*

6 Écoute et écris les prénoms.

Les élèves entendront le récit de vacances de cinq enfants et écriront leur prénom dans la grille en correspondance avec leur modalité d'hébergement et le moyen de transport utilisé.

Transcription de l'enregistrement

Julie Salut, je m'appelle Julie. Cet été, je vais à la mer en voiture et je dors sous une tente.

Alain Bonjour, je suis Alain, au mois de juillet je prends l'avion pour aller à Londres. Je veux dormir à l'hôtel.

Sophie Coucou ! Je suis Sophie et demain je prends le car pour aller chez mes grands-parents. Ils ont un appartement à Cannes.

Clément Bonjour, je m'appelle Clément et samedi je vais en Sicile en bateau. Je vais dormir à l'hôtel et visiter la ville de Palerme.

Kévin Salut, je m'appelle Kévin et j'aime la campagne. Cet été je vais en Normandie en train et je dors dans un gîte rural.

Clef de l'activité :

hôtel	*Alain*			*Clément*	
appartement			*Sophie*		
gîte rural					*Kévin*
tente		*Julie*			

GRAMMAIRE

Le passé composé

L'enseignant demandera aux élèves de conjuguer tout le verbe *avoir* et leur fera remarquer que la forme du participe passé est toujours la même à toutes les personnes. Pour ce faire, il écrira un des verbes proposés au tableau et le conjuguera en demandant aux élèves de le recopier dans leur cahier :

J'ai passé
Tu as passé
Il/elle a passé
Nous avons passé
Vous avez passé
Ils/Elles ont passé

Il pourra ensuite demander aux élèves de conjuguer les autres verbes proposés (*être*, *voir*, *prendre*, *dormir*, *faire*) à l'oral.

Ensuite, il passera à la formation du passé composé à la forme négative. Pour ce faire il révisera d'abord au tableau la forme négative au présent de l'indicatif qui devrait désormais être acquise :
*Je dors – Je **ne** dors **pas**.*

Pour formuler la forme négative au présent on utilise *ne... pas*. L'enseignant fera remarquer qu'au passé composé c'est la même chose, mais qu'il faut placer *pas* entre l'auxiliaire et le participe passé et que la particule *ne* est apostrophée car le verbe *avoir* commence par une voyelle à toutes les personnes :
*J'ai dormi – Je **n'**ai **pas** dormi.*

7 Complète.

Les élèves compléteront les phrases en conjuguant les verbes donnés entre parenthèses à la personne demandée. Ces phrases sont toutes à la forme affirmative.

Clef de l'activité : *2 as voyagé, 3 a pris, 4 avons dormi, 5 avez fait, 6 ont vu*

8 Observe et mets à la forme négative. Écris dans ton cahier.

Pour faire cette activité, les élèves liront d'abord l'exemple. Ils devront lire les affirmations, les réécrire à la forme négative car aucune ne correspond à l'illustration fournie et formuler une phrase à la forme affirmative pour corriger l'affirmation initiale.

Clef de l'activité : *2 Tu n'as pas joué au foot, tu as joué au ping-pong. 3 Elle n'a pas été à la mer, elle a été à la montagne. 4 Nous n'avons pas dormi à l'hôtel, nous avons dormi sous une tente. 5 Vous n'avez pas voyagé en train, vous avez voyagé en avion. 6 Elles n'ont pas vu Julie à la montagne, elles ont vu Julie à la mer.*

9 Associe.

Aux six questions posées correspond une seule réponse possible que les élèves devront associer en écrivant le numéro de la question dans le cercle correspondant. L'enseignant pourrait ensuite demander à deux élèves de jouer le dialogue devant la classe.

Clef de l'activité : *1 C, 2 E, 3 F, 4 B, 5 D, 6 A*

LEÇON 4

Qu'est-ce que tu as fait pendant tes vacances ?

J'apprends
Dire ce qu'on a fait pendant les vacances

Structures
Les pronoms toniques : *moi, toi, lui, elle, nous, vous, eux, elles*
Pourquoi tu aimes la mer ? Parce que j'aime nager. / Moi, je préfère la montagne.

Lexique
Les activités pendant les vacances : *nager, jouer aux raquettes, lire des magazines, visiter un musée, photographier, voir des animaux, randonner, pique-niquer*

plage

Supports et matériel
Livre de l'élève et Cahier d'activités
CD audio 1 de la classe
CD de l'élève
Livre actif

Livre de l'élève page 12

1 Des vacances géniales !

Qu'est-ce que tu as fait pendant tes vacances ?

12 Écoute et répète.

J'ai nagé. J'ai joué aux raquettes. J'ai lu des magazines. J'ai visité un musée.
J'ai photographié ma famille. J'ai vu des animaux. J'ai randonné. J'ai pique-niqué.

13 Écoute et associe.

Caroline Stéphane Arthur Coralie

A B C D

14 Écoute et demande.

Est-ce que tu aimes la mer ?
Oui, j'adore la mer !
Pourquoi tu aimes la mer ?
Parce que j'aime nager et jouer aux raquettes. Et toi ?
Moi, je préfère la montagne.

GRAMMAIRE

Les pronoms toniques
Moi, j'ai lu un livre.
Toi, tu as joué aux raquettes.

12 douze

12 Écoute et répète.

Destinations, moyens de transport, hébergement et voilà à présent les activités que l'on peut faire en vacances. Les élèves écouteront et répéteront les phrases au passé composé pour en fixer la prononciation.

Transcription de l'enregistrement

J'ai nagé
J'ai joué aux raquettes
J'ai lu des magazines
J'ai visité un musée
J'ai photographié ma famille
J'ai vu des animaux
J'ai randonné
J'ai pique-niqué

Les pronoms toniques

L'encadré grammatical présente les pronoms toniques à la $1^{\text{ère}}$ et à la $2^{\text{ème}}$ personne du singulier.
L'enseignant fera remarquer aux élèves la différence entre les pronoms personnels sujets *je/tu* et les pronoms toniques *moi/toi*. Les premiers servent à introduire le verbe, tandis que les seconds sont une forme d'insistance et ils sont suivis d'une virgule pour la mise en relief.
On utilise les pronoms toniques :

- après une préposition : *Tu viens* ***avec moi*** *?*
- pour renforcer un pronom ou un nom : ***Moi,*** *j'ai visité un musée.*
- quand le pronom est employé sans le verbe : *Qui a lu des magazines ? -* ***Moi !***

13 Écoute et associe.

Les élèves entendront le témoignage de quatre enfants parlant de leurs vacances et de leurs activités. Ils associeront chaque prénom correspondant à l'activité illustrée.

Transcription de l'enregistrement

Caroline Bonjour, je m'appelle Caroline. Moi, j'ai passé mes vacances en ville et j'ai visité un musée.
Stéphane Salut, je suis Stéphane. Moi, j'ai été à la montagne et j'ai vu des vaches, des écureuils et des brebis.
Arthur Salut, moi c'est Arthur et j'ai voyagé en bateau. J'ai été sur une île et j'ai nagé.
Coralie Coucou ! Je m'appelle Coralie. Moi, j'ai fait du camping et j'ai randonné.

Clef de l'activité : *Caroline C, Stéphane A, Arthur D, Coralie B*

14 Écoute et demande.

Cette activité permet d'exercer l'usage de *pourquoi* et *parce que*. Les élèves écouteront et liront ce petit échange entre deux amies sur le thème des vacances et le reproduiront à leur tour deux par deux pour parler de leurs propres vacances, en motivant pourquoi ils préfèrent un lieu plutôt qu'un autre et en spécifiant les activités qu'ils aiment faire.

Transcription de l'enregistrement

A Est-ce que tu aimes la mer ?
B Oui, j'adore la mer !
A Pourquoi tu aimes la mer ?
B Parce que j'aime nager et jouer aux raquettes. Et toi ?
A Moi, je préfère la montagne.

Cahier d'activités pages 10-11

10 Observe et complète.

Voilà huit photos illustrant des activités vacancières sous lesquelles il y a une description incomplète. Les élèves compléteront les phrases en insérant le participe passé du verbe manquant.

Clef de l'activité : *1 vu, 2 randonné, 3 visité, 4 photographié, 5 lu, 6 joué, 7 pique-niqué, 8 nagé*

11 Associe.

Les élèves associeront les six verbes conjugués au passé composé au complément qui leur convient.

Clef de l'activité : *1 C, 2 A, 3 F, 4 E, 5 B, 6 D*

GRAMMAIRE

Les pronoms toniques

L'encadré grammatical présente les pronoms toniques à toutes les personnes. L'enseignant formera une grille au tableau avec la colonne des pronoms personnels sujets et celle des pronoms toniques. Les élèves la recopieront dans leur cahier pour en faciliter la mémorisation.

Pronoms personnels sujets	*Pronoms toniques*
Je	*Moi*
Tu	*Toi*
Il	*Lui*
Elle	*Elle*
Nous	*Nous*
Vous	*Vous*
Ils	*Eux*
Elles	*Elles*

12 Complète.

Les élèves compléteront les phrases avec les pronoms toniques. L'enseignant pourrait leur conseiller d'entourer les pronoms personnels sujets pour être sûrs de ne pas commettre d'erreurs.

Clef de l'activité : *1 lui, 2 Nous, 3 eux, 4 toi, 5 Vous, 6 Moi, 7 elle, 8 elles*

13 Lis et complète, puis écoute et vérifie.

Les élèves liront la lettre que Julie adresse à Paul et dans laquelle elle raconte ses vacances en colonie, puis ils compléteront le texte avec les pronoms toniques qui conviennent. Enfin, ils écouteront l'enregistrement pour vérifier leurs réponses.

Transcription de l'enregistrement et clef

Cher Paul,
Moi, cet été, j'ai préféré aller en colonie de vacances à la montagne. **Toi**, tu m'as raconté que c'est trop fatigant, mais **moi**, j'ai beaucoup aimé !
Mes grands-parents habitent à la mer, ce week-end je vais chez **eux** ! Mon grand-père, **lui**, il adore faire des promenades à vélo mais ma grand-mère préfère que je reste avec **elle** sur la plage !
Nous, nous aimons passer du temps ensemble.
Et **toi** ? Qu'est-ce que tu as fait cet été avec ta famille ? **Vous**, vous allez à la mer ?
Grosses bises
Julie

Culture et civilisation

L'**Accueil collectif de mineurs** pendant les grandes vacances est à la charge du Ministère de la Jeunesse et des Sports et la vie associative. Deux formules existent et les familles peuvent choisir celle qui convient le mieux à leurs enfants : les « centres de loisirs éducatifs sans hébergement », couramment appelés « centres aérés » et les « centres de vacances », couramment appelés « colonies de vacances » ou « camps de vacances », dans ce cas l'hébergement est prévu. Les animateurs qui encadrent les enfants doivent recevoir une formation et être titulaires d'un brevet. Il doit y avoir au moins un animateur pour huit enfants pour la tranche des 3 à 6 ans, et un à partir de 12 ans. En général, les colonies et les centres aérés proposent des ateliers éducatifs de peinture, de poterie, de danse, de chant, de théâtre, de sport et quelques sorties. Les enfants s'amusent beaucoup !

LEÇON 5

Je joue

J'apprends
Raconter mes vacances en utilisant des adjectifs
La liaison

Structures
Pioche 4 cartes et raconte ! J'ai été à la montagne...
Tu as passé des vacances formidables !

Lexique
Les adjectifs : *formidable, amusant, intéressant, fatigant, aventureux, bizarre, ennuyeux*
pioche, anorak, igloo, ombre

Supports et matériel
Livre de l'élève et Cahier d'activités
CD audio 1 de la classe
CD de l'élève
Livre actif
Fiche photocopiable 2, page 163

Livre de l'élève page 13

1

Je joue

15 Joue aux cartes et raconte tes vacances. Utilise les adjectifs suivants.

formidables amusantes intéressantes fatigantes aventureuses bizarres ennuyeuses

Boîte à sons — La liaison

16 Écoute et répète.
1 Cet été nous avons voyagé aux États-Unis en avion.
2 Nous avons visité une ferme avec des animaux et nous avons dormi dans un gîte rural.
3 Quand il fait froid, je mets un anorak.
4 Aujourd'hui, je fête mes neuf ans avec mes amis.

17 Écoute et indique les liaisons, puis répète.
1 Nous avons pris l'avion à six heures.
2 Nos amis ? Ils ont déjà onze ans !
3 Quand il fait beau, je vais à la plage.
4 Je pars à neuf heures pour aller en Tanzanie.

18 Écoute et répète le virelangue le plus vite possible !
Nous partons en avion,
nous allons aux États-Unis
avec nos amis !

treize 13

15 Joue aux cartes et raconte tes vacances. Utilise les adjectifs suivants.

Pour organiser cette activité en classe, l'enseignant imprimera la fiche photocopiable 2 qui se trouve à la page 163. Il s'agit de cartes à jouer qui reprennent le lexique de l'unité : les destinations de vacances (*mer, lac, montagne, ville, île, campagne*), les moyens de transport (*voiture, camping-car, car, train, avion, bateau*), les modes d'hébergement (*hôtel, gîte rural, appartement, tente*) et les activités vacancières (*nager, jouer aux raquettes, lire des magazines, visiter un musée, photographier, voir des animaux, randonner, pique-niquer*). L'enseignant formera des duos et donnera un jeu de cartes à chacun. L'élève A mélangera les cartes selon leur catégorie et les posera sur la table. L'élève B piochera une carte dans chaque catégorie et racontera ses vacances en fonction des éléments piochés, comme dans l'exemple. L'élève A écoutera attentivement son camarade et commentera ses vacances en utilisant l'un des adjectifs donnés.

Boîte à sons La liaison

16 Écoute et répète.

Les élèves écouteront l'enregistrement et répéteront les mots en prenant soin de faire les liaisons.

Transcription de l'enregistrement

1 Cet été nous avons voyagé aux États-Unis en avion.
2 Nous avons visité une ferme avec des animaux et nous avons dormi dans un gîte rural.
3 Quand il fait froid, je mets un anorak.
4 Aujourd'hui, je fête mes neuf ans avec mes amis.

17 Écoute et indique les liaisons, puis répète.

Les élèves écouteront l'enregistrement, indiqueront où se trouvent les liaisons et répéteront les phrases en les appliquant.

Transcription de l'enregistrement

1 Nous avons pris l'avion à six heures.
2 Nos amis ? Ils ont déjà onze ans !
3 Quand il fait beau, je vais à la plage.
4 Je pars à neuf heures pour aller en Tanzanie.

Clef de l'activité : *1 Nous avons pris l'avion à six heures. 2 Nos amis ? Ils ont déjà onze ans ! 3 Quand il fait beau, je vais à la plage. 4 Je pars à neuf heures pour aller en Tanzanie.*

18 Écoute et répète le virelangue le plus vite possible !

Les élèves écouteront puis répèteront à toute vitesse le virelangue proposé riche en liaisons.

Transcription de l'enregistrement

Nous partons en avion, nous allons aux États-Unis avec nos amis !

Cahier d'activités page 12

14 Complète.

Les élèves liront les phrases et choisiront les adjectifs qui correspondent aux vacances décrites, comme dans l'exemple proposé.

Clef de l'activité : *2 amusantes, 3 fatigantes, 4 intéressantes, 5 aventureuses, 6 bizarres*

15 Écoute le message et réponds.

DELF Compréhension de l'oral

Les élèves écouteront ce que Thierry raconte à sa maîtresse au sujet de ses vacances et cocheront ou écriront la réponse correcte.

Transcription de l'enregistrement

Thierry Ce week-end, j'ai fait beaucoup de choses amusantes. Samedi, j'ai été au parc avec mes amis : nous avons fait du vélo et pour le goûter, nous avons mangé un sandwich.
Le dimanche, j'ai été à la campagne. Il a fait chaud toute la journée. J'ai pique-niqué et j'ai joué au ballon avec mon frère.

Clef de l'activité : *1 C, 2 B, 3 Dimanche, 4 A, 5 C*

Boîte à sons La liaison

16 Écoute, répète et dessine la liaison.

Les élèves écouteront et répéteront les phrases, puis dessineront les liaisons possibles entre les mots.

Transcription de l'enregistrement et clef

1 Quand il fait chaud, je reste à l'ombre des arbres.
2 Je veux aller à la plage avec mes amis !
3 Ses enfants vivent dans un appartement.
4 Cet été, nous allons chez elle, c'est une idée magnifique.

Clef de l'activité : *1 Quand il fait chaud, je reste à l'ombre des arbres. 2 Je veux aller à la plage avec mes amis ! 3 Ses enfants vivent dans un appartement. 4 Cet été, nous allons chez elle, c'est une idée magnifique.*

LEÇON 6

Je sais…

J'apprends

Faire des exercices de compréhension et de production orale et écrite sur les vacances en parlant au passé

Supports et matériel

Livre de l'élève et Cahier d'activités
CD audio 1 de la classe
Livre actif

Livre de l'élève pages 14-15

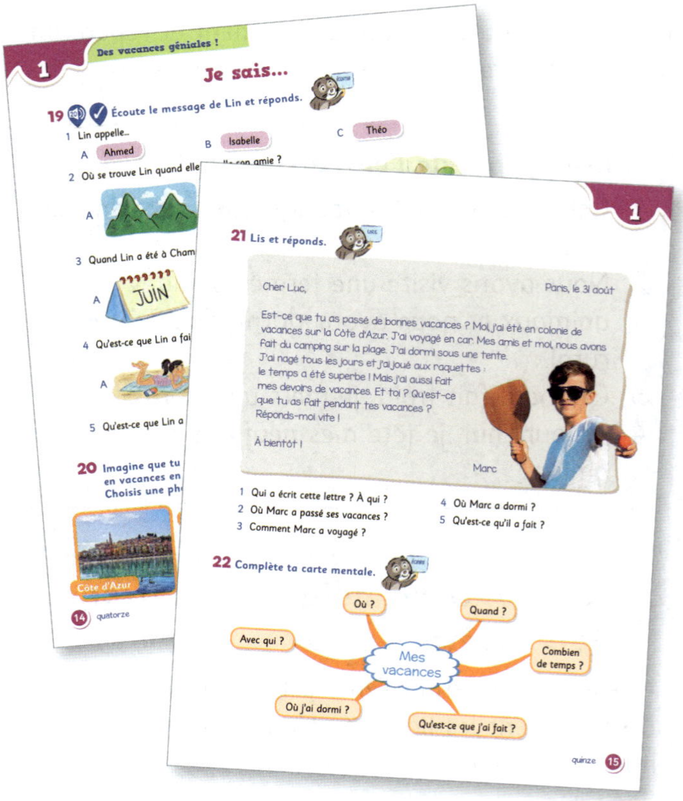

La rubrique ***Je sais…*** est présente à la fin de chaque unité pour permettre aux élèves de récapituler ce qu'ils ont appris et ce qu'ils sont désormais capables de faire : ***écouter*** (compréhension orale), ***parler*** (production orale), ***lire*** (compréhension écrite) et ***écrire*** (production écrite). Ces quatre compétences langagières sont à la base de l'enseignement des langues dans la mesure où elles mettent la langue en action dans des situations de communication.

19 (20) Écoute le message de Lin et réponds.

Les élèves entendront un message dans lequel Lin raconte ses vacances à sa copine Isabelle. Ils cocheront les cases qui correspondent à ce qu'ils ont entendu et répondront à la cinquième question oralement ou dans leur cahier.

Transcription de l'enregistrement

Lin Allô ! Isabelle ! C'est Lin. Je suis à la maison. J'ai été à Chamonix et j'ai été en colonie de vacances du 10 au 20 juillet, j'ai passé des vacances formidables ! Le voyage a été long mais je suis très contente. J'ai fait beaucoup de choses amusantes : j'ai fait du vélo et j'ai randonné à pied. J'ai très envie de te voir. J'ai pris un cadeau pour toi. Appelle-moi quand tu rentres à la maison ! Bisous !

Clef de l'activité : *1 B, 2 C, 3 B, 4 B, 5 Un cadeau*

20 Imagine que tu as été en vacances en France. Choisis une photo et raconte.

PARLER

Trois photos sont proposées et les élèves en choisiront une pour imaginer de quelle façon ils ont passé leurs vacances dans cet endroit. L'enseignant pourrait apporter en classe d'autres photos/cartes postales de petite dimension qu'il distribuerait aux élèves. Chacun pourrait raconter ses vacances et coller sur la carte de France sa photo/carte postale au bon endroit. Cela permettrait de localiser les villes les plus importantes et de faire un tour de France en s'amusant tous ensemble.

Clef de l'activité : *Réponse personnelle*

21 Lis et réponds.

LIRE

Marc a écrit une lettre à Luc pour lui raconter ses vacances. Les élèves liront les questions et y répondront dans leur cahier. La correction pourra être faite directement au tableau ou l'enseignant pourra décider de transformer cette activité en devoir sur table et ramasser les copies pour pouvoir vérifier les progrès faits par ses élèves et éventuellement donner une évaluation.

Clef de l'activité : *1 Marc écrit la lettre à Luc. 2 Il a passé ses vacances en colonie de vacances sur la Côte d'Azur. 3 Il a voyagé en car. 4 Il a dormi sous une tente. 5 Il a nagé et il a joué aux raquettes, mais il a aussi fait ses devoirs de vacances*

22 Complète ta carte mentale.

ÉCRIRE

Les cartes heuristiques (ou *mind maps*) sont très utiles en classe de langue car elles donnent une vision globale d'un sujet. La carte proposée ici est vouée à la production écrite : l'élève devra visualiser sa pensée dans son cahier, guidé par les éléments fournis et réutiliser tout ce qu'il a appris. Dans ce cas précis, il parlera de ses vacances et il sera guidé dans le récit par des questions directes.

Clef de l'activité : *Réponses personnelles*

Cahier d'activités page 13

Mes compétences

17 Lis et complète.

Voilà le témoignage d'Alice. Elle raconte ses vacances, mais son récit est incomplet : les élèves écriront à la bonne place les verbes au passé composé selon le sens.

Clef de l'activité : *1 j'ai passé, 2 J'ai voyagé, 3 j'ai joué, 4 j'ai fait, 5 j'ai vu, 6 J'ai mangé, 7 j'ai pris*

18 Réponds.

Les élèves reliront le texte de l'activité 17 qui a entre-temps été corrigé en classe et répondront aux questions de compréhension écrite. L'enseignant précisera en fonction du niveau de sa classe s'il désire des réponses courtes ou complètes (sujet, verbe, complément).

Clef de l'activité : *1 Elles ont été extraordinaires. 2 Elle a passé vingt jours sur la Côte d'Azur. 3 Elle a passé ses vacances avec sa famille. 4 Elle a passé ses vacances à Antibes. 5 Elle a joué aux raquettes avec sa sœur, elle a fait de la planche à voile et elle a vu des dauphins. 6 Elle a mangé au restaurant.*

Autoévaluation

Les élèves doivent autoévaluer les compétences acquises à la fin de l'unité 1 en cochant les cases comme dans la légende : *Je sais le faire. / Je dois m'entraîner encore un peu. / Je ne sais pas encore le faire, mais je vais apprendre.*

LEÇON 7

L'ecosystème

J'apprends
Quelques informations sur les neuf grands écosystèmes

Lexique
L'écosystème : *les déserts froids, les prairies, les forêts tropicales, le maquis méditerranéen, les forêts de conifères, la toundra, les forêts tempérées, les déserts chauds, la savane*

milieux, glace, ours polaires, phoques, pingouins, se nourrissent, bisons, cerfs, végétation, luxuriante, climat, doux, pins, arbustes, sangliers, sapins, renards, pôles, buissons, rennes, élans, renards arctiques, chênes, hêtres, bouleaux, faune, secs, cactus, scorpions, dromadaires, baobabs, gazelles

Supports et matériel
Livre de l'élève
CD audio 1 de la classe
Livre actif

Livre de l'élève pages 16-17

1 Écoute, observe et lis.

Ces deux pages présentent l'écosystème qui est décrit de façon simple et succincte : climat, flore, faune. Les élèves écouteront, observeront la carte du monde et liront attentivement des informations qu'ils devraient déjà connaître car il s'agit d'un sujet faisant généralement partie des programmes scolaires.

Transcription de l'enregistrement
L'écosystème est l'ensemble des êtres vivants en relation avec leur environnement. Il y a neuf grands écosystèmes ou biomes.

Les déserts froids
Ce sont des milieux recouverts de glace. Les plantes ne poussent pas et les animaux (les ours polaires, les phoques, les pingouins) se nourrissent avec ce qu'ils trouvent dans la mer.

Les prairies
Dans les prairies il ne pleut presque jamais. Il y a surtout de l'herbe et de petites plantes. Les animaux qui vivent dans la prairie sont les bisons, les chevaux, les cerfs...

Les forêts tropicales
Dans les forêts tropicales, il pleut souvent et il fait très chaud. La végétation est luxuriante et on y trouve des singes, des insectes, des serpents...

Le maquis méditerranéen
On trouve le maquis autour de la mer Méditerranée. Le climat est doux. On y trouve des pins, des arbustes et beaucoup d'oiseaux, des sangliers, des écureuils...

Les forêts de conifères
On trouve des forêts de conifères (pins, sapins) en montagne. L'hiver est froid et l'été est chaud. C'est le règne des ours et des renards.

La toundra
La toundra se trouve à côté des pôles. On y trouve des buissons, mais pas d'arbres parce qu'il fait froid. Les animaux qui vivent ici sont les rennes, les élans, les renards arctiques...

Les forêts tempérées
Dans ces forêts le climat est tempéré. On y trouve des chênes, des hêtres, des bouleaux et la faune est composée de loups, de renards...

Les déserts chauds
Ce sont des milieux chauds et secs. Seuls certains animaux et certaines plantes peuvent vivre dans ce milieu : les cactus, les scorpions, les serpents, les dromadaires...

La savane
Dans la savane le climat est chaud et il ne pleut pas beaucoup. On y trouve surtout de l'herbe et des baobabs. Les animaux qui vivent dans la savane sont les gazelles, les girafes, les éléphants, les lions...

2 Crée une grille pour chaque écosystème.

Les élèves reliront le texte dans lequel ils chercheront les informations nécessaires pour créer une grille qui résume les caractéristiques de chaque écosystème (climat, fore, faune). En groupe, ils pourraient créer un mini-dossier en collant des photos téléchargées sur Internet.

Clef de l'activité :

	Les déserts froids
climat	*froid*
flore	X
faune	*ours polaires, phoques, pingouins*

	Les prairies
climat	*il ne pleut presque jamais*
flore	*herbe et petites plantes*
faune	*bisons, chevaux, cerfs...*

	Les forêts tropicales
climat	*il pleut souvent et il fait très chaud*
flore	*luxuriante*
faune	*singes, insectes, serpents...*

	Le maquis méditerranéen
climat	*doux*
flore	*pins et arbustes*
faune	*oiseaux, sangliers, écureuils...*

	Les forêts de conifères
climat	*froid en hiver et chaud en été*
flore	*pins et sapins*
faune	*ours et renards*

	La toundra
climat	*froid*
flore	*buissons*
faune	*rennes, élans, renards arctiques...*

	Les forêts tempérées
climat	*tempéré*
flore	*chênes, hêtres et bouleaux*
faune	*loups, renards...*

	Les déserts chauds
climat	*chaud et sec*
flore	*cactus*
faune	*scorpions, serpents, dromadaires...*

	La savane
climat	*chaud et il ne pleut pas beaucoup*
flore	*herbe et baobabs*
faune	*gazelles, girafes, éléphants, lions...*

LE MONDE AUTOUR DE TOI

LEÇON 8

Au cœur de la nature

J'apprends
Quelques informations sur deux grands parcs nationaux

Structures
il faut... ; il est interdit de... ; on peut... / on ne peut pas... ; les cascades les plus impressionnantes des Antilles

Lexique
outre-mer, bouquetins, chamois, patou, berger, troupeaux, règlement, cueillir, écraser, camper, traces, déranger, fragile, vélo tout terrain, parapente, deltaplane, archipel, luxuriante, cascades, impressionnantes, sable, pondre, volcanique, fumerolles, toxiques, vapeurs

Supports et matériel
Livre de l'élève
CD audio 1 de la classe
Livre actif

Livre de l'élève pages 18-19

1 Des vacances géniales !
Au cœur de la nature
LE MONDE AUTOUR DE TOI
1 Observe et associe.
le bouquetin
le chamois
2 Écoute et lis.
18 dix-huit

4 Écoute et complète.
cascades volcan tortues archipel
Le Parc national de la Guadeloupe
Le parc occupe 10% de tout l'*** des Antilles.
La chose qui impressionne les visiteurs, c'est la végétation luxuriante. Les **Chutes du Grand Carbet** sont les *** les plus impressionnantes des Antilles.
La plus haute mesure 115 mètres de haut !
Dans le parc national de la Guadeloupe, on peut choisir entre les **plages de sable blanc et les plages de sable noir.**
Les *** marines viennent pondre leurs œufs sur les plages de sable noir. Ce sable est noir parce qu'il est volcanique.
La « vieille dame » est le nom que les Guadeloupéens ont donné à leur *** en activité : **la Grande Soufrière.** On ne peut pas se promener sur ce volcan car ses fumerolles sont toxiques. Les fumerolles sont des vapeurs qui sortent du volcan.
5 Vrai ou faux ?
1 La France a cinq parcs nationaux dont un en Outre-mer.
2 Le patou est un chien de montagne aux longs poils noirs.
3 Dans tous les parcs, il faut respecter un règlement.
4 Le Parc national de la Guadeloupe occupe 10% de tout l'archipel.
5 La plus haute montagne de la Guadeloupe mesure 115 mètres de haut.
6 La « vieille dame » est un volcan en activité.
dix-neuf 19

1 Observe et associe.

Cinq animaux que les élèves retrouveront ensuite dans le texte sont ici proposés. Ils observeront les images et les associeront aux noms des animaux.

Clef de l'activité : *1 loup, 2 tortue marine, 3 bouquetin, 4 patou, 5 chamois*

2 (22) Écoute et lis.

Le texte présenté concerne le Parc national de la Vanoise que l'enseignant pourra indiquer sur la carte de France pour montrer aux élèves où il est situé. Il s'agit d'une simple activité de lecture et d'écoute.

Transcription de l'enregistrement

La France a sept parcs nationaux dont un en outre-mer. Visitons le Parc national de la Vanoise, en Savoie, et le Parc national de la Guadeloupe dans la Mer des Caraïbes !

Le Parc national de la Vanoise

Le Parc National de la Vanoise se trouve à côté d'un grand parc italien : la Réserve Royale du Grand-Paradis. Ces deux parcs forment le plus important espace protégé de l'Europe occidentale. Le parc protège les bouquetins et les chamois, les loups et les patous. Le patou est un chien de montagne aux longs poils blancs. C'est un chien de berger qui protège les troupeaux des loups. Comme dans tous les parcs, il faut respecter un règlement pour protéger la nature. On ne peut pas cueillir des fruits et on ne peut pas écraser les fleurs quand on prend une photo ! On ne peut pas camper ou laisser des traces de son passage. Pour ne pas déranger ce milieu si fragile, il est interdit de faire du vélo tout terrain, du parapente et du deltaplane : chut ! Silence !

L'enseignant fera remarquer aux élèves les expression liées à ce que l'on peut ou on ne peut pas faire : *il faut* + infinitif, *il est interdit de* + infinitif, *on peut / on ne peut pas* + infinitif. Le verbe *pouvoir* et les expressions *il faut / il ne faut pas* + infinitif seront repris et renforcés dans les prochaines unités.

Projet

3 Réalise une affiche sur les bonnes habitudes dans le Parc de la Vanoise.

Les élèves écouteront et liront de nouveau le texte et recueilleront les informations nécessaires pour réaliser une affiche sur les bonnes habitudes que les visiteurs du Parc de la Vanoise (et pas seulement !) doivent adopter pour respecter la flore et la faune.

4 (23) Écoute et complète.

Les élèves vont lire et écouter un texte sur le Parc national de la Guadeloupe et ils devront le compléter avec les quatre mots manquants qui sont fournis.

Transcription de l'enregistrement et clef

Le Parc national de la Guadeloupe

Le parc occupe 10% de tout l'**archipel** des Antilles. La chose qui impressionne les visiteurs, c'est la végétation luxuriante. Les Chutes du Grand Carbet sont les **cascades** les plus impressionnantes des Antilles. La plus haute mesure 115 mètres de haut !

Dans le parc national de la Guadeloupe, on peut choisir entre les **plages** de sable blanc et les plages de sable noir. Les **tortues** marines viennent pondre leurs œufs sur les plages de sable noir. Ce sable est noir parce qu'il est volcanique. La « vieille dame » est le nom que les Guadeloupéens ont donné à leur **volcan** en activité : la Grande Soufrière. On ne peut pas se promener sur ce volcan car ses fumerolles sont toxiques. Les fumerolles sont des vapeurs qui sortent du volcan.

L'enseignant attirera l'attention sur le superlatif relatif « les cascades les plus impressionnantes des Antilles » et il le traduira dans leur langue maternelle.

5 Vrai ou faux ?

Cette activité de compréhension concerne les deux parcs nationaux présentés. Les élèves liront les six affirmations et diront si elles sont vraies ou fausses. L'enseignant pourrait leur demander de corriger les réponses fausses.

Clef de l'activité : *1 vrai, 2 faux (Le patou est un chien de montagne aux longs poils blancs), 3 vrai, 4 vrai, 5 faux (La plus haute cascade de la Guadeloupe mesure 115 mètres de haut), 6 vrai*

Unité 2

Bienvenue chez moi !

Compétences clés

Compétences multilingues
- Chanter une chanson ludique pour mémoriser les mots des pièces de la maison. (Livre, p. 21 ex. 4)
- Participer à des échanges oraux pour perfectionner ses propres stratégies linguistiques et non linguistiques. (Livre, p. 22 ex. 6, p. 23 ex. 8, p. 24 ex. 10, p. 25 ex. 11, p. 33 ex. 2)

Compétence mathématique et compétences en sciences, en technologies et en ingénierie
- Appliquer ses propres connaissances géométriques et techniques pour réaliser la maquette d'une ville avec des maisons en carton. (Livre, p. 31 ex. 3)

Compétence numérique
- Regarder une vidéo en utilisant les nouvelles technologies avec facilité et responsabilité. (Livre p. 20 ex. 1)

Compétences personnelles et sociales et capacité d'apprendre à apprendre
- Faire des jeux de rôle pour renforcer l'apprentissage du vocabulaire lié à la maison et des expressions pour la décrire. (Livre, p. 22 ex. 6, p. 25 ex. 11)
- Savoir lire une grille grammaticale pour faire correctement une activité. (Livre, p. 23 ex. 8. Cahier, p. 15 ex. 4, p. 18 ex. 10-11)
- Participer en classe à des échanges verbaux en respectant les règles de la communication. (Livre, p. 22 ex. 6, p. 23 ex. 8, p. 24 ex. 10, p. 25 ex. 11, p. 33 ex. 2)
- Travailler en groupe pour la réalisation des projets développera chez les apprenants des attitudes positives de coopération. (Livre, p. 31 ex. 3, p. 33)

Compétences entrepreneuriales
- Réaliser la maquette d'une ville en carton avec ses camarades. (Livre, p. 31 ex. 3)
- Réaliser la maison en papier d'un camarade et réaliser une affiche avec toutes les maisons réalisées par la classe. (Livre, p. 33)

Compétences relatives à la sensibilité et à l'expression culturelles
- Connaître les différents types de maisons françaises développera chez les apprenants un sentiment de curiosité. (Livre, pp. 30-31)

Objectifs d'apprentissage

Compétences

Compréhension orale
- Comprendre la description d'une maison / un appartement

Compréhension écrite
- Reconnaître et identifier les différents types d'habitations et les différentes parties
- Reconnaître et identifier les pièces et les meubles de la maison
- Lire et comprendre une lettre au sujet de la maison

Production orale
- Demander et donner des informations sur le lieu où l'on habite
- Décrire une maison / un appartement
- Parler des actions qu'on fait à la maison
- Localiser des objets dans la maison

Production écrite
- Écrire une lettre en décrivant sa maison

Structures

Actives
Où tu habites ? J'habite dans un immeuble. / À quel étage ? Au deuxième étage.
Comment est ton appartement ? Il est grand et confortable !
Les nombres ordinaux
***Être en train de* + infinitif :** *Qu'est-ce que le papa de Léo est en train de faire ? Son papa est en train de cuisiner.*
Les prépositions : *à côté de, dans, sur, sous, devant, derrière, par terre, entre*

Passives
même si ; je veux te parler

Lexique

Actif
L'habitation : *l'immeuble, l'appartement, la maison, le balcon, le toit, le garage, le jardin, le grenier, le rez-de-chaussée, l'étage*
Les adjectifs : *grand, confortable, petit, moderne*
Les pièces et les meubles : *le salon (le canapé, le fauteuil), la cuisine (la table, la chaise, le frigo), la chambre (le lit, l'armoire, la table de nuit, la lampe, le tapis, l'étagère, le bureau, la bibliothèque), la salle de bain (le miroir, le lavabo, la douche), les toilettes (le W.-C.)*
Les activités : *travailler à l'ordinateur, lire le journal, cuisiner, faire ses devoirs, prendre une douche, regarder la télé, dessiner*

Passif
La maison dans l'histoire : *Paléolithique (la grotte, la hutte), Néolithique (la maison à pilotis), Antiquité (la maison gauloise), Moyen-Âge (le château, la maison de ville), Temps modernes (l'immeuble), Monde contemporain (le gratte-ciel)*
Les maisons en France : *la chaumière, le mas provençal, la longère, le chalet, la maison à colombage, l'hôtel particulier*
Les matériaux : *la paille, l'ardoise, la brique, la pierre, le bois*

chasse au trésor, indice, cuillère, car, roman, récompense, romantique, siècles, préhistoire, cabane, branches, bêtes, fortifiés, colline, attaques, ennemis, étroites, hautes, artisan, commerçant, avenues, progrès, de plus en plus, c'est-à-dire, champs, lavande

LEÇON 1

Bienvenue chez moi !

J'apprends
Identifier les pièces de la maison

Structures
Mon papa est en train de lire le journal dans le canapé.
même si

Lexique
chasse au trésor, indice, cuillère, car

Supports et matériel
Livre de l'élève et Cahier d'activités
CD audio 1 de la classe
CD de l'élève
Livre actif

Livre de l'élève pages 20-21

Dans ce nouvel épisode, Léo et Théo ont invité leurs amis chez eux pour vivre une fantastique chasse au trésor. Ils ont préparé des indices qui conduiront Lin, Ahmed et Isabelle dans les différentes pièces de leur maison, dans le jardin et dans le garage. Pour trouver le trésor, ils devront déchiffrer tous les indices avec perspicacité. Mais quel est donc ce trésor ? Où se cache-t-il ? C'est un délicieux gâteau au chocolat que la maman des jumeaux a préparé dans la cuisine !

1 Écoute et lis.

Avant de demander aux élèves d'ouvrir leur livre aux pages 20 et 21, l'enseignant proposera de regarder la vidéo du livre actif en disant : **« observez et écoutez »** ou simplement **« écoutez la vidéo »**. Ensuite, l'enseignant fera écouter le CD audio avec la BD sous les yeux pour faciliter la lecture et la compréhension du texte. Il pourra également demander aux élèves de prêter leur voix aux personnages : dans un premier temps en écoutant et répétant tous ensemble le contenu de chaque bulle après avoir stoppé l'audio, puis en relisant la BD en attribuant chaque personnage à un élève. L'enseignant pourrait emmener la classe dans la salle de sport de l'école et placer des cerceaux qui représentent les différents espaces énoncés dans la BD : le salon, le jardin, la chambre, le garage, la salle de bain et enfin la cuisine. Les élèves pourraient interpréter à tour de rôle les personnages et courir ici et là dans chaque « pièce ».

Transcription de l'enregistrement

Léo	Nous avons organisé une chasse au trésor chez nous.
Lin	Tu peux nous donner un premier indice ?
Léo	Mon papa est en train de lire le journal dans le canapé.
Isabelle	Vite ! Dans le salon !

Lin	Regardez ! Le deuxième indice !
Ahmed	« Je ne suis pas dans la maison ! » Hector est dans le jardin !
Isabelle	Sophie a dessiné un livre.
Lin	C'est le troisième indice ! Tous devant la bibliothèque !
Ahmed	« Mamie est en train de prendre une douche. »
Isabelle	Vite ! Dans la salle de bain !
Isabelle	Voilà le cinquième indice ! « Papy est dans le garage. »
Lin	Il a écrit au tableau.
Ahmed	C'est le mot ARMOIRE !! Vite dans la chambre !
Isabelle	Il y a une cuillère en bois. C'est le dernier indice !
Lin	Tout le monde à la cuisine !
Léo	Vous avez trouvé le trésor !
Ahmed	Un gâteau au chocolat ! Super !

2 Vrai ou faux ?

Il s'agit d'une simple activité de compréhension écrite qui consiste à dire si ces six affirmations sont vraies ou fausses. Cependant, pour dynamiser cette activité, si le niveau d'apprentissage de la classe le permet, l'enseignant pourrait demander aux élèves de fermer leur livre et lire les affirmations à voix haute en demandant à chaque fois : **« Vrai ou faux ? »**. Dans ce cas les élèves répondront dans leur cahier en mettant le numéro de la phrase et un *V* ou un *F* en fonction de leur réponse. Puis l'enseignant leur demandera d'ouvrir leur cahier, il fera relire les affirmations et invitera un élève à répondre. Les élèves pourront alors vérifier si ce qu'ils avaient compris à l'oral est exact ou pas. Cette activité pourrait être mise en œuvre à chaque fois que l'occasion se présente, si l'enseignant le juge nécessaire et approprié à sa classe.

Clef de l'activité : *1 vrai, 2 vrai, 3 faux (Sophie a dessiné un livre), 4 vrai, 5 faux (Léo et Théo ont préparé sept indices), 6 faux (Il y a un gâteau dans la cuisine)*

3 Réponds.

L'enseignant demandera aux élèves de faire une lecture silencieuse de la BD. Puis il fera lire les questions une à une en accordant à chaque fois quelques minutes de réflexion pour y répondre. Dans un premier moment les élèves répondront probablement sans formuler une phrase complète, mais l'enseignant les encouragera à le faire.

Clef de l'activité : *1 Ils ont organisé une chasse au trésor. 2 Il est en train de lire le journal. 3 Il se trouve dans le jardin. 4 Elle est en train de prendre une douche. 5 Le mot « armoire ». 6 Elle se termine dans la cuisine.*

4 25 26 Écoute et chante.

Suivre les indications fournies à la page 18 pour l'exploitation pédagogique du chant.

Transcription de l'enregistrement

J'habite une maison toute petite,
une toute petite maison
avec une cuisine toute petite
et un tout petit salon.

Il y a une salle de bain toute petite
et un tout petit balcon.
Et même si la chambre est toute petite
je suis toujours content !

Car dans ma petite maison,
c'est si bon ! C'est si bon !
Car dans ma petite maison,
c'est si bon !

L'enseignant expliquera ce que l'expression *même si* signifie.

Cahier d'activités page 14

1 Lis et associe. Où ils vont ? Puis, écoute et vérifie.

Les élèves liront les bulles des personnages contenant un indice qui leur permettra de deviner dans quelle pièce se trouvent les personnes dont ils sont en train de parler. Les pièces en question sont reportées à droite sur la page. Après avoir associé à chaque bulle une pièce, ils écouteront l'enregistrement pour vérifier l'exactitude de leurs associations.

Transcription de l'enregistrement et clef

Léo	Mon papa est en train de lire le journal dans le canapé. *Salon*
Ahmed	« Je ne suis pas dans la maison ! » *Jardin*
Isabelle	Sophie a dessiné un livre. *Bibliothèque*
Ahmed	« Mamie est en train de prendre une douche. » *Salle de bain*
Isabelle	Voilà le cinquième indice ! « Papy est dans le garage. » *Garage*
Lin	Il a écrit au tableau. *Chambre*
Isabelle	Il y a une cuillère en bois. C'est le dernier indice ! *Cuisine*

Clef de l'activité : *1 salon, 2 jardin, 3 bibliothèque, 4 salle de bain, 5 garage, 6 chambre, 7 cuisine*

2 Choisis.

Les élèves devront se souvenir en quoi consiste le trésor et cocher la bonne case.

Clef de l'activité : *C*

LEÇON 2

Où tu habites ?

J'apprends
Demander et dire où l'on habite et parler de la maison

Structures
Où tu habites ? J'habite dans un immeuble. / À quel étage ? Au deuxième étage. Comment est ton appartement ? Il est grand et confortable !
Les nombres ordinaux

Lexique
L'habitation : *l'immeuble, l'appartement, la maison, le balcon, le toit, le garage, le jardin, le grenier, le rez-de-chaussée, l'étage*
Les adjectifs : *grand, confortable, petit, moderne*

Supports et matériel
Livre de l'élève et Cahier d'activités
CD audio 1 de la classe
Livre actif

Livre de l'élève page 22

5 Écoute et répète.

Les élèves entendront les noms des différentes parties d'un immeuble et d'une maison individuelle. Ils répéteront les mots et indiqueront les parties énoncées. Pour diversifier l'activité, l'enseignant pourrait faire une « dictée dessinée », par exemple : « Dessinez une maison de trois étages. Au rez-de-chaussée il y a une porte et un garage. Au premier étage il y a deux fenêtres, au deuxième étage il y a une grande fenêtre avec un balcon, au troisième étage il y a quatre fenêtres ». L'enseignant laissera bien entendu le temps aux élèves de dessiner. Pour compliquer les choses, il pourrait demander aux élèves d'écrire le nom des personnages en fonction d'où ils se trouvent : « Lin est dans le jardin, Léo est sur le balcon, Ahmed est devant la porte, Théo est à une fenêtre du deuxième étage, Isabelle est dans le garage ».

Transcription de l'enregistrement

L'immeuble	**La maison**
le rez-de-chaussée	le toit
le premier étage	le grenier
le deuxième étage	le garage
le troisième étage	le jardin
le quatrième étage	
le cinquième étage	
le dernier étage	
l'appartement	
le balcon	

6 Écoute et demande. Utilise les adjectifs suivants.

Deux par deux, les élèves se poseront des questions pour savoir dans quel type d'habitation ils vivent. Outre à décrire leur habitation, ils pourront utiliser les quatre adjectifs qualificatifs donnés pour peaufiner leur description : *grand*, *confortable*, *petit* et *moderne*. Ils utiliseront aussi les nombres ordinaux pour dire à quel étage ils habitent.

Transcription de l'enregistrement

A Où tu habites ?
B J'habite dans un immeuble.

A À quel étage ?
B Au deuxième étage.

A Comment est ton appartement ?
B Il est grand et confortable !

A Il y a un jardin ?
B Non, il n'y a pas de jardin, mais il y a deux balcons !

Cahier d'activités pages 15-16

GRAMMAIRE

Les nombres ordinaux

Les nombres ordinaux sont utilisés comme des adjectifs et servent à établir un ordre ou une hiérarchie. Ils se situent toujours devant le nom.
Pour former un nombre ordinal :

- il suffit d'ajouter le suffixe *-ième* au nombre cardinal : deux*ième*, trois*ième*, six*ième*, sept*ième*, dix*ième* ;
- quand le nombre se termine par un *e*, le *e* tombe : *quatrième* ;
- il faut ajouter un *u* à *cinq* avant d'ajouter le suffixe : *cinquième* ;
- *neuf* est un cas particulier, on remplace le *f* par un *v* : *neuvième*;
- comme pour les adjectifs et les noms qui se terminent en *-er*, on ajoute le suffixe *-ère* : *premier* → *première*.

3 Observe et associe.

Les élèves liront les mots de la maison et les recopieront au bon endroit. Pour la correction et pour réviser les chiffres, l'enseignant pourrait demander à un élève de lire les numéros et les mots correspondants.

Clef de l'activité : *1 le grenier, 2 le balcon, 3 le rez-de-chaussée, 4 le toit, 5 le premier étage, 6 le garage, 7 le jardin*

4 Résous l'énigme. À quel étage ils habitent ? Écris le prénom des personnes.

Dans le même style que la BD initiale, les élèves vont lire des indices. Ils devront deviner à quel étage vivent quatre enfants et écrire leur prénom dans l'encadré qui convient.

Clef de l'activité : *(de bas en haut) Caroline, Charlotte, Julien, Noël*

5 Lis, observe et coche la bonne image.

Les élèves liront trois messages d'enfants qui décrivent leur habitation. À chaque description ont été associées trois photos. Les élèves devront cocher la maison (ou l'immeuble) à laquelle correspond cette description.

Clef de l'activité : *1 A, 2 B, 3 C*

6 Et toi ? Complète.

Cette question personnelle permettra aux élèves de décrire leur propre habitation en réutilisant les mots et les structures (nombres ordinaux) qui ont été introduits.

Clef de l'activité : *Réponse personnelle*

LEÇON 3

Qu'est-ce que tu es en train de faire ?

J'apprends
Parler des activités qu'on fait à la maison

Structures
Être en train de + infinitif : *Qu'est-ce que le papa de Léo est en train de faire ? Son papa est en train de cuisiner.*

Lexique
Les pièces : *le salon, la cuisine, la chambre, la salle de bain, les toilettes (le W.-C.),*
Les meubles : *le canapé, le fauteuil, la table, la chaise, le frigo, le lit, l'armoire, le miroir, le lavabo, la douche*
Les activités : *travailler à l'ordinateur, lire le journal, cuisiner, faire ses devoirs, prendre une douche, regarder la télé, dessiner*

Supports et matériel
Livre de l'élève et cahier d'activités
CD audio 1 de la classe
Livre actif

Livre de l'élève page 23

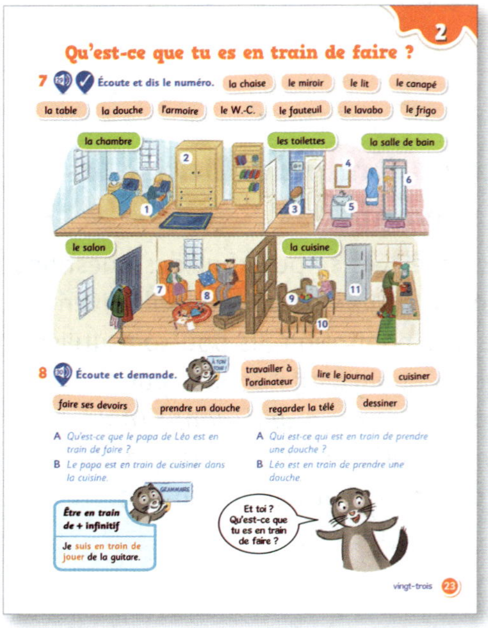
2

Qu'est-ce que tu es en train de faire ?

7 Écoute et dis le numéro. la chaise · le miroir · le lit · le canapé · la table · la douche · l'armoire · le W.-C. · le fauteuil · le lavabo · le frigo

8 Écoute et demande. travailler à l'ordinateur · lire le journal · cuisiner · faire ses devoirs · prendre un douche · regarder la télé · dessiner

A *Qu'est-ce que le papa de Léo est en train de faire ?*
B *Le papa est en train de cuisiner dans la cuisine.*

A *Qui est-ce qui est en train de prendre une douche ?*
B *Léo est en train de prendre une douche.*

Être en train de + infinitif
Je suis en train de jouer de la guitare.

Et toi ? Qu'est-ce que tu es en train de faire ?

vingt-trois 23

7 Écoute et dis le numéro.

Après avoir abordé la typologie d'habitation et les détails extérieurs, les élèves pourront maintenant en décrire les pièces et les principaux éléments (meubles, sanitaires...) que l'on y trouve. Ils écouteront les mots et les associeront au numéro correspondant dans les cinq pièces.

Transcription de l'enregistrement

la chaise	l'armoire
le miroir	le W.-C.
le lit	le fauteuil
le canapé	le lavabo
la table	le frigo
la douche	

Clef de l'activité : *la chaise 10, le miroir 4, le lit 1, le canapé 8, la table 9, la douche 6, l'armoire 2, le W.-C. 3, le fauteuil 7, le lavabo 5, le frigo 11*

GRAMMAIRE

***Être en train de* + infinitif**

Le présent continu (ou progressif) est un gallicisme qui indique qu'une action est en train de se produire. Il se construit avec le verbe *être* suivi de la tournure *en train de* et d'un verbe à l'*infinitif*.
Exemple : *Je suis en train de jouer de la guitare.*

8 Écoute et demande.

À chaque pièce correspond une occupation bien précise. Les élèves écouteront et liront les exemples d'échanges et, deux par deux, ils observeront l'illustration de l'activité 7, se poseront des questions et y répondront. Ils auront la possibilité de poser deux types de questions : **« Qu'est-ce que... ? »** ou **« Qui est-ce qui... ? »**. La première concerne l'action que quelqu'un est en train de faire, tandis que la seconde concerne le sujet qui est en train de faire une action.

Transcription de l'enregistrement

A Qu'est-ce que le papa de Léo est en train de faire ?
B Le papa est en train de cuisiner dans la cuisine.

A Qui est-ce qui est en train de prendre une douche ?
B Léo est en train de prendre une douche.

Hector Et toi ? Qu'est-ce que tu es en train de faire ?

Les élèves répondront à la question d'Hector. Ensuite l'enseignant pourra demander aux élèves où se trouvent les membres de leur famille et ce qu'ils font chez eux à un certain moment de la journée. Par exemple : **« Il est 20 heures. Où est ton père ? Qu'est-ce qu'il est en train de faire ? »**, « Mon père est en train de regarder la télé dans le salon ». Cela permettra de réviser les adjectifs possessifs, le nom des membres de la famille, des pièces et des activités. L'enseignant pourra ajouter des actions au tableau si nécessaire.

Cahier d'activités pages 17-18

7 Complète les mots croisés. Où sont-ils ?

Les élèves liront les définitions pour comprendre à quelle pièce de la maison on se réfère et compléteront les mots croisés.

Clef de l'activité : *1 salle de bain, 2 chambre, 3 salon, 4 garage, 5 cuisine*

8 Observe et écris.

Comme dans l'exemple, les élèves écriront les mots correspondant aux images.

Clef de l'activité : *2 le miroir, 3 le lit, 4 le canapé, 5 la table, 6 la douche, 7 l'armoire, 8 le fauteuil, 9 le lavabo, 10 le frigo*

9 Complète.

Ici nous avons quatre pièces qui correspondent à quatre phrases que les élèves compléteront en écrivant le nom des éléments identifiés dans l'activité précédente.

Clef de l'activité : *1 canapé, fauteuil ; 2 table, chaises, frigo ; 3 armoire, lit ; 4 lavabo, douche, W.-C.*

Être en train de + infinitif

Comme nous l'avons déjà souligné, le présent continu est une tournure utilisée pour expliquer les actions que l'on accomplit au moment même où l'on parle. Ce temps est très facile, car on doit seulement bien connaître le verbe *être* (que les élèves connaissent déjà) et ajouter des verbes à l'infinitif. Avant d'introduire cette tournure, l'enseignant demandera aux élèves de réciter le verbe *être* et l'écrira au tableau. Puis il ajoutera, avec une autre couleur, la tournure *en train de* suivie d'un verbe à l'infinitif et d'un complément :

Je suis en train de manger un gâteau
Tu es en train de travailler à l'ordinateur
Il/Elle est en train de prendre une douche
Nous sommes en train de dessiner un chien
Vous êtes en train de regarder la télé
Nous sommes en train de lire le journal
Ils/Elles sont en train de cuisiner des pâtes

Si le verbe infinitif commence par une voyelle ou par un *h* muet, il faut transformer la préposition *de* en *d'* :
Je suis en train d'écouter de la musique

10 Complète.

Pour faciliter l'apprentissage du présent continu, les élèves observeront les illustrations et compléteront les phrases en fonction de l'activité qu'ils sont en train d'accomplir. Seuls les verbes à l'infinitif sont fournis et les élèves devront compléter les phrases.

Clef de l'activité : *2 est en train de dessiner, 3 sont en train de cuisiner, 4 est en train de prendre, 5 sont en train de regarder, 6 est en train de travailler*

11 Lis et complète

Les élèves compléteront le texte selon le sens en mettant les verbes au présent continu et en insérant le nom des pièces où les actions sont accomplies.

Clef de l'activité : *2 garage, 3 est en train de prendre, 4 salle de bain, 5 est en train de préparer, 6 cuisine, 7 est en train de lire, 8 chambre, 9 est en train de jouer, 10 jardin, 11 suis en train de regarder, 12 salon*

LEÇON 4

Où est ton livre ?

J'apprends
Localiser des objets dans la maison

Structures
Les prépositions : *à côté de, dans, sur, sous, devant, derrière, par terre, entre*
Je vois un livre rouge. Où est-il ? Il est à côté de la lampe.

Lexique
Les meubles : *la lampe, la table de nuit, le tapis, le bureau, l'étagère, la bibliothèque*

Supports et matériel
Livre de l'élève et Cahier d'activités
CD audio 1 de la classe
CD de l'élève
Livre actif
Fiche photocopiable 3, pages 164-165
Fiche photocopiable 4, page 166

Livre de l'élève page 24

9 Écoute et répète.

Grâce à cette activité, les élèves apprendront de nouveaux mots qu'ils répéteront et qui leur permettront de décrire leur espace personnel de façon plus approfondie. Ils apprendront également à localiser les meubles et les objets à l'aide des prépositions de lieu. Ils réviseront celles déjà proposées dans le Livre 1 (*dans, sur, sous, devant, derrière*) et en apprendront de nouvelles (*à côté de, par terre, entre*).

Transcription de l'enregistrement

la bibliothèque	à côté de
l'étagère	dans
le bureau	sur
le tapis	sous
la table de nuit	devant
la lampe	derrière
	par terre
	entre

Renforcement

Le dé des prépositions

L'enseignant pourrait imprimer le dé des prépositions de la fiche photocopiable 3 qui se trouve aux pages 164 et 165. Il préparera des images des fournitures scolaires dans un sachet et posera une trousse vide sur la table. Les élèves devront lancer le dé et piocher une image, mettre l'objet à la bonne place par rapport à la trousse et formuler une phrase correcte. Cela leur permettra de réviser aussi bien les prépositions que les objets présentés dans le Livre 1. Les faces du dé sont les suivantes : *à côté de, dans, sur, sous, devant, derrière*. L'enseignant pourra utiliser le dé pour d'autres activités.

10 Observe et joue.

Deux par deux, les élèves observeront attentivement l'illustration de l'activité 9 et se poseront des questions comme dans l'exemple.

Renforcement

Où je vais ?

Pour faciliter la mémorisation des noms des pièces de la maison et des actions que l'on peut y faire, l'enseignant pourra proposer ce jeu de rôle à l'aide de la fiche photocopiable 4 à la page 166, qui contient des phrases à découper. Il s'agit de phrases qui expriment des désirs. L'enseignant mettra les phrases dans un sachet et divisera la classe en groupes de quatre. Un élève piochera une phrase, il la lira, puis demandera « Où je vais ? ». Les élèves devront lui proposer une pièce correspondant à sa requête et ils devront aussi penser à justifier leur réponse.

Exemple :

A Je voudrais manger un sandwich. Où je vais ?

B Tu vas dans la cuisine. Il y a le frigo.

Une réponse correcte vaut 1 point et l'enseignant indiquera avant le début d'une partie le nombre de points maximum à atteindre (3, 5, 10 points). La première équipe qui atteindra ce score sera l'équipe gagnante.

Pour faciliter la mémorisation des prépositions de lieu, en plus du lexique lié à la maison, l'enseignant pourra proposer aux élèves une autre activité à faire à deux. Un élève donnera des instructions à un camarade pour qu'il/elle dessine le plan de son appartement. Exemple : **« Ici, tu mets le salon. Là, il y a la cuisine... »**. Une fois le plan dessiné, il donnera les informations nécessaires pour dessiner les meubles : **« Au milieu de la pièce, tu mets le canapé. Devant le canapé, tu places une petite table basse. En face du canapé, tu mets la bibliothèque. La télévision est à droite de la bibliothèque, à gauche il y a un fauteuil, avec une lampe derrière pour lire. Derrière le canapé, tu mets la table et, autour de la table, les quatre chaises. Et entre la table et la fenêtre, une jolie plante verte... »**.

Renforcement - Culture et civilisation

L'enseignant projettera en classe des reproductions de **tableaux célèbres** téléchargées sur Internet comme la *Chambre à coucher* de Van Gogh, le *Grand intérieur rouge* ou la *Famille du peintre* de Matisse... Il demandera aux élèves de les décrire (pièces, objets, couleurs, meubles...) et écrira le lexique extra dont ils pourraient avoir besoin au tableau.
Il leur demandera quel est leur tableau préféré parmi ceux présentés et pourquoi : « J'aime ce tableau parce que la maison/la pièce est grande, moderne, colorée... ».

Cahier d'activités page 19

12 Observe et écris.

Les élèves observeront les photos et écriront le nom des objets de la chambre en-dessous.

Clef de l'activité : *1 le bureau, 2 la bibliothèque, 3 le tapis, 4 la lampe, 5 la table de nuit, 6 l'étagère*

13 Observe et complète, puis écoute et vérifie.

Voilà la photo d'une chambre d'enfant. Les élèves l'observeront et compléteront la description avec les prépositions de lieu fournies

Transcription de l'enregistrement et clef
Nous sommes **dans** la chambre de Béa.
Le tapis blanc est **sous** la chaise.
La poubelle blanche est **à côté de** la bibliothèque.
Les fleurs sont **sur** l'étagère.
La petite chaise bleue est **devant** la bibliothèque.
Les ballons sont **par terre**.
La poubelle verte est **entre** le ballon de basket et le ballon jaune.

14 Décris ta chambre.

Pour faire la correction de cette activité, l'enseignant pourrait demander aux élèves de venir à l'école avec une clé USB où ils auront sauvegardé des photos de leur chambre. Chaque élève pourra décrire sa chambre en classe et l'enseignant projettera les photos pour que la classe puisse vérifier que la description est bien réelle. Ils pourront signaler si tout n'a pas été dit et ajouter d'autres détails.

Clef de l'activité : *Réponse personnelle*

LEÇON 5

Je joue

J'apprends
Le son [ɑ̃]
Décrire ma maison idéale

Structures
Mettons le bureau dans la chambre... et un fauteuil dans le salon !

Lexique
roman, récompense, romantique

Supports et matériel
Livre de l'élève et Cahier d'activités
CD audio 1 de la classe
CD de l'élève
Livre actif

Livre de l'élève page 25

2

Je joue

11 Imaginez et décrivez votre maison idéale.

Mettons le bureau dans la chambre... et un fauteuil dans le salon !

Voilà notre maison idéale ! Elle est grande, moderne et confortable.

Notre maison idéale est grande, moderne et confortable.
Dans notre maison il y a une cuisine avec une table et quatre chaises, un grand salon avec un canapé et deux fauteuils. Il y a trois chambres, une grande salle de bain et des toilettes.

Boîte à sons — Le son [ɑ̃] s'écrit « an », « am », « en », « em »

12 (32) Écoute et répète.

1 chanter 2 vacances 3 roman 4 manger
5 chambre 6 récompense 7 tente 8 temps

13 Cherche dans la liste des mots tous les sons [ɑ̃].

14 (33) Écoute et répète le virelangue le plus vite possible !

Papa Jean chante tout content une chanson romantique à maman.

vingt-cinq 25

11 Imaginez et décrivez votre maison idéale.

Deux par deux, les élèves vont créer la maison de leurs rêves en dessinant les pièces et les éléments qui la meublent. Au lieu de dessiner ces éléments ils pourraient aussi les découper dans un catalogue d'ameublement et les coller dans leur maison. Comme les enfants dans les photos du livre, ils devront interagir pendant qu'ils préparent leur maison. Ensuite, ils écriront une description comme dans l'exemple et présenteront leur maison idéale à leurs camarades.

Clef de l'activité : *Réponse personnelle*

Boîte à sons

Le son [ɑ̃] s'écrit « an », « am », « en », « em »

12 (32) Écoute le son [ɑ̃] et répète.

La boîte à sons de cette unité présente la nasale [ɑ̃] qui peut être écrite de façon différente. Les élèves écouteront et répéteront les mots qu'ils entendront.

Transcription de l'enregistrement

1	chanter	5	chambre
2	vacances	6	récompense
3	roman	7	tente
4	manger	8	temps

13 Cherche dans la liste des mots tous les sons [ɑ̃].

Les élèves indiqueront où se trouve le son [ɑ̃] dans les mots de l'activité 12. L'enseignant pourrait les inviter à les recopier dans leur cahier et à entourer ou surligner le son [ɑ̃].

Clef de l'activité : *1 ch**an**ter, 2 vac**an**ces, 3 rom**an**, 4 m**an**ger, 5 ch**am**bre, 6 récomp**en**se, 7 t**en**te, 8 t**em**ps*

14 (33) Écoute et répète le virelangue le plus vite possible !

Outre à répéter ce virelangue, les élèves pourraient le recopier dans leur cahier et entourer le son [ɑ̃].

Transcription de l'enregistrement
Papa Jean chante tout content
une chanson romantique à maman.

Cahier d'activités page 20

15 Écoute, observe et réponds aux questions.

DELF Compréhension de l'oral

Isabelle et sa maman sont en train de parler de ce qui va se passer dans l'après-midi : maman va chez mamie et Isabelle doit faire ses devoirs et peut recevoir son amie Lin pour le goûter. Les élèves écouteront l'enregistrement et répondront aux questions posées, en cochant la bonne case et en complétant la phrase.

Transcription de l'enregistrement

Maman Isabelle ! Cet après-midi je vais chez mamie : toi, fais tes devoirs ! Dans le frigo il y a du flan au chocolat pour le goûter.
Isabelle Maman ! Je peux appeler Lin pour goûter à la maison avec moi ?
Maman Oui, d'accord ! Mais mangez le flan dans la cuisine et pas dans le salon !
Isabelle Oui, maman.

Clef de l'activité : *1 B, 2 goûter à la maison, 3 C, 4 la cuisine*

Boîte à sons

Le son [ɑ̃] s'écrit « an », « am », « en », « em »

16 Écoute et coche les objets qui contiennent le son [ɑ̃] dans leur nom.

Les élèves écouteront les mots et cocheront les objets qui contiennent le son [ɑ̃]. L'enseignant pourrait ensuite écrire les mots au tableau.

Transcription de l'enregistrement

1 camping-car	5 fleur
2 fenêtre	6 croissant
3 pain	7 flan
4 lampe	8 balcon

Clef de l'activité : *1 camping-car, 4 lampe, 6 croissant, 7 flan*

LEÇON 6

Je sais...

J'apprends
Faire des activités de compréhension et de production orale et écrite sur la maison

Structures
je veux te parler

Supports et matériel
Livre de l'élève et Cahier d'activités
CD audio 1 de la classe
Livre actif

Livre de l'élève pages 26-27

15 Écoute et montre la bonne image.

Les élèves entendront des descriptions et devront indiquer les cases qui leur correspondent.

Transcription de l'enregistrement

1 Chez moi, c'est très petit mais très confortable. Mon immeuble est grand et moderne et il a quatre étages.
2 Mes grands-parents habitent dans une grande maison à la campagne. Ils ont un grand jardin et deux garages.
3 Mon frère est en train de faire ses devoirs et moi je suis en train de dessiner dans notre chambre.
4 Je suis en train de jouer aux jeux vidéo dans mon lit et mon chat me regarde. Il est sur le tapis.

Clef de l'activité : *1 C, 2 B, 3 A, 4 A*

16 Observe et décris.

Les élèves observeront l'illustration qui présente une chambre sens dessus dessous. Ils devront la décrire à l'oral et s'il le désire, l'enseignant pourra leur demander de faire une description écrite come devoir à la maison.

Clef de l'activité : *Sur la chaise, il y a un cartable jaune et sur le lit, il y a une jupe beue. Il y a des livres par terre (un bleu, un vert et un orange) et des chaussettes vertes à rayures sous le lit. Sur le bureau, il y a des livres et des cahiers. Sous le bureau il y a des baskets vertes et à côté il y a une poubelle. Sur l'étagère, il y a un ballon et une raquette. Dans l'armoire, il y a un blouson bleu et rouge, un pull à rayures blanches et orange et un pantalon bleu.*

17 Lis et réponds : vrai ou faux ? Corrige.

Caroline a écrit une lettre à son amie Lucile pour l'inviter chez elle à Paris. Elle lui explique où se trouve sa maison et la décrit dans les moindres détails. Les élèves liront la lettre et répondront aux questions, puis corrigeront les phrases fausses.

L'enseignant fera remarquer la structure *Je veux te parler* : il s'agit du verbe *vouloir* suivi d'un infinitif, qui sera présenté dans l'unité 3. Le pronom personnel *te* est un complément d'objet indirect (COI) et il se place entre le verbe *vouloir* et l'infinitif.

Clef de l'activité : *1 vrai, 2 vrai, 3 faux (Son appartement est très grand), 4 faux (Il y a un salon et deux chambres), 5 vrai, 6 faux (Lucile et Caroline peuvent bavarder dans le jardin)*

18 Maintenant, écris à un correspondant et décris ta maison.

La carte proposée ici est vouée à la production écrite : les élèves seront guidés dans la rédaction d'une lettre dans laquelle ils décriront leur propre habitation dans le même style que celle présentée dans l'activité précédente.

Clef de l'activité : *Réponse personnelle*

Cahier d'activités page 21

Mes compétences

17 Lis et choisis la maison idéale de Nicolas.

Nicolas est en train de décrire sa maison idéale et il a quatre annonces immobilières à sa disposition. Les élèves devront lire attentivement quelles sont ses exigences et choisir la maison qui lui convient en épluchant les petites annonces.

Clef de l'activité : *C*

18 Et toi ? Complète.

Les élèves utiliseront les éléments de l'activité 17 pour décrire leur propre maison idéale. L'enseignant pourrait demander à chacun d'écrire une annonce immobilière et de la coller sur une pancarte. Ensuite il pourrait demander à un élève de lire sa description et de choisir un agent immobilier en classe afin qu'il retrouve l'annonce correspondant à la description.

Clef de l'activité : *Réponse personnelle*

Autoévaluation

Les élèves doivent autoévaluer les compétences acquises à la fin de l'unité 2 en cochant les cases comme dans la légende : *Je sais le faire. / Je dois m'entraîner encore un peu. / Je ne sais pas encore le faire, mais je vais apprendre.*

LEÇON 7

La maison dans l'histoire

J'apprends
Quelques informations sur la maison dans l'histoire

Lexique
La maison dans l'histoire : *Paléolithique (la grotte, la hutte), Néolithique (la maison à pilotis), Antiquité (la maison gauloise), Moyen-Âge (le château, la maison de ville), Temps modernes (l'immeuble), Monde contemporain (le gratte-ciel)*

siècles, préhistoire, cabane, branches, bêtes, fortifiés, colline, attaques, ennemis, étroites, hautes, artisan, commerçant, avenues, progrès, de plus en plus

Supports et matériel
Livre de l'élève
CD audio 1 de la classe
Livre actif

Livre de l'élève pages 28-29

2 Bienvenue chez moi !
La maison dans l'histoire
1 Écoute, observe et li...
Voilà l'histoire des différents ty...
PALÉOLITHIQUE
La grotte
Au début de la préhistoire, les hommes habitent dans les grottes pour se protéger ... temps et des animaux sau...
NÉOLITHIQUE
La maison à pilotis
Les maisons à pilotis sont des maisons en bois construites sur l'... aussi des habitations ... la terre ferme pour ... animaux (ours, serp...
2 Complète.
1 Pendant le Paléo...
2 Pendant l'Antiq...
3 Au Moyen-Âge...
4 Pendant les te...
5 Aujourd'hui, ...
28 vingt-huit
MOYEN-ÂGE
Le château
Au Moyen-Âge, on construit des châteaux fortifiés en pierre. Ils se trouvent en haut d'une colline pour se protéger des attaques des ennemis.
La maison de ville
Dans les villes, les maisons sont étroites et hautes pour gagner de la place. Au rez-de-chaussée de l'immeuble on trouve un artisan ou un commerçant.
TEMPS MODERNES
L'immeuble
Au dix-neuvième siècle, les grandes villes comme Paris se transforment : il y a des parcs, des avenues et des immeubles avec beaucoup d'appartements.
MONDE CONTEMPORAIN
Le gratte-ciel
Aujourd'hui, les progrès techniques permettent de construire des immeubles de plus en plus hauts : ce sont des gratte-ciel.
vingt-neuf 29

1 Écoute, observe et lis.

Ces deux pages d'*EMILE* racontent l'évolution des habitations au fil des siècles, du Paléolithique au monde contemporain. Les élèves écouteront, liront le texte et observeront les images.

Transcription de l'enregistrement

Voilà l'histoire des différents types de maisons au fil des siècles.

PALÉOLITHIQUE
La grotte
Au début de la préhistoire, les hommes habitent dans les grottes pour se protéger du mauvais temps et des animaux sauvages.
La hutte
La hutte est une petite cabane très facile et rapide à construire. On utilise des branches, de la terre et de la paille.

NÉOLITHIQUE
La maison à pilotis
Les maisons à pilotis sont des maisons en bois construites sur l'eau mais il y a aussi des habitations de ce genre sur la terre ferme pour se protéger des animaux (ours, serpents...).

ANTIQUITÉ
La maison gauloise
Au premier siècle avant Jésus-Christ, les Gaulois habitent dans des maisons en bois et en terre. Les hommes et les bêtes vivent ensemble pour avoir chaud.

MOYEN-ÂGE
Le château
Au Moyen-Âge, on construit des châteaux fortifiés en pierre. Ils se trouvent en haut d'une colline pour se protéger des attaques des ennemis.
La maison de ville
Dans les villes les maisons sont étroites et hautes pour gagner de la place. Au rez-de-chaussée de l'immeuble on trouve un artisan ou un commerçant.

TEMPS MODERNES
L'immeuble
Au dix-neuvième siècle, les grandes villes comme Paris se transforment : il y a des parcs, des avenues et des immeubles avec beaucoup d'appartements.

MONDE CONTEMPORAIN
Le gratte-ciel
Aujourd'hui, les progrès techniques permettent de construire des immeubles de plus en plus hauts : ce sont des gratte-ciel.

2 Complète.

Les élèves reliront attentivement le texte pour retrouver les informations manquantes avant de compléter les phrases proposées.

Clef de l'activité : *1 grottes, huttes, maisons à pilotis ; 2 bois, terre, bêtes ; 3 châteaux fortifiés, étroites, hautes ; 4 parcs, avenues, immeubles avec beaucoup d'appartements ; 5 gratte-ciel*

Renforcement

L'enseignant demandera aux élèves à quelle époque appartiennent les maisons qui se trouvent dans leur pays ou leur ville, quelles sont les plus célèbres et quelle sont leurs particularités. Les élèves pourront faire des recherches sur Internet pour ensuite réaliser une affiche avec les informations et les photos qu'ils auront trouvées.

LEÇON 8

Les maisons en France

J'apprends
Quelques informations sur les maisons typiques françaises
Réaliser la maquette d'une ville en carton

Lexique
Les maisons en France : *la chaumière, le mas provençal, la longère, le chalet, la maison à colombage, l'hôtel particulier*
Les matériaux : *la paille, l'ardoise, la brique, la pierre, le bois*

c'est-à-dire, champs, lavande

Supports et matériel
Livre de l'élève
CD audio 1 de la classe
Livre actif

Livre de l'élève pages 30-31

1 Écoute et dis le numéro.

Pour construire une maison, on a besoin de différents matériaux selon le type d'habitation. Les élèves écouteront les mots et associeront le numéro correspondant aux photos.

Transcription de l'enregistrement

la paille
l'ardoise
la brique
la pierre
le bois

Clef de l'activité : *la paille 2, l'ardoise 3, la brique 5, la pierre 4, le bois 1*

2 Écoute, lis et associe.

Voilà les témoignages d'enfants provenant de différentes régions de la France. Ils décrivent les maisons typiques de leur région et disent quels matériaux ont été utilisés pour les construire. En fonction des descriptions, les élèves devront leur associer une photo. L'enseignant pourrait ensuite proposer de reformuler les descriptions à l'oral ou à l'écrit. Exemple : **« La maison à colombage est une maison typique de l'Alsace. Elle est très colorée. Les fenêtres sont en bois et il y a des fleurs sur le balcon »**.

Transcription de l'enregistrement

Angélique Bienvenue les amis ! Je m'appelle Angélique et je vis en Alsace. Ma maison est très colorée. Les fenêtres sont en bois et il y a des fleurs sur le balcon.

Damien Salut, je suis Damien et j'habite en Normandie. Le toit de ma maison est en chaume, c'est-à-dire en paille. Sur les toits de chaume, il y a des iris, des fleurs violettes et jaunes.

Gwen	Bonjour, je m'appelle Gwen et je vis à la campagne, en Bretagne, dans une maison typique : ma maison est longue et basse et le toit est en ardoise.
Romain	Coucou, moi c'est Romain et je vis en Provence. Ma maison est en pierre, au milieu d'un champ de lavande.
Caroline	Salut ! Je m'appelle Caroline et je vis en Savoie. Ma maison est en bois et en pierre.
Henri	Bienvenue chez moi, à Paris. Je m'appelle Henri et j'habite au troisième étage d'un immeuble très ancien. Les murs sont en briques rouges.

Clef de l'activité : *Angélique – la maison à colombage, Damien – la chaumière, Gwen – la longère, Romaine – le mas provençal, Caroline – le chalet, Henri – l'hôtel particulier*

Culture et civilisation

La chaumière

La chaumière est un type d'habitation très ancien que les Égyptiens et les Gaulois connaissaient déjà. Cette tradition s'est poursuivie au Moyen-Âge et les tuiles ont petit à petit remplacé le chaume. Cependant on peut encore trouver ce type d'habitation qui est très pittoresque. En France, plusieurs régions ont gardé des habitations avec des toits de chaume (Bretagne, Normandie, Brière, Vendée, Massif central, Camargue...). Quand la paille est laissée à l'air libre et la pluie, elle noircit mais elle ne pourrit pas parce que les eaux de pluie coulent très rapidement. Souvent, le toit de chaume est végétalisé : il est surmonté d'un lit de terre argileuse où l'on a planté des iris. Ces fleurs dégagent une odeur que les oiseaux n'apprécient pas du tout, ce qui évite qu'ils construisent leur nid sur les toits et les abîment. En plus, ces crêtes d'iris sont très décoratives !

L'hôtel particulier

Le mot *hôtel* est utilisé dans différents cas. Étymologiquement, le terme *hôtel* désigne tout bâtiment destiné à recevoir des hôtes. Si ceux-ci sont de passage, on parle d'hôtel touristique. Mais le terme *hôtel* peut également s'appliquer aux mairies des grandes villes (Hôtel de Ville), à la Police (Hôtel de Police) aux hôpitaux (Hôtel-Dieu) et aux hôtels particuliers qui datent pour la plupart du 17ème siècle et qui étaient les résidences des aristocrates ou intellectuels de l'époque, lorsque le Marais était le quartier à la mode de Paris. Ils sont tous construits sur le même modèle avec une cour pour accueillir les carrosses, un palais que l'on peut souvent traverser sous des passages en arcades, et derrière il y a un jardin à la française. Beaucoup sont devenus des musées.

La maison à colombage

Le mot *colombage* dérive de *colonne*, et non de *colombe*. On distingue deux sortes de colombages : à bois longs qui montent depuis le sol et à bois courts, beaucoup plus faciles à construire et à entretenir. Ce type de maisons date surtout du Moyen-Âge et du 17ème siècle et à l'époque on en trouve aussi bien en ville qu'à la campagne. En France, on en a surtout construit en Alsace et en Normandie.

Projet

3 Réalise une ville avec tes camarades.

Les élèves réaliseront des maisons en papier cartonné. Afin qu'elles tiennent debout, ils feront deux languettes qu'ils replieront derrière leur maison. Ils choisiront librement la typologie (maison individuelle, immeuble, maison bi-familiale...) et les couleurs. Pour créer une grande maquette, l'enseignant apportera en classe une planche en bois ou un grand morceau de carton sur lequel chaque élève pourra poser (ou même fixer avec de la colle forte) sa propre maison. Les élèves pourraient ensuite créer des espaces verts, des parcs avec des jeux, ajouter des magasins...

Mes compétences

Ma maison

J'apprends

Réaliser une maison en papier et la présenter

Supports et matériel

Livre de l'élève

CD audio 1 de la classe

Livre actif

Livre de l'élève pages 32-33

Mes compétences

Ma maison

1 Observe la maison de Marc.

Marc vit dans un appartement en ville. Il y a deux étages. Au rez-de-chaussée, il y a une cuisine avec une table et quatre chaises. À côté il y a un salon avec une bibliothèque, un canapé et un tapis. Au premier étage, il y a sa chambre. Elle est grande et confortable. Il y a un ordinateur sur le bureau et...

Réalise ta maison. Décris-la à tes camarades !

32 trente-deux

1·2

2 Formez des groupes de 3 personnes et posez des questions à un camarade sur sa maison.

- Où vis-tu ? En ville ou à la campagne ?
- Comment est ta maison ?
- Il y a combien d'étages ?
- Il y a combien de pièces ?
- Qu'est-ce qu'il y a dans ta chambre ?
- Qu'est-ce qu'il y a dans le salon ?

Comment est ta maison ?

Elle est petite et confortable.

Qu'est-ce qu'il y a dans ta chambre ?

Il y a un lit et une bibliothèque. Il n'y a pas de télévision.

3 Réalisez sa maison.

4 Collez toutes les maisons de la classe sur une affiche. Chaque groupe présente sa maison à la classe.

Marc vit dans un appartement en ville...

Dis ce que tu sais faire !

- Je sais parler de mes vacances.
- Je sais parler de mes activités en vacances.
- Je sais décrire ma maison.
- Je sais localiser des objets dans ma maison.

Je sais le faire.

Je dois m'entraîner encore un peu.

Je ne sais pas encore le faire, mais je vais apprendre.

trente-trois 33

1 Observe la maison de Marc.

Les élèves liront la description que la fille fait de la maison de Marc et observeront l'origami qui la représente.

2 Formez des groupes de 3 personnes et posez des questions à un camarade sur sa maison.

Deux élèves interrogeront un camarade à l'aide des questions proposées dans l'encadré. Ils noteront ses réponses qui leur seront utiles pour ensuite reproduire sous forme d'origami sa maison.

3 Réalisez sa maison.

Les élèves réaliseront une maison origami. Pour faire ce pliage ils utiliseront juste du papier cartonné, des crayons de couleur et des images découpées dans des magazines ou des prospectus.

Pour la réalisation de la maison, suivre les indications suivantes :

1

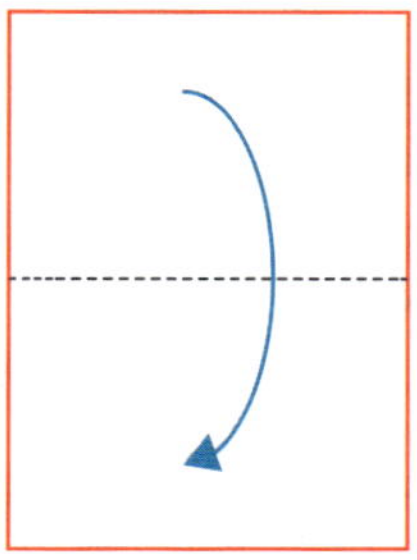

2

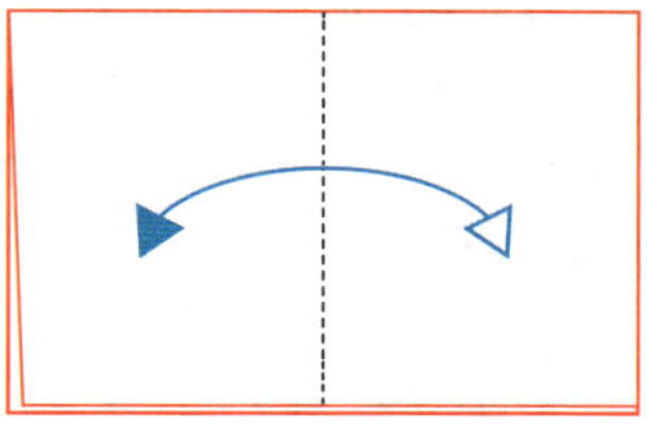

3

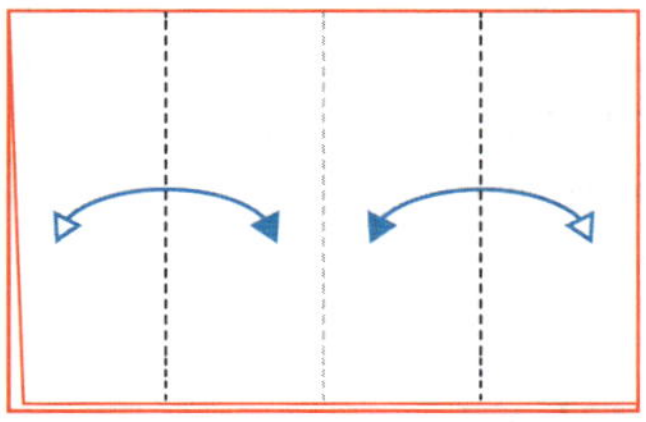

4

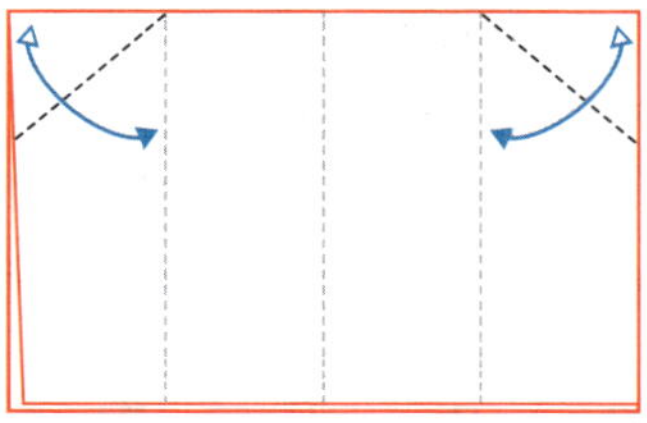

5

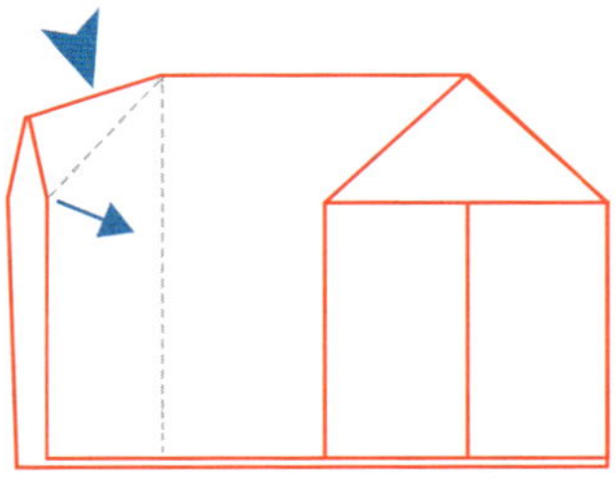

6

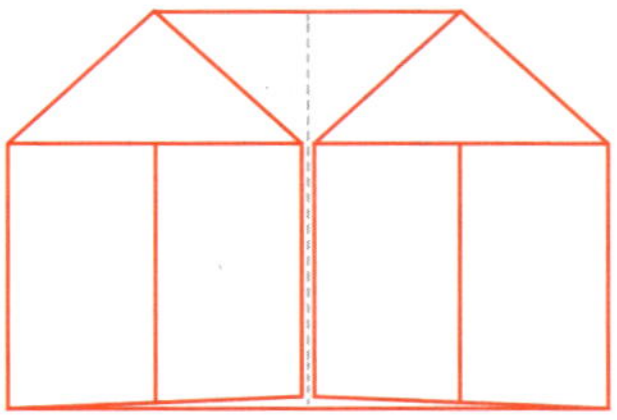

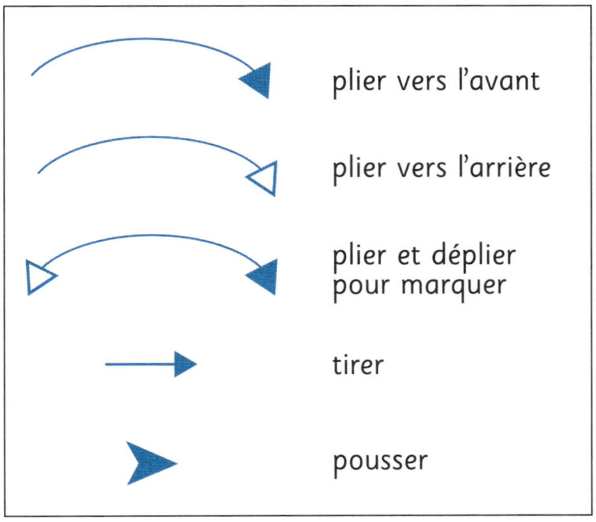

4 Collez toutes les maisons de la classe sur une affiche. Chaque groupe présente sa maison à la classe.

Chaque groupe collera sa maison sur une affiche et la présentera au reste de la classe. Le propriétaire de la maison pourra donner son avis sur la façon dont « ses architectes » l'ont réalisée.

Autoévaluation

Les élèves doivent autoévaluer les compétences acquises à la fin des unités 1 et 2 en cochant les cases comme dans la légende : *Je sais le faire. / Je dois m'entraîner encore un peu. / Je ne sais pas encore le faire, mais je vais apprendre.*

Unité 3

Je suis content !

Compétences clés

Communication multilingue

- Chanter une chanson ludique pour mémoriser les noms des activités que l'on peut faire avec un portable. (Livre, p. 35 ex. 3)
- Participer à des échanges oraux pour perfectionner ses propres stratégies linguistiques et non linguistiques. (Livre, p. 36 ex. 7, p. 37 ex. 11, p. 39 ex. 14, p. 40 ex. 19)

Compétence mathématique et compétences en sciences, en technologies et en ingénierie

- Connaître ce que l'on peut faire avec un portable ou un ordinateur. (Livre, p. 37 ex. 8-9)
- Comprendre le fonctionnement du système solaire. (Livre, pp. 42-43)
- Reconnaître quelques solides : la sphère, le cube, le cylindre, la pyramide, le prisme. (Livre, p. 44 ex. 1)

Compétence numérique

- Regarder une vidéo en utilisant les nouvelles technologies avec facilité et responsabilité. (Livre p. 34 ex. 1)

Compétences personnelles et sociales et capacité d'apprendre à apprendre

- Faire des jeux de rôle pour renforcer l'apprentissage de l'emploi de *pourquoi* et *parce que*, du lexique lié aux émotions, à la technologie et à la famille et des phrases qu'on utilise lorsqu'on répond au téléphone. (Livre, p. 36 ex. 7, p. 37 ex. 11, p. 39 ex. 14, p. 40 ex. 19)
- Savoir lire une grille grammaticale pour faire correctement une activité. (Livre, p. 36 ex. 5, p. 37 ex. 9-11. Cahier, p. 23 ex. 3-4, p. 25 ex. 10-11)
- Participer en classe à des échanges verbaux en respectant les règles de la communication. (Livre, p. 36 ex. 7, p. 37 ex. 11, p. 39 ex. 14, p. 40 ex. 19)

Compétences entrepreneuriales

- Construire un système solaire en polystyrène. (Livre, p. 43 ex. 4)

<table>
<tr><th colspan="2">Objectifs d'apprentissage</th></tr>
<tr><th>Compétences</th><th>Structures</th></tr>
<tr><td rowspan="3">
Compréhension orale
• Comprendre une conversation téléphonique
Compréhension écrite
• Reconnaître et identifier les différents moyens technologiques
• Comprendre un texte sur le rapport qu'une personne a avec la technologie
Production orale
• Répondre et parler au téléphone
• Présenter sa famille
• Exprimer ses émotions
• Dire ce qu'on peut faire avec un téléphone portable ou un ordinateur
• Parler de son propre rapport avec les nouvelles technologies
Production écrite
• Écrire un petit texte sur son propre rapport avec la technologie
• Écrire un message ou un mail
</td><td>
Actives
Luc l'acrobate est le cousin de Léo et Théo.
Pourquoi tu cries ? Parce que j'ai peur des araignées.
Je veux prendre une photo. / Tu peux surfer sur Internet.
Allô ! Qui est à l'appareil ? Ici, c'est Théo.
Julie est là ? Non, elle n'est pas là. / Oui, je te la passe.
Les adjectifs possessifs
Les adverbes de fréquence : toujours, ne... jamais, souvent, rarement
</td></tr>
<tr><th>Lexique</th></tr>
<tr><td>
Actif
La famille et les liens de parenté : cousin, cousine, tante, oncle
Les émotions : être content, être triste, être en colère, être surpris, avoir peur
Les verbes : se disputer, pleurer, aimer, rire, crier
La technologie : le portable, l'ordinateur, la tablette, la télé, le casque, le clavier, la console, la clé USB, la souris, la webcam
Les verbes de la technologie : envoyer un message vocal / un texto / une photo, téléphoner, prendre des photos, filmer, écouter de la musique, regarder des vidéos, surfer sur Internet, chercher / partager des informations, écrire un mail, jouer aux jeux vidéo
Passif
Le système solaire : le satellite, la comète, les poussières, les astéroïdes, les étoiles, Mercure, Vénus, Terre, Mars, Jupiter, Saturne, Uranus, Neptune, la lune, ceinture d'astéroïdes, météorites, gaz interplanétaires, géantes, gazeuses, anneaux, glace, rocheuses
Les solides : la sphère, le cube, le cylindre, la pyramide, le prisme
cirque, piste, jongleuse, acrobate, danseuse, malade, amusant, talent, rapide, lumière, exagérer, drôle, tatie, tonton, croquent, croquants, en ligne, aide, incroyable, pavillons, goutte, cristal, lever du soleil, symbole, intelligence, perfection, astronaute, orgue
</td></tr>
</table>

LEÇON 1

Je suis content !

J'apprends
Répondre au téléphone

Structures
Allô ? Qui est à l'appareil ? C'est moi, ta cousine Lise.

Lexique
cirque, piste, jongleuse, acrobate, danseuse, malade, amusant, talent, rapide, lumière, exagérer

Supports et matériel
Livre de l'élève et Cahier d'activités
CD audio 1 de la classe
CD de l'élève
Livre actif
Fiche photocopiable 5, page 167

Livre de l'élève pages 34-35

Dans cette unité, les élèves vont faire la connaissance de Quentin et d'Amélie, l'oncle et la tante de Léo et Théo, mais aussi de leur cousine Lise et de leur cousin Luc. Cette famille est un peu particulière car ce sont des gens du cirque. Ils profitent de leur passage en ville pour rencontrer Léo et Théo. Pour les contacter ils recourent au portable qui leur permet non seulement de se passer des coups de fil et d'envoyer des messages, mais aussi de s'envoyer et de prendre des photos. Avant la leçon, l'enseignant pourrait entamer une conversation en classe avec ses élèves en leur demandant, dans leur langue maternelle, si et avec quelle fréquence ils utilisent les nouvelles technologies.

Renforcement
L'enseignant pourrait utiliser la fiche photocopiable 5 à la page 167 et soumettre aux élèves un **questionnaire** pour connaître le rapport qu'ils entretiennent avec la technologie et Internet. Ensuite, les élèves réaliseront un histogramme pour représenter les données recueillies.

1 Écoute et lis.

Avant de demander aux élèves d'ouvrir leur livre aux pages 34 et 35, l'enseignant proposera de regarder la vidéo du livre actif en disant : **« observez et écoutez »** ou simplement **« écoutez la vidéo »**. Ensuite, l'enseignant fera écouter le CD audio avec la BD sous les yeux pour faciliter la lecture et la compréhension du texte. Il pourra également demander aux élèves de prêter leur voix aux personnages : dans un premier temps en écoutant et répétant tous ensemble le contenu de chaque bulle après avoir stoppé l'audio, puis en relisant la BD en attribuant chaque personnage à un élève.
Il pourrait apporter en classe le nécessaire pour mettre en scène un numéro de cirque (des balles pour le jongleur, une corde posée par terre où

l'acrobate pourra marcher, du tulle pour la robe de la danseuse, un nez rouge pour le clown et un portable pour prendre des photos ou filmer).

Transcription de l'enregistrement

Le portable de papa Jean sonne...

Théo Allô ? Qui est à l'appareil ?
Lise C'est moi, ta cousine Lise. Notre cirque est en ville !

Théo Je suis content ! On se voit si rarement !
Lise J'envoie un message avec le programme de ce soir. Salut !

Théo Enlève ton casque et lis le message de Lise.
Léo Super ! Le cirque de tonton Quentin est arrivé !

Théo Invitons nos amis ! Papa, je peux envoyer un message vocal ?
Papa Jean Bien sûr !

Le soir au cirque
Ahmed Votre tante Amélie entre en piste.
Papa Jean Oui, c'est une jongleuse. Elle ne fait jamais tomber ses balles.

Ahmed Mais c'est Luc ! Quel acrobate !
Théo Mon cousin n'a peur de rien. Je prends une photo !

Lin Regardez Lise ! Quelle jolie danseuse !
Théo Je filme son numéro pour Sophie qui est malade.

Isabelle Léo, ton oncle nous fait rire. Ah ah ah !
Léo Oui, son numéro est très amusant !

Quentin Et maintenant, Léo !
Papa Jean Ah ! Ah ! Un talent naturel !

2 Choisis.

Les élèves liront les affirmations concernant la BD et compléteront les phrases en indiquant l'élément qui convient car trois options sont proposées.

Clef de l'activité : *1 C, 2 A, 3 C, 4 B, 5 A*

3 39 40 Écoute et chante.

Suivre les indications fournies à la page 18 pour l'exploitation pédagogique du chant.

Transcription de l'enregistrement

Mon portable peut tout faire :
il est plus rapide que la lumière.
Mon portable peut tout faire :
il est plus rapide que la lumière !

Je peux prendre des photos,
ou filmer les animaux.
Je peux envoyer un texto,
ou jouer aux jeux vidéo.
Je peux te téléphoner,
et de la musique écouter.
Sur Internet, je peux surfer ?
Oui, mais sans exagérer !

Cahier d'activités page 22

3 13 Complète, puis écoute et vérifie.

Quatre vignettes de la BD du livre sont ici reproposées mais les bulles sont incomplètes. Les élèves devront les compléter avec les éléments donnés, puis écouter l'enregistrement pour vérifier leurs réponses.

Transcription de l'enregistrement et clef

Théo Allô ? **Qui est à l'appareil ?**
Lise **C'est moi**, ta cousine Lise. Notre cirque est en ville !

Théo Je suis content ! On se voit si rarement !
Lise **J'envoie un message** avec le programme de ce soir. Salut !

Théo Enlève ton casque et **lis le message** de Lise.
Léo Super ! Le cirque de tonton Quentin est arrivé !

Théo Invitons nos amis ! Papa, je peux **envoyer un message vocal** ?

Livre de l'élève page 36

LEÇON 2

Pourquoi tu ris ?

J'apprends
Exprimer mes émotions

Structures
Luc l'acrobate est le cousin de Léo et Théo.
Pourquoi tu cries ? Parce que j'ai peur des araignées.
Les adjectifs possessifs

Lexique
La famille et les liens de parenté : *cousin, cousine, tante, oncle*
Les émotions : *être content, être triste, être en colère, être surpris, avoir peur*
Les verbes : *se disputer, pleurer, aimer, rire, crier*

Supports et matériel
Livre de l'élève et Cahier d'activités
CD audio 1 de la classe
CD de l'élève
Livre actif

4 (41) Écoute, lis et associe.

Les élèves écouteront, liront et associeront les mots de la famille aux personnages illustrés sur l'affiche du cirque. Ils devront donc bien comprendre la différence phonétique entre *cousin* et *cousine* (attention à ne pas confondre *cuisine* et *cousine* !). L'enseignant pourra leur faire remarquer que dans certains cas on ne peut pas appliquer les règles du féminin, mais que les formes sont tout à fait différentes : *le père* et *la mère*, *l'oncle* et *la tante*.

Transcription de l'enregistrement

cousin
cousine
tante
oncle

Léo Je vous présente mon oncle, ma tante et mes cousins. Voilà leur cirque merveilleux !

Clef de l'activité : *cousin – LUC L'ACROBATE, cousine – LISE LA DANSEUSE, tante – AMÉLIE LA JONGLEUSE, oncle – QUENTIN LE CLOWN*

GRAMMAIRE

Les adjectifs possessifs

L'encadré grammatical présente les adjectifs possessifs, qui expriment le rapport d'appartenence entre le possesseur et l'élément possédé.
Si possesseur et possédé sont au singulier, les adjectifs possessifs ont des formes distinctes au féminin et au masculin : ***mon/ma***, ***ton/ta***, ***son/sa***. Toutes les autres formes sont identiques : ***notre***, ***votre***, ***leur*** et ***mes***, ***tes***, ***ses***, ***nos***, ***vos***, ***leurs***.
On ne met pas l'article devant les adjectifs possessifs.

5 Observe encore et parle.

Les élèves, sur la base de l'activité précédente, se confronteront deux par deux à l'oral, comme dans l'exemple donné, sur le lien de parenté des nouveaux personnages avec les jumeaux. Ils répondront en utilisant un adjectif possessif.

6 42 Écoute et répète.

Les élèves entendront cinq états d'âme/émotions. La compréhension sera immédiate grâce à l'expression du clown.

Transcription de l'enregistrement

être content
être triste
être en colère
être surpris
avoir peur

Renforcement

L'enseignant pourrait proposer un jeu très amusant en classe. Il pourrait inviter cinq élèves au tableau. Un élève demandera aux cinq camarades d'imiter certaines expressions faciales. Exemple : **« Vous êtes surpris »** et les élèves devront faire une expression de surprise. La classe décidera lequel d'entre eux a été le moins efficace et ce dernier devra retourner à sa place. À la fin, il ne restera que celui qui a été jugé le plus expressif.

GRAMMAIRE

Pourquoi et parce que

On utilise *pourquoi* pour poser une question et demander des informations :
Pourquoi tu es triste ?
Pourquoi tu ne veux pas jouer avec moi ?

Pour répondre à une question formulée avec *pourquoi*, il faut utiliser *parce que* suivi d'un sujet et d'un verbe conjugué :
Pourquoi tu ris ? Parce que je suis content.

L'enseignant pourra éventuellement ajouter que, si le sujet de la principale et de la subordonnée est le même, on peut remplacer *parce que* par *pour* suivi d'un infinitif :
Pourquoi tu manges ? Pour devenir grand.

7 43 Écoute et joue.

Les élèves entendront des verbes à l'infinitif et un petit échange entre deux enfants qu'ils devront eux-mêmes reproduire en utilisant *pourquoi* et *parce que*. Pour répondre aux questions, ils utiliseront les expressions fournies dans l'activité précédente.

Transcription de l'enregistrement

A Pourquoi tu cries ?
B Parce que j'ai peur des araignées !

Cahier d'activités pages 23-24

2 Complète.

Les élèves compléteront la grille sur les liens de parenté en fonction du genre masculin ou féminin de chaque mot fourni.

Clef de l'activité :

Masculin	Féminin
père *frère* grand-père *oncle* cousin	mère *sœur* *grand-mère* tante *cousine*

GRAMMAIRE

Les adjectifs possessifs

Les adjectifs possessifs s'accordent en genre et en nombre avec le nom, c'est-à-dire avec l'élément possédé : *C'est mon portable*.
Ils s'accordent aussi avec la personne à laquelle ils se réfèrent : *C'est* ***mon portable*** *et c'est* ***sa clé USB***.
On met un *s* à *leur* lorsqu'il est au pluriel : ***leur livre → leurs livres***.
Pour des raisons phonétiques, les adjectifs possessifs féminins singuliers *ma, ta, sa* utilisés avec des mots commençant par une voyelle ou un *h* muet se transforment en *mon, ton, son*. Exemple : ***mon imprimante***.

3 Choisis.

Les élèves liront les phrases et entoureront ou surligneront la bonne réponse d'après le sens.

Clef de l'activité : *1 Ma, 2 son, 3 ses, 4 notre, 5 ton, 6 vos*

4 (14) Écoute, lis et complète.

Cette activité introduit un autre personnage du cirque : Monsieur Loyal. Il s'agit du maître de piste qui introduit les numéros des artistes, en particulier des clowns. Les élèves liront la présentation de Monsieur Loyal et compléteront le texte avec les adjectifs possessifs.

Transcription de l'enregistrement et clef

Mesdames et Messieurs bonsoir ! Bienvenue dans **notre** cirque ! Les artistes aiment beaucoup **votre** ville. Je vous présente le clown Cloclo, vous allez adorer **son** numéro.
Et maintenant **ma** fille Angèle entre en piste, elle danse avec **ses** petits chiens. Attention Angèle, **tes** petits chiens vont te faire tomber ! Viens Kévin, c'est **ton** tour ! Quel acrobate fantastique les amis !
Alors les enfants, vous aimez **nos** artistes et **leurs** animaux ?

5 Observe et complète.

Les élèves observeront les visages et compléteront les légendes avec les expressions/émotions éprouvées par le personnage illustré.

Clef de l'activité : *1 content, 2 triste, 3 en colère, 4 surpris, 5 peur*

6 Lis et complète.

Les élèves compléteront les phrases selon le sens avec les expressions proposées dans l'exercice précédent.

Clef de l'activité : *1 content, 2 surpris, 3 triste, 4 peur, 5 en colère*

7 Associe.

Voilà une série de questions que les élèves devront associer aux réponses proposées.

Clef de l'activité : *1 B, 2 E, 3 D, 4 C, 5 A*

8 Remets dans l'ordre les questions et les réponses.

Les élèves devront lire et remettre les mots dans le bon ordre pour obtenir des questions et les réponses correspondantes. L'enseignant pourrait proposer aux élèves de formuler deux par deux des questions et des réponses en mélangeant les éléments comme dans l'activité, ensuite les groupes s'échangeront les phrases sens dessus dessous et les recomposeront.

Clef de l'activité : *1 Pourquoi tu as soif ? Parce que j'ai mangé des frites. 2 Pourquoi tu es en colère ? Parce que mon équipe a perdu.*

LEÇON 3

On peut faire quoi avec un portable ?

J'apprends

Connaître les différents moyens technologiques
Conjuguer les verbes *pouvoir* et *vouloir* au présent de l'indicatif

Structures

Je veux prendre une photo. / Tu peux surfer sur Internet.
Les adverbes de fréquence : *toujours, ne... jamais, souvent, rarement*

Lexique

La technologie : *le portable, l'ordinateur, la tablette, la télé, le casque, le clavier, la console, la clé USB, la souris, la webcam*
Les verbes de la technologie : *envoyer un message vocal / un texto / une photo, téléphoner, prendre des photos, filmer, écouter de la musique, regarder des vidéos, surfer sur Internet, chercher / partager des informations, écrire un mail, jouer aux jeux vidéo*

Supports et matériel

Livre de l'élève et cahier d'activités
CD audio 1 de la classe
CD de l'élève
Livre actif

Livre de l'élève page 37

3

On peut faire quoi avec un portable ?

8 Écoute et dis le numéro. le portable l'ordinateur la tablette la télé le casque le clavier la console la clé USB la souris la webcam

9 Observe encore et parle.

envoyer un message vocal / un texto / une photo
téléphoner prendre des photos filmer
écouter de la musique regarder des vidéos
surfer sur Internet chercher / partager des informations
écrire un mail jouer aux jeux vidéo

Avec le casque, je peux écouter de la musique.

10 Quand fais-tu les activités de l'exercice 9 ?

toujours ne... jamais souvent rarement

Je n'écris jamais de mails, mais j'envoie toujours des messages.

11 Écoute et joue.

Je veux prendre une photo de toi.
Tu peux surfer sur Internet pour regarder des vidéos.

trente-sept 37

8 Écoute et dis le numéro.

Cette leçon introduit le lexique lié à la technologie. Les élèves écouteront les mots, identifieront la photo correspondante et diront le numéro.

Transcription de l'enregistrement

le portable	le clavier
l'ordinateur	la console
la tablette	la clé USB
la télé	la souris
le casque	la webcam

Clef de l'activité : *le portable 4, l'ordinateur 2, la tablette 3, la télé 1, le casque 7, le clavier 8, la console 9, la clé USB 10, la souris 6, la webcam 5*

9 Observe encore et parle.

Les élèves utiliseront les expressions pour former des phrases comme dans l'exemple pour exprimer ce qu'ils peuvent faire avec les objets technologiques.

Clef de l'activité : *Réponse personnelle*

10 Quand fais-tu les activités de l'exercice 9 ?

Cette activité permet de réutiliser les éléments présentés dans l'activité précédente et présente les adverbes de fréquence. L'enseignant fera remarquer qu'en la présence de *jamais* le pas est supprimé : *je ne parle pas, je ne parle jamais.*

Toujours, *souvent* et *rarement* sont ici placés entre le verbe et le complément : *j'envoie **toujours** des messages.*
Ne... jamais, tout comme *ne... pas*, se place à un endroit différent par rapport au verbe :
- avec un infinitif : ***ne jamais** parler* ;
- avec un verbe conjugué au présent : *je **ne** parle **jamais*** ;
- avec un verbe conjugué au passé composé : *je **n'**ai **jamais** parlé.*

En général, la place de l'adverbe est assez variable. Tout dépend du sens et de sa fonction et cela peut aussi être une question de style, de rythme, de mise en relief ou d'euphonie.

Cette activité permet en outre de réviser le cas de l'article partitif : l'usage de *de* à la forme négative et donc avec *pas*, mais aussi avec *jamais*.

Clef de l'activité : *Réponse personnelle*

L'usage des verbes *vouloir* et *pouvoir*

Vouloir et *pouvoir* sont des verbes modaux (ou semi-auxiliaires). Ils sont ici présentés à la 1ère personne du singulier.
On ne les utilise pas à l'impératif ni à la forme passive et ils sont suivis d'un verbe à l'infinitif. L'enseignant fera remarquer que la forme verbale de ces deux verbes en *-oir* est la même : ***je peux**, **je veux**.*
Le verbe *pouvoir* exprime la possibilité ou la capacité tandis que le verbe *vouloir* exprime le désir.

11 (45) Écoute et joue.

Les étudiants écouteront ce petit dialogue qui permet d'utiliser les verbes *vouloir* et *pouvoir* ainsi que les mots de la technologie : **« Je veux faire ça... Alors tu peux utiliser ça »**.

Transcription de l'enregistrement

A Je veux inviter ma cousine Juliette à une soirée pyjama.
B Tu peux envoyer un texto avec ton portable.

A Je peux envoyer un message vocal aussi !
B Oui, pourquoi pas !

Culture et civilisation

Cybersécurité

Voici quatre règles importantes pour la cybersécurité que l'enseignant pourrait soumettre aux élèves en vue d'une réflexion collective :
- Gardez votre mot de passe sur votre ordinateur ainsi que d'autres documents secrets ! Ne le dites même pas à vos meilleurs amis.
- Ne révélez pas vos prénom, nom de famille, adresse, numéro de téléphone de votre maison ou le nom de l'école où vous allez à n'importe qui.
- Ne diffusez aucune photo personnelle ou de vos connaissances.
- Demandez à vos parents ou à d'autres adultes la permission de télécharger des jeux et d'autres documents.

Cahier d'activités pages 25-26

9 Écris.

Les élèves observeront les illustrations et compléteront les mots. La première lettre est donnée pour faciliter l'activité.

Clef de l'activité : *1 le portable, 2 la télé, 3 l'ordinateur, 4 la tablette, 5 le casque, 6 le clavier, 7 la console, 8 la clé USB, 9 la souris, 10 la webcam*

GRAMMAIRE

Les verbes *pouvoir* et *vouloir*

Cette fois, les deux verbes modaux *pouvoir* et *vouloir* sont présentés à toutes les personnes. L'enseignant pourra faire remarquer qu'ils ont les mêmes particularités (forme de la racine et désinences).

10 Écoute et choisis.

La différence phonétique entre *je veux* et *je peux* cause souvent des problèmes aux apprenants qui ont du mal à les distinguer à l'oral. Cette activité d'écoute permet de focaliser leur attention sur cette différence : ils entendront huit phrases et devront souligner le verbe qu'ils entendent.

Transcription de l'enregistrement et clef

1 Je **veux** envoyer un message vocal à ma cousine Alice.
2 Tu **peux** écrire un mail à tes amis espagnols.
3 Vous **voulez** jouer avec nous aux jeux vidéo ?
4 Christine **peut** téléphoner à sa maman avec son nouveau portable.
5 Nous **pouvons** surfer sur Internet avec notre tablette.
6 Alain **veut** écouter de la musique avec son casque.
7 Ils **peuvent** prendre des photos avec leur portable ?
8 Je **peux** regarder un clip vidéo sur ton portable ?

11 Complète avec le verbe *pouvoir*.

Les élèves liront les phrases et conjugueront le verbe *pouvoir* à la forme qui convient.

Clef de l'activité : *1 peut, 2 pouvons, 3 peuvent, 4 peux, 5 pouvez*

12 Complète avec le verbe *vouloir*.

Les élèves liront les phrases et conjugueront le verbe *vouloir* à la forme qui convient.

Clef de l'activité : *1 voulez, 2 veux, 3 veulent, 4 voulons, 5 veut*

13 Observe et écris.

Les élèves observeront la grille et formuleront des phrases comme dans l'exemple pour exprimer la fréquence des activités accomplies par les enfants. Ils devront faire attention quand ils utilisent l'adverbe *jamais*, c'est-à-dire lorsque la phrase est à la forme négative.

Clef de l'activité : *2 Maxence envoie toujours des textos, il écoute souvent de la musique et il joue rarement aux jeux vidéo. 3 Appoline téléphone souvent, elle n'écoute jamais de musique et elle joue toujours aux jeux vidéo. 4 Christophe ne téléphone jamais, il écoute toujours de la musique et il surfe rarement sur Internet.*

LEÇON 4

Qui est à l'appareil ?

J'apprends
Répondre au téléphone

Structures
Allô ! Qui est à l'appareil ? Ici, c'est Théo.
Julie est là ? Non, elle n'est pas là. / Oui, je te la passe.

Lexique
drôle, tatie, tonton

Supports et matériel
Livre de l'élève et Cahier d'activités
CD audio 1 de la classe
CD de l'élève
Livre actif

Livre de l'élève page 38

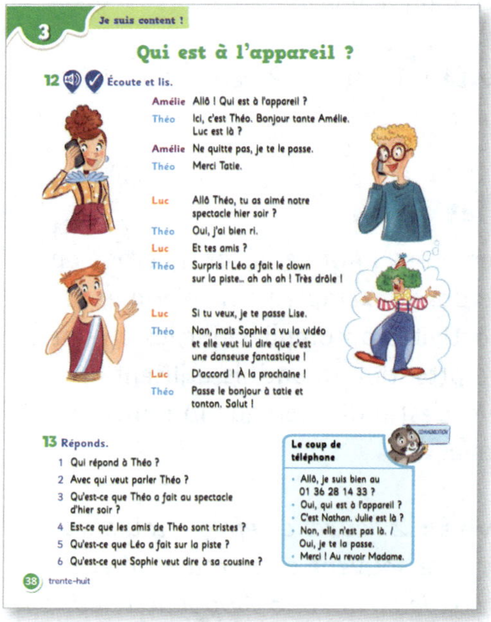
3 Je suis content !

Qui est à l'appareil ?

12 Écoute et lis.

Amélie Allô ! Qui est à l'appareil ?
Théo Ici, c'est Théo. Bonjour tante Amélie. Luc est là ?
Amélie Ne quitte pas, je te le passe.
Théo Merci Tatie.

Luc Allô Théo, tu as aimé notre spectacle hier soir ?
Théo Oui, j'ai bien ri.
Luc Et tes amis ?
Théo Surpris ! Léo a fait le clown sur la piste... ah ah ah ! Très drôle !

Luc Si tu veux, je te passe Lise.
Théo Non, mais Sophie a vu la vidéo et elle veut lui dire que c'est une danseuse fantastique !
Luc D'accord ! À la prochaine !
Théo Passe le bonjour à tatie et tonton. Salut !

13 Réponds.
1 Qui répond à Théo ?
2 Avec qui veut parler Théo ?
3 Qu'est-ce que Théo a fait au spectacle d'hier soir ?
4 Est-ce que les amis de Théo sont tristes ?
5 Qu'est-ce que Léo a fait sur la piste ?
6 Qu'est-ce que Sophie veut dire à sa cousine ?

Le coup de téléphone
- Allô, je suis bien au 01 36 28 14 33 ?
- Oui, qui est à l'appareil ?
- C'est Nathan. Julie est là ?
- Non, elle n'est pas là. / Oui, je te la passe.
- Merci ! Au revoir Madame.

38 trente-huit

Le coup de téléphone

L'enseignant invitera les élèves à lire les expressions que l'on utilise au téléphone qui se trouvent dans l'encadré. Il expliquera que lorsqu'on compose un numéro de téléphone, il faut énoncer les nombres deux par deux et ces derniers sont précédés d'un indicatif selon la région.

12 Écoute et lis.

Les élèves entendront et liront une conversation téléphonique entre Théo et ses cousins.

Transcription de l'enregistrement

Amélie Allô ! Qui est à l'appareil ?
Théo Ici, c'est Théo. Bonjour tante Amélie. Luc est là ?
Amélie Ne quitte pas, je te le passe.
Théo Merci Tatie.

Luc Allô Théo, tu as aimé notre spectacle hier soir ?
Théo Oui, j'ai bien ri.
Luc Et tes amis ?
Théo Surpris ! Léo a fait le clown sur la piste... ah ah ah ! Très drôle !

Luc Si tu veux, je te passe Lise.
Théo Non, mais Sophie a vu la vidéo et elle veut lui dire que c'est une danseuse fantastique !
Luc D'accord ! À la prochaine !
Théo Passe le bonjour à tatie et tonton. Salut !

L'enseignant fera remarquer la prononciation de *clown*, mot anglais qui se prononce /klun/ en français.

COMMUNICATION

13 Réponds.

Pour faire cette activité, les élèves devront relire attentivement la conversation téléphonique proposée dans l'activité précédente, lire les questions et répondre par écrit ou à l'oral (choix de l'enseignant) aux questions de compréhension.

Clef de l'activité : *1 C'est tatie Amélie. 2 Il veut parler avec Luc. 3 Il a bien ri. 4 Non, ils sont surpris. 5 Il a fait le clown. 6 Elle veut lui dire que c'est une danseuse fantastique.*

Cahier d'activités page 27

14 Écoute et remets dans l'ordre la conversation téléphonique.

Les élèves entendront une conversation téléphonique entre Lucie et Paul. Ils devront la remettre dans le bon ordre en numérotant les répliques. Avant de faire cette activité, l'enseignant les invitera à lire les phrases. Il pourrait aussi les inviter à faire l'activité et à vérifier leurs réponses en écoutant l'enregistrement.

Lucie	Allô, Paul ?
Paul	Oui ! Qui est à l'appareil ?
Lucie	C'est Lucie.
Paul	Bonjour, Lucie ! Ça va ?
Lucie	Oui, ça va très bien. Et toi ?
Paul	Moi, ça va...
Lucie	Écoute, Paul : tu veux venir chez moi cet après-midi ? J'ai un nouveau jeu vidéo pour ma console.
Paul	Super ! Je viens volontiers ! Je vais apporter des biscuits pour le goûter.
Lucie	Oui ! Bonne idée, merci !
Paul	On se voit à quatre heures alors.

Clef de l'activité :
2 *Oui ! Qui est à l'appareil ?*
3 *C'est Lucie.*
4 *Bonjour, Lucie ! Ça va ?*
5 *Oui, ça va très bien. Et toi ?*
6 *Moi, ça va...*
7 *Écoute, Paul : tu veux venir chez moi cet après-midi ? J'ai un nouveau jeu vidéo pour ma console.*
8 *Super ! Je viens volontiers ! Je vais apporter des biscuits pour le goûter.*
9 *Oui ! Bonne idée, merci.*
10 *On se voit à quatre heures alors.*

15 Complète les conversations téléphoniques.

Voilà deux conversations téléphoniques que les élèves devront compléter avec les mots/expressions donnés.

Clef de l'activité : *1 Allô, 2 je suis bien au, 3 sont là, 4 au revoir, 5 qui est à l'appareil, 6 Ici, 7 est là, 8 je te passe, 9 Ne quitte pas.*

LEÇON 5

Je joue

J'apprends
Le son [k]

Lexique
croquent, croquants

Supports et matériel
Livre de l'élève et Cahier d'activités
CD audio 1 de la classe
CD de l'élève
Livre actif
Fiche photocopiable 6, pages 168 et 169

Livre de l'élève page 39

3

Je joue

14 (47) Écoute et joue au Jeu des quatre familles.

Boîte à sons **Le son [k] s'écrit « c », « k », « qu »**

15 (48) Écoute et répète.

1 cadeau	2 cousin	3 comment
4 clown	5 kilo	6 quand
7 cirque	8 quiche	9 musique

16 Cherche dans la liste des mots tous les sons [k].

17 (49) Écoute et répète le virelangue le plus vite possible !

Quatre coqs croquent
quatre croquants crackers.

trente-neuf 39

14 (47) Écoute et joue au Jeu des quatre familles.

L'enseignant imprimera la fiche photocopiable 6 aux pages 168 et 169 : il s'agit d'un jeu de cartes de quatre familles sur les liens de parenté liés au cirque. Il dispose des familles jongleurs, acrobates, danseurs et clown. Pour chaque famille il y a le père, la mère, le fils, la fille, le grand-père, la grand-mère, l'oncle, la tante, le cousin et la cousine.

Dans notre cas, il y a donc 10 cartes pour chaque famille, mais l'enseignant pourrait décider d'éliminer une ou plusieurs familles.
Le but du jeu est de réunir au moins une famille pour gagner la partie. Un joueur va commencer par distribuer les cartes après les avoir bien mélangées. Les cartes qui vont être distribuées à chaque joueur correspondent aux membres d'une famille, donc tout dépend du nombre de membres établi par l'enseignant. Le reste constitue la pioche. Pour commencer la partie, c'est le joueur à gauche de celui qui a distribué qui peut démarrer. Le sens respecté pour jouer est celui des aiguilles d'une montre.
Pour jouer, le participant doit demander à un des joueurs autour de la table, qui doit être désigné précisément, s'il a dans son jeu tel personnage dans telle famille. Si le joueur vers qui la requête a été faite possède réellement la carte, il doit la donner et celui qui la reçoit rejoue. Sinon, le joueur qui a demandé pioche une carte. Si par chance, en piochant, il découvre la carte qu'il demandait, c'est à lui de rejouer. Sinon, on passe au joueur suivant. Celui qui recompose sa famille en premier doit la poser sur la table. Certains arrêtent la partie lorsque la pioche est épuisée et d'autres continuent. C'est à l'enseignant de décider sur ce point selon le temps à disposition.

Transcription de l'enregistrement

A Est-ce que tu peux me donner l'oncle acrobate ?
B Désolée, je ne l'ai pas.

B Est-ce que tu peux me donner la cousine clown ?
C Oui, voilà !

Boîte à sons

Le son [k] s'écrit « c », « k », « qu »

15 Écoute et répète.

Les élèves entendront une liste de mots contenant le son [k] qu'ils devront lire et répéter.

Transcription de l'enregistrement

1 cadeau
2 cousin
3 comment
4 clown
5 kilo
6 quand
7 cirque
8 quiche
9 musique

16 Cherche dans la liste des mots tous les sons [k].

Les élèves entendront une liste de mots contenant le son [k] qu'ils devront identifier.

Clef de l'activité : *1 **c**adeau, 2 **c**ousin, 3 **c**omment, 4 **c**lown, 5 **k**ilo, 6 **qu**and, 7 cir**qu**e, 7 **qu**iche, 8 musi**qu**e*

17 Écoute et répète le virelangue le plus vite possible !

Outre à répéter ce virelangue, les élèves pourraient le recopier dans leur cahier et entourer le son [k].

Transcription de l'enregistrement

Quatre coqs croquent quatre croquants crackers.

Cahier d'activités page 28

16 Écoute, observe et écris le numéro.

Les élèves entendront quatre mini-dialogues qu'ils devront associer aux photos proposées.

Transcription de l'enregistrement

1 **A** Alors, Julie... Tu as été à Paris avec ta sœur ce weekend ?
B Oui, et nous avons pris de belles photos avec mon portable ! Regarde !
A Elles sont magnifiques.

2 **A** Allô ? Bonjour, c'est Robert. Est-ce que Monsieur Dupont est à la maison ?
B Bonjour, Robert. Désolée, Monsieur Dupont n'est pas là.
A D'accord, je vais appeler plus tard.

3 **A** Regarde, Pierre ! Ma nouvelle tablette !
B Oh, c'est super ! Tu as de la chance !
A Oui, c'est un cadeau d'anniversaire.

4 **A** Allô ? C'est Alice.
B Bonjour Alice, c'est Julie. Tu vas bien ?
A Tout va bien.

Clef de l'activité : *A 1, B 3, C 1, D 2*

Boîte à sons

Le son [k] s'écrit « c », « k », « qu »

17 Écoute et entoure les mots qui contiennent le son [k].

Les élèves surligneront ou entoureront le son [k] à l'intérieur des mots.

Transcription de l'enregistrement

1 ski	6 quatre
2 dimanche	7 couleur
3 qui	8 café
4 content	9 océan
5 ciel	

Clef de l'activité : *1 ski, 3 qui, 4 content, 6 quatre, 7 couleur, 8 café*

LEÇON 6

Je sais...

J'apprends
Faire des activités de compréhension et de production orale et écrite sur la technologie

Lexique
en ligne, aide

Supports et matériel
Livre de l'élève et Cahier d'activités
CD audio 1 de la classe
Livre actif

Livre de l'élève pages 40-41

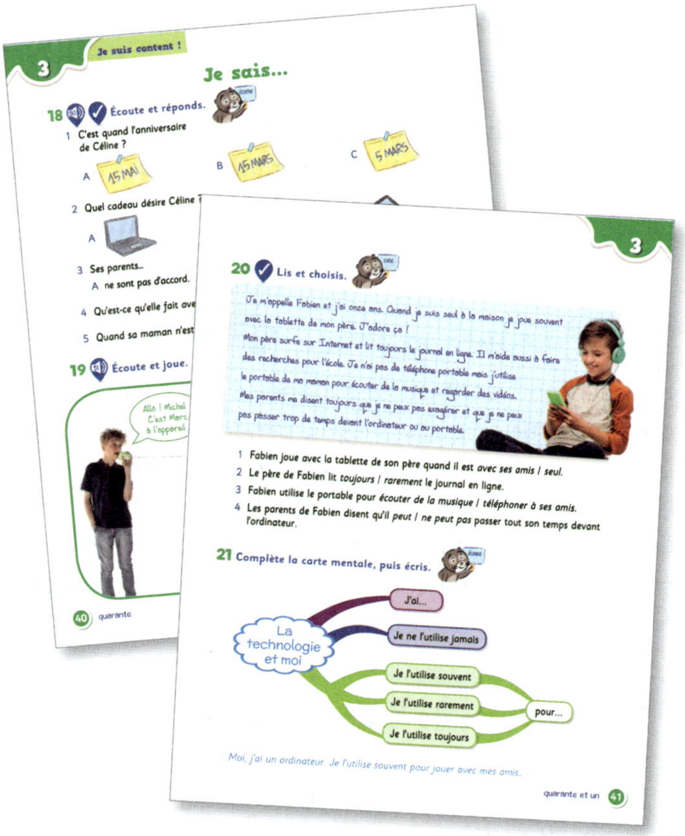

18 Écoute et réponds.

Sur la base du témoignage de Céline, les élèves répondront aux questions posées (choix multiples ou questions ouvertes).

Transcription de l'enregistrement

Céline Bonjour ! Je m'appelle Céline. Le 15 mars c'est mon anniversaire et comme cadeau je veux un portable, mais mes parents ne sont pas très d'accord. Ils disent que je suis trop jeune ! Pour le moment, je peux utiliser le portable de maman pour envoyer des textos et des photos à mes amis et à mes cousins. Maman n'est pas contente quand j'utilise son portable, elle préfère quand je bavarde avec mes amis à la maison, c'est plus amusant !

Clef de l'activité : *1 B, 2 C, 3 A, 4 Elle envoie des textos et des photos à ses amis et à ses cousins. 5 Quand Céline utilise son portable.*

19 Écoute et joue.

Deux enfants sont au téléphone et se posent des questions sur ce qu'ils ont fait pendant le week-end. Les élèves, deux par deux, en feront de même. L'enseignant pourra leur demander de réaliser un téléphone. Il suffira de relier deux verres en plastique avec une cordelette en faisant un trou au fond de chaque verre.

Transcription de l'enregistrement

A Allô ! Michel ! C'est Marc à l'appareil !
B Oh, salut Marc ! Qu'est-ce que tu as fait ce week-end ?

20 Lis et choisis.

Fabien raconte ce qu'il aime faire avec la tablette de son papa et le portable de sa maman. Les élèves liront son témoignage et souligneront dans les phrases proposées l'option correcte.

Clef de l'activité : *1 seul, 2 toujours, 3 écouter de la musique, 4 ne peut pas*

21 Complète la carte mentale, puis écris.

Cette carte mentale guidera les élèves dans la rédaction d'un petit texte sur leur propre rapport avec la technologie. Ils utiliseront l'exemple proposé pour composer leur texte.

Clef de l'activité : *Réponses personnelles*

Cahier d'activités page 29

Mes compétences

18 Lis le message.

Luc a envoyé un mail à son cousin Théo pour l'inviter à une fête organisée en l'honneur de Lise qui vient de gagner un prix comme meilleure danseuse de cirque. Les élèves liront le mail attentivement.

19 Recompose la réponse de Théo.

Théo répond au mail de son cousin, mais sa réponse est sens dessus dessous. Les élèves remettront les éléments dans le bon ordre et rédigeront le message par écrit.

Clef de l'activité : *Salut, Luc ! Mes parents sont d'accord : nous venons tous à la fête de Lise. Alors, à dimanche !*

20 Réponds.

Les élèves liront le mail et répondront aux questions de compréhension par écrit ou à l'oral (choix de l'enseignant).

Clef de l'activité : *1 C'est Luc. 2 Pour la cousine de Théo, Lise. 3 Parce que Lise a gagné un prix comme meilleure danseuse de cirque. 4 C'est dimanche prochain. 5 Oui, ils vont à la fête.*

Autoévaluation

Les élèves doivent autoévaluer les compétences acquises à la fin de l'unité 3 en cochant les cases comme dans la légende : *Je sais le faire. / Je dois m'entraîner encore un peu. / Je ne sais pas encore le faire, mais je vais apprendre.*

LEÇON 7

Le système solaire

J'apprends
Quelques informations sur le système solaire
Construire un système solaire en polystyrène

Lexique
Le système solaire : *le satellite, la comète, les poussières, les astéroïdes, les étoiles, Mercure, Vénus, Terre, Mars, Jupiter, Saturne, Uranus, Neptune, la lune, ceinture d'astéroïdes, météorites, gaz interplanétaires, géantes, gazeuses, anneaux, glace, rocheuses*

Supports et matériel
Livre de l'élève
CD audio 1 de la classe
Livre actif
Fiche photocopiable 7, page 170

Livre de l'élève pages 42-43

1 Écoute et dis le numéro.

Cette première activité permettra aux élèves de familiariser avec la terminologie propre à l'espace et en particulier au système solaire. Ils écouteront cinq termes, observeront les photos et associeront en disant le numéro.

Transcription de l'enregistrement

le satellite	les astéroïdes
la comète	les étoiles
les poussières	

Clef de l'activité : *le satellite 3, la comète 5, les poussières 4, les astéroïdes 1, les étoiles 2*

Renforcement

L'enseignant pourra faciliter la mémorisation des termes liés au système solaire en proposant aux élèves un exercice d'association mot-définition. Pour ce faire il écrira les mots sur des morceaux de papier derrière lesquels il collera un morceau de scotch et qu'il retournera sur une table. Il écrira les définitions au tableau en laissant un espace devant chacune d'elles afin que les élèves puissent coller le mot devant la définition.

Voilà les mots et leur définition :
Le satellite : un objet que l'homme a créé et envoyé dans l'espace et qui orbite autour de la Terre ou d'une autre planète.
La comète : un astre composé de glace et de poussière. Quand il entre dans l'atmosphère, il forme une étoile filante.
Les poussières : de petites particules qui sont dans l'espace.
L'astéroïde : une planète mineure composée de roches, de métaux et de glace.
L'étoile : un corps céleste lumineux que l'on peut voir dans la nuit.

2 Écoute, lis et associe.

Le texte décrit le système solaire en précisant où se trouvent les planètes par rapport aux autres. Cela permettra aux élèves de les localiser sur la photo. Ils écouteront, liront et associeront chaque description à la planète correspondante.

Transcription de l'enregistrement

Le système solaire est formé d'une étoile (le Soleil), de 8 planètes, de satellites, de millions d'astéroïdes, de 5 planètes naines, de poussières, de comètes, de météorites et de gaz interplanétaires.
Les 8 planètes tournent autour du Soleil. Mercure, Vénus, la Terre et Mars sont les 4 petites planètes rocheuses. Jupiter, Saturne, Uranus et Neptune sont des planètes géantes gazeuses.

- La Lune tourne autour de la Terre, c'est son satellite naturel. Les météorites tombent sur la Lune et forment des cratères.
- Vénus est la planète la plus lumineuse et la plus chaude du système solaire. On l'appelle l'« étoile du berger ». Elle est entre la Terre et Mercure.
- Uranus est une planète froide. Elle a des anneaux, 27 satellites. Elle est entre Saturne et Neptune.
- Jupiter est très grande et visible à l'œil nu de la Terre, c'est l'un des éléments les plus lumineux du ciel. Elle se trouve entre la ceinture d'astéroïdes et Saturne.
- Saturne a des anneaux formés de roches, de poussières et de glace.
- La Terre est bleue et rocheuse. Elle accueille des formes de vie. Elle possède des types de paysages et des écosystèmes très variés. La Lune est son satellite.
- Mars est appelée la planète rouge. Elle se trouve entre la Terre et la ceinture d'astéroïdes.
- Mercure est la plus petite planète et la plus proche du Soleil. Sa surface ressemble beaucoup à la surface de la Lune.
- Neptune est une planète géante où il y a beaucoup de vent. C'est la plus froide parce qu'elle est plus éloignée du Soleil. Elle met 165 années pour tourner autour du Soleil !

Clef de l'activité : *Lune D, Vénus B, Uranus I, Jupiter G, ceinture d'astéroïdes F, Saturne H, Terre C, Mars E, Mercure A, Neptune J*

3 Observe et parle.

À présent, comme dans l'exemple, les élèves formuleront des phrases pour localiser les planètes en partant du Soleil, ce qui les obligera à utiliser les nombres ordinaux appris dans l'unité précédente.

Renforcement - Culture et civilisation

L'enseignant demandera aux élèves d'où, selon eux, viennent les noms des planètes. Il est possible qu'ils connaissent la réponse. Dans le cas contraire, il leur expliquera que ces noms viennent de la mythologie grecque et romaine, sauf le mot **Terre** ! Ces planètes sont visibles à l'œil nu, voilà pourquoi les hommes leur ont donné tout de suite un nom. Les Romains ont nommé les planètes en fonction de leurs mouvements et de leur apparence : par exemple Vénus a pris le nom de la déesse de la beauté parce que c'est la plus belle. Mars a pris le nom du dieu de la guerre à cause de sa couleur rouge. Ces noms romains sont restés et ont ensuite été utilisés par les hommes de science.

- **Vénus** : la déesse de la beauté et de l'amour
- **Mars** : le dieu de la guerre
- **Mercure** : le dieu messager de l'Olympe
- **Jupiter** : le roi des dieux
- **Saturne** : le dieu de l'agriculture et du temps
- **Uranus** : le dieu du ciel
- **Neptune** : le dieu de la mer

L'enseignant pourra ensuite utiliser la fiche photocopiable 7 à la page 170 et proposer une activité sur les planètes, leurs caractéristiques et les divinités dont elles portent le nom. Une fois la fiche complétée, l'enseignant demandera aux élèves de formuler des phrases sur les planètes en suivant l'exemple proposé : *Mercure est la première planète à partir du soleil. Elle porte le nom de Mercure, le dieu messager de l'Olympe.*

Projet

4 Construis un système solaire.

Pour réaliser le système solaire proposé, l'enseignant demandera aux élèves d'apporter le matériel nécessaire indiqué.
Les élèves devront peindre les boules en polystyrène en tenant compte de la couleur propre à chaque planète. Ils réaliseront l'anneau de Saturne avec du papier aluminium en recouvrant un cercle en carton plus étroit qu'ils bloqueront et colleront autour de la planète. Lorsque toutes les planètes seront prêtes, ils peindront en noir la base en polystyrène et la laisseront sécher avant d'y « planter » les planètes à la place qui leur revient à l'aide des pics en bois.

LEÇON 8

LE MONDE AUTOUR DE TOI

Le Futuroscope

J'apprends
Quelques informations sur le Futuroscope

Lexique
Les solides : *la sphère, le cube, le cylindre, la pyramide, le prisme*

incroyable, pavillons, goutte, cristal, lever du soleil, symbole, intelligence, perfection, astronaute, orgue

Supports et matériel
Livre de l'élève
CD audio 1 de la classe
Livre actif

Livre de l'élève pages 44-45

1 Écoute et dis le numéro.

Dans le Livre 2, les élèves ont appris à nommer les formes géométriques en français. Cette fois, c'est le tour des solides. Ils écouteront les mots et les associeront aux solides en disant le numéro.

Transcription de l'enregistrement

la sphère	la pyramide
le cube	le prisme
le cylindre	

Clef de l'activité : *la sphère 4, le cube 1, le cylindre 5, la pyramide 2, le prisme 3*

Renforcement

L'enseignant formera des groupes en classe et à chacun il fera préparer des cartes contenant les formes géométriques et les solides que les élèves connaissent : le rectangle, le pentagone, le carré, le rond, l'hexagone, le triangle, la sphère, le cube, le cylindre, la pyramide et le prisme.
Un par un, les élèves devront piocher une carte et d'abord dire de quel solide ou de quelle forme géométrique il s'agit et en un temps donné ils devront identifier dans la classe le plus d'objets possible correspondant à la carte qu'ils ont piochée et en écrire le nom sur une feuille. À la fin, l'élève qui aura la liste la plus longue et aura fait le moins d'erreur dans l'écriture des mots gagnera la partie. L'enseignant passera au milieu des groupes pour corriger les fautes de langue et de prononciation.
L'enseignant pourrait apporter en classe des sabliers que les élèves utiliseront pour jouer.

2 Écoute et lis.

Ces deux pages présentent un parc à thème très connu en France : le Futuroscope de Poitiers.
Ce parc attire les amoureux de la technologie et de l'espace. Le texte présente les attractions principales qui devraient rencontrer le goût des lecteurs. Les élèves écouteront et liront le texte. L'enseignant interviendra pour vérifier la compréhension. En outre, il invitera les élèves à observer les photos et à identifier les solides présentés dans l'activité 1, ainsi que les formes géométriques présentées dans l'unité 1 du Livre 2 à la page 16.

Transcription de l'enregistrement

Le Futuroscope est un parc d'attraction français qui se trouve à Poitiers, dans le Centre-Ouest de la France. Les thèmes sont les sciences et la technologie. Il y a beaucoup d'attractions et d'expositions pour grands et petits. Les visiteurs font des expériences qui stimulent les sens et assistent à des spectacles incroyables. Les pavillons ont des formes géométriques : ils ressemblent à des sphères, des cubes, des pyramides, des cylindres... d'autres ont la forme d'une goutte d'eau ou d'un cristal.

Le Pavillon Futuroscope est un prisme avec une grosse sphère blanche. Il représente le lever du soleil et c'est le symbole du parc.

Le Kinémax a la forme d'un cristal. Il représente l'intelligence et la perfection de la nature. À l'intérieur, il y a un cinéma IMAX (cinéma très haute définition) avec un écran plat géant. Dans sa salle de cinéma, un espace est réservé à Thomas Pesquet, un astronaute français. Il a passé plus de 6 mois à bord de la Station internationale. « Dans les yeux de Thomas Pesquet » est une attraction du Futuroscope : ce film de 25 minutes raconte l'aventure spatiale de Thomas.

Le Tapis Magique a la forme d'un orgue. Il représente la communication. À l'intérieur, on peut vivre une expérience fantastique : « l'Extraordinaire Voyage ». C'est un voyage autour du monde, à bord d'une machine, les pieds dans le vide. On a l'impression de voler, comme un oiseau !

Dans le cylindre central de l'Aquascope il y a une rampe lumineuse qui lance des messages de bienvenue en morse à tous les habitants de l'Univers. Il y a aussi un planétarium avec l'attraction « Chocs cosmiques », un voyage spectaculaire dans l'espace et le temps.

3 Choisis.

Après la lecture, les élèves liront les affirmations et choisiront l'élément permettant de les compléter parmi les trois proposés.

Clef de l'activité : *1 B, 2 B, 3 A, 4 B, 5 C, 6 C*

Unité 4

À la supérette

Compétences clés

Compétence multilingue

- Chanter une chanson ludique pour mémoriser les mots liés aux courses à la supérette. (Livre, p. 47 ex. 4)
- Participer à des échanges oraux pour perfectionner ses propres stratégies linguistiques et non linguistiques. (Livre, p. 48 ex. 6, p. 49 ex. 9, p. 50 ex. 14, p. 51 ex. 15, p. 52 ex. 20, p. 59 ex. 2)

Compétence mathématique et compétences en sciences, en technologies et en ingénieries

- Dire combien coûte quelque chose et exprimer la quantité. (Livre, p. 49 ex. 8-9, p. 52 ex. 20)

Compétence numérique

- Regarder une vidéo en utilisant les nouvelles technologies avec facilité et responsabilité. (Livre, p. 46 ex. 1)

Compétences personnelles et sociales et capacité d'apprendre à apprendre

- Faire des jeux de rôle pour renforcer l'apprentissage du lexique lié au bonheur et les expressions utilisées pour faire les courses. (Livre, p. 51 ex. 15, p. 52 ex. 20)
- Savoir lire une grille grammaticale pour faire correctement une activité. (Livre, p. 48 ex. 6, p. 49 ex. 10. Cahier, p. 32 ex. 4-5, p. 34 ex. 8-9)
- Participer en classe à des échanges verbaux en respectant les règles de la communication. (Livre, p. 48 ex. 6, p. 49 ex. 9, p. 50 ex. 14, p. 51 ex. 15, p. 52 ex. 20, p. 59 ex. 2)
- Travailler en groupe pour la réalisation d'un poster et de la boîte à recette développera chez les apprenants des attitudes positives de coopération. (Livre, p. 55 ex. 5, pp. 58-59)

Compétences entrepreneuriales

- Préparer une nature morte sur la table avec des fruits, des légumes et des objets de la cuisine et réaliser un poster avec les œuvres de toute la classe. (Livre, p. 55 ex. 5)

Compétences relatives à la sensibilité et à l'expression culturelles

- Connaître l'histoire et le rôle de la nourriture dans l'art pour comprendre l'usage des techniques et leur évolution et le rapport de chaque époque avec l'alimentation. (Livre, pp. 54-55)

Objectifs d'apprentissage

Compétences	Structures
Compréhension orale • Comprendre une conversation entre un vendeur et un client au supermarché **Compréhension écrite** • Lire et comprendre les étapes d'une recette de cuisine **Production orale** • Parler avec un vendeur en utilisant les expressions nécessaires pour faire les courses • Demander et dire le prix • Dire ce qu'on va acheter et ce qu'on va faire dans la journée **Production écrite** • Écrire une lettre en présentant un plat typique de son propre pays	**Actives** *Qu'est-ce que fait Théo ? Théo lit la liste des courses.* *Bonjour, qu'est-ce que vous désirez ? Je voudrais acheter des biscuits, s'il vous plaît.* *Je vais vous rendre la monnaie.* *Combien coûte un kilo de tomates ?* *Je vais acheter un sachet de bonbons.* *Comment on prépare la salade composée ? D'abord il faut mettre de la salade... Ensuite... Après... et enfin...* **Les connecteurs logiques :** *d'abord, ensuite, après, enfin* **Les adverbes de quantité :** *plus de, un peu de, beaucoup de, moins de* **Lexique** **Actif** **À la supérette :** *choisir les légumes, lire la liste des courses, mettre les courses dans le caddie, faire la queue, payer à la caisse, remplir son sac* **L'argent :** *les pièces de monnaie, les billets, la carte de crédit, la carte de fidélité* **Les quantités :** *un kilo, un morceau, une brique, une canette, un pot, un paquet, une tablette, un tube, une boîte, une bouteille, une plaquette, un sachet, une pincée, une cuillère, une tranche, un verre, une tasse* **Les produits :** *tomate, fromage, lait, orangeade, confiture, biscuits, chocolat, mayonnaise, thon, beurre, bonbons* **Passif** **Les objets pour peindre / dessiner :** *les gouaches, les aquarelles, les crayons de couleur, le crayon, la palette, les pinceaux* **La restauration :** *sandwicherie, restaupouce, friterie, saladerie, crêperie, brasserie, restaurant, bistrot* *gruyère, queue, purée, jus de citron, moutarde, ramollir, au bain-marie, mousse, ajouter, levure, mélanger, cuire, moule, couper, morceaux, gentillesse, bisous, bonne humeur, jalousie, sourires, joie, humour, câlins, positivité, folie, rires, amour, amitié, gazelle, poulet rôti, ours, nourriture, pyramides, richesse, hospitalité, ombres, sombres, dynamisme, coquillage, croque-monsieur, roues, galettes salées, modeste, baguette*

LEÇON 1

À la supérette

J'apprends
Utiliser les expressions utiles pour faire les courses au supermarché

Structures
Qu'est-ce que vous désirez ? Une salade, un kilo de tomates et un peu de carottes.
Ça fait combien ? En tout, 14 euros 50.

Lexique
gruyère, queue, purée

Supports et matériel
Livre de l'élève et Cahier d'activités
CD audio 2 de la classe
CD de l'élève
Livre actif

Livre de l'élève pages 46-47

Dans le Livre 1 les élèves ont appris le lexique lié à la fête d'anniversaire, dans le Livre 2 ils sont allés au restaurant avec la famille de Léo et Théo et, outre à apprendre de nouveaux mots liés à l'alimentation, ils ont appris à exprimer leurs goûts. Dans cette unité, ils vont apprendre à faire les courses et à exprimer des quantités. Voilà l'occasion pour apprendre de nouveaux ingrédients mais aussi la façon dont ils sont confectionnés.

L'enseignant lira le titre de l'unité et saisira l'occasion pour expliquer que la **supérette** est une espèce de supermarché miniature, un magasin de quartier où l'on trouve des produits de première nécessité et il n'y a donc pas beaucoup de choix par rapport à une grande surface et les prix sont aussi généralement plus élevés. Par contre, en France on parle de **supermarché** pour un commerce dont la surface est comprise entre 400 et 2500 m², et d'**hypermarché** au-delà de 2500 m² : on les appelle des grandes surfaces. Les **épiceries** sont encore plus petites que les supérettes et sont pour la plupart spécialisées : produits locaux et artisanaux, produits provenant d'autres pays, produits bios, produits solidaires...

Dans la BD, Léo et Théo sont amenés à faire les courses parce que leur maman veut faire une salade composée. Léo et Théo vont à la supérette et doivent interagir avec un commerçant. Léo est plutôt radin, il veut à tout prix faire des économies et met dans le caddie des produits qui ne sont pas sur la liste de courses, simplement parce qu'ils sont moins chers. Le commerçant finit par s'impatienter. Une fois à la caisse, il décide d'acheter une tablette de chocolat, ce qui n'était pas du tout prévu ! À la maison, la maman des jumeaux voit le contenu du sachet de courses et comprend qu'elle va devoir faire une autre recette. Théo suggère de remplacer la salade composée par de la purée vu qu'ils ont acheté le nécessaire.

1 Écoute et lis.

Avant de demander aux élèves d'ouvrir leur livre aux pages 46 et 47, l'enseignant proposera de regarder la vidéo du livre actif en disant : **« observez et écoutez »** ou simplement **« écoutez la vidéo »**. Ensuite, il fera écouter le CD audio avec la BD sous les yeux pour faciliter la lecture et la compréhension du texte. Il pourra également demander aux élèves de prêter leur voix aux personnages : dans un premier temps en écoutant et répétant tous ensemble le contenu de chaque bulle après avoir stoppé l'audio, puis en relisant la BD en attribuant chaque personnage à un élève.

Transcription de l'enregistrement

Maman Je vais faire une salade composée. Allez à la supérette.
Léo Oui, maman. « Liste de courses : salade, 1 kilo de tomates, carottes, bouteille d'huile, boîte de thon ».

À la supérette
Vendeur Bonjour ! Qu'est-ce que vous désirez ?
Théo Une salade, un kilo de tomates et un peu de carottes.

Théo Ça fait combien ?
Vendeur En tout, 14 euros 50.
Léo Oh là là ! C'est cher ! Deux kilos de pommes de terre alors.

Vendeur D'accord, ensuite ?
Théo Je voudrais une bouteille d'huile.
Léo 15 euros !! Non, donnez-nous plutôt une plaquette de beurre.

Théo Est-ce que vous avez une boîte de thon ?
Léo Mais si c'est trop cher, nous choisissons un morceau de fromage.

Vendeur Alors voilà un beau morceau de gruyère !
Théo Merci Monsieur. Bonne journée !

Léo C'est bon, tout est dans le caddie. Maintenant allons payer à la caisse !

Théo Oh non ! Il faut faire la queue !
Léo Attends ici, je vais prendre une tablette de chocolat aussi.

À la maison
Léo Voilà ton sac de courses, maman. Nous n'avons pas payé cher !
Maman Bravo Léo... mais adieu salade composée !
Théo Tu vas devoir faire de la purée !

2 Vrai ou faux ?

Voilà cinq affirmations auxquelles les élèves devront répondre vrai ou faux. L'enseignant pourrait leur demander de justifier les réponses fausses dans leur cahier.

Clef de l'activité : *1 faux (Léo et Théo vont faire les courses), 2 vrai, 3 faux (La bouteille d'huile coûte 15 euros), 4 vrai, 5 faux (Elle va faire de la purée de pommes de terre)*

3 Réponds.

Les élèves répondront aux questions posées, par écrit ou à l'oral, après quelques minutes de réflexion. La correction sera faite au tableau. L'enseignant pourrait également demander aux élèves de trouver des éléments dans la BD (exemple : **« Dans quelle vignette il y a des pommes de terre ? »**, « Dans la vignette numéro 3 ») ou de décrire tous les personnages, y compris ceux qui font la queue à la caisse (exemple : **« Comment est le vendeur ? Qu'est-ce qu'il porte ? »**). Dans ce cas l'enseignant pourra introduire le mot *tablier* et souligner qu'on utilise le même mot pour indiquer ce que les enfants portent dans certaines écoles pour ne pas se salir mais aussi pour montrer que les élèves sont tous égaux car ils sont tous habillés de la même façon. La maman aussi porte un tablier !

Clef de l'activité : *1 À la supérette. 2 Parce que la boîte de thon est trop chère. 3 Non, il n'est pas content. 4 Il va prendre une tablette de chocolat. 5 Non, elle peut faire de la purée.*

4 Écoute et chante.

Suivre les indications fournies à la page 18 pour l'exploitation pédagogique du chant.

Transcription de l'enregistrement

Comme c'est chouette,
d'aller à la supérette !

Je mets tout dans le caddie,
et mon sac je remplis.
Pour réaliser mes recettes
voilà ce que j'achète :
du thon et de la mayonnaise,
de la confiture de fraises,
du lait et des biscuits,
et deux kilos de fruits.

Comme c'est chouette,
d'aller à la supérette !

Cahier d'activités page 30

1 Complète, puis écoute et vérifie.

Quatre vignettes de la BD du livre sont ici reproposées mais les bulles sont incomplètes. Les élèves devront les compléter avec les éléments donnés, puis écouter l'enregistrement pour vérifier leurs réponses.

Transcription de l'enregistrement et clef

Vendeur	Bonjour ! **Qu'est-ce que vous désirez ?**
Théo	Une salade, **un kilo de tomates et un peu de carottes**
Théo	**Ça fait combien ?**
Vendeur	En tout, 14 euros 50.
Léo	Oh là là ! **C'est cher !** Deux kilos de pommes de terre alors.
Vendeur	D'accord, **ensuite** ?
Théo	**Je voudrais** une bouteille d'huile.
Léo	15 euros !! Non, donnez-nous plutôt une plaquette de beurre.
Théo	**Est-ce que vous avez** une boîte de thon ?
Léo	Mais si c'est trop cher, **nous choisissons** un morceau de fromage.

LEÇON 2

Qu'est-ce que vous désirez ?

J'apprends

Faire les courses au supermarché
Conjuguer les verbes en *-ir* du 2ème groupe au présent de l'indicatif

Structures

Qu'est-ce que fait Théo ? Théo lit la liste des courses.
Bonjour, qu'est-ce que vous désirez ? Je voudrais acheter des biscuits, s'il vous plaît.
Je vais vous rendre la monnaie

Lexique

À la supérette : *choisir les légumes, lire la liste des courses, mettre les courses dans le caddie, faire la queue, payer à la caisse, remplir son sac*
L'argent : *les pièces de monnaie, les billets, la carte de crédit, la carte de fidélité*

Supports et matériel

Livre de l'élève et Cahier d'activités
CD audio 2 de la classe
CD de l'élève
Livre actif

Livre de l'élève page 48

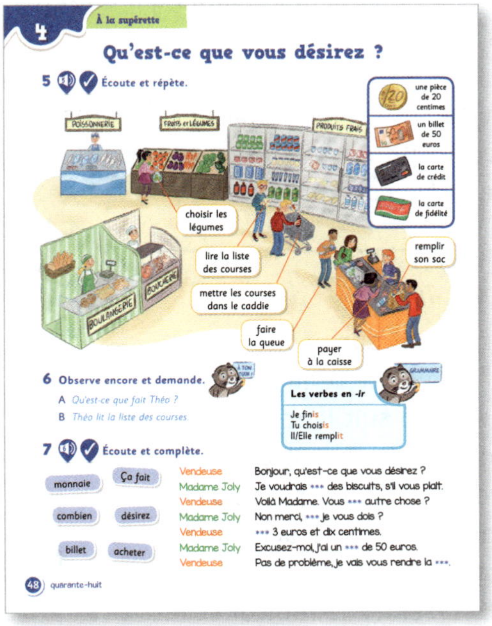

5 Écoute et répète.

Nous sommes au supermarché et cinq rayons sont présentés (poissonnerie, fruits et légumes, produits frais, boulangerie et boucherie). Ces mots ne sont toutefois pas exploités, ils seront abordés dans l'unité 5 lorsqu'on abordera la ville et les magasins. L'enseignant pourrait tout de même les faire remarquer et écrire au tableau des questions comme **« Qu'est-ce qu'on achète au rayon boulangerie ? »**. Les élèves ont déjà les éléments nécessaires pour répondre à cette question car ils ont été présentés dans les Livres 1 et 2. Dans cette leçon, ce sont les actions qu'on accomplit au supermarché qui sont mises en relief ainsi que les modalités de paiement qui sont reportées dans l'encadré. Les élèves écouteront l'enregistrement et répéteront les actions proposées. Les verbes sont présentés à l'infinitif mais les élèves connaissent déjà la conjugaison des verbes *mettre*, *faire* et *lire* outre à *payer*, verbe du 1er groupe. L'enseignant fera toutefois remarquer qu'il s'agit d'un verbe qui subit une petite modification orthographique : on peut dire *je paye* et *je paie*. Quant aux verbes en *-ir* (2ème groupe), ils sont présentés dans l'encadré aux trois personnes du singulier.

Transcription de l'enregistrement

choisir les légumes
lire la liste des courses
mettre les courses dans le caddie
faire la queue
payer à la caisse
remplir son sac

une pièce de 20 centimes
un billet de 50 euros
la carte de crédit
la carte de fidélité

Les verbes en *-ir*

Les verbes ***finir***, ***choisir*** et ***remplir*** sont des verbes du 2ème groupe et se conjuguent tous de la même façon. Les premières personnes du singulier sont ici introduites et les désinences sont les suivantes : ***-is***, ***-is***, ***-it***. L'enseignant fera remarquer que comme toujours la lettre finale est muette. Pour aider les élèves à familiariser avec les verbes du 2ème groupe, il pourrait écrire d'autres verbes d'usage courant au tableau et faire conjuguer les trois premières personnes, par exemple ***agir***, ***unir***, ***obéir***...

6 Observe encore et demande.

Deux par deux, les élèves se poseront des questions comme dans l'exemple pour décrire l'illustration. Les personnages du livre sont présents dans la scène et accomplissent des actions différentes.

7 Écoute et complète.

Ce petit dialogue propose un acte de communication que les élèves connaissent déjà, dans un autre contexte. Dans le Livre 2, ils ont appris à faire des achats dans un magasin de vêtements, cette fois on leur propose de faire les courses au supermarché : les actes de paroles ne sont pas tout à fait les mêmes. Ensuite, l'enseignant fera écouter l'enregistrement et les élèves mettront les mots proposés au bon endroit. Enfin, il pourrait leur proposer de jouer cette saynète en classe.

L'enseignant fera également remarquer l'usage du conditionnel ***je voudrais*** : il s'agit d'une formule de politesse. D'autres formes de politesse sont présentées : on utilise ***s'il vous plaît*** quand on veut demander quelque chose ou pour attirer l'attention d'un vendeur dans un magasin, dans ce cas il peut remplacer ***excusez-moi***. L'expression ***pas de problème*** appartient par contre au registre courant et peut être remplacée par ***ne vous inquiétez pas***.

Transcription de l'enregistrement et clef

Vendeuse	Bonjour, qu'est-ce que vous désirez ?
Madame Joly	Je voudrais **acheter** des biscuits, s'il vous plaît.
Vendeuse	Voilà Madame. Vous **désirez** autre chose ?
Madame Joly	Non merci, **combien** je vous dois?
Vendeuse	**Ça fait** 3 euros et dix centimes.
Madame Joly	Excusez-moi, j'ai un **billet** de 50 euros.
Vendeuse	Pas de problème, je vais vous rendre la **monnaie**.

Cahier d'activités pages 31-32

2 Observe et complète.

Les photos reprennent les gestes que l'on accomplit au supermarché. Les élèves, en fonction du sens et du pronom personnel sujet, compléteront les légendes avec les verbes qui conviennent.

Clef de l'activité : *1 lit, 2 choisit, 3 met, 4 font, 5 paie, 6 remplit*

3 Complète.

Voilà les modalités de paiement, les élèves compléteront avec les mots manquants qui ont été présentés dans le livre.

Clef de l'activité : *1 C'est un billet de 5 euros. 2 C'est une pièce d'1 euro. 3 C'est une pièce de 50 centimes. 5 C'est une carte de crédit.*

Les verbes en *-ir*

Les verbes du 2ème groupe sont les verbes dont l'infinitif se termine par *-ir* et dont la conjugaison suit le modèle de *finir*. Ils se distinguent notamment des verbes en *-ir* du 3ème groupe par leur participe présent en *-issant*. La principale caractéristique de la conjugaison des verbes du 2ème groupe est l'ajout de *-iss-* entre le radical et la terminaison de certaines personnes de certains temps : *nous chois**issons**, vous fin**issez**, ils rempl**issent***.
L'enseignant pourrait demander aux élèves de conjuguer dans leur cahier les verbes proposés dans l'encadré grammatical précédant à toutes les personnes en surlignant les désinences.

4 Complète.

Avant de faire l'activité, les élèves observeront avec attention la conjugaison du verbe *finir*, puis conjugueront les verbes en ajoutant simplement les désinences des verbes en *-ir* déjà introduits.

Clef de l'activité : *2 choisissent, 3 finissez, 4 choisis, 5 remplissons, 6 finit*

5 Complète avec les verbes *finir*, *choisir* et *remplir*.

Cette fois, les élèves devront choisir l'un des trois verbes en *-ir* proposés selon le sens et le conjuguer à la personne demandée, comme dans l'exemple.

Clef de l'activité : *2 choisit, 3 remplis, 4 finis, 5 remplissez, 6 finissent*

6 Remets le dialogue dans l'ordre, puis écoute et vérifie.

Nous sommes à la boulangerie et une dame interagit avec le boulanger. Le dialogue est sens dessus dessous et les élèves devront le remettre dans le bon ordre en numérotant les répliques. Ensuite, ils écouteront l'enregistrement pour vérifier leurs réponses. Pour la correction, l'enseignant pourrait inviter deux élèves au tableau et, le livre sous les yeux, leur demander de jouer la scène devant leurs camarades.

Transcription de l'enregistrement

A Bonjour, Monsieur !
B Bonjour, Madame. Qu'est-ce que vous désirez ?
A Deux baguettes, s'il vous plaît.
B Voilà Madame. Vous désirez autre chose ?
A Je voudrais aussi un croissant. Combien je vous dois ?
B 2 euros et 40 centimes les deux baguettes et 1 euro et 50 centimes le croissant. Ça fait 3 euros et 90 centimes.
A Voilà 4 euros.
B Attendez ! Je vous rends 10 centimes de monnaie.
A Oh ! Merci, au revoir !
B Au revoir, Madame !

Clef de l'activité : *7, 10, 5, 8, 1, 6, 3, 2, 9, 4*

LEÇON 3

Qu'est-ce que tu vas acheter ?

J'apprends
Dire ce que je vais acheter
Parler au futur proche

Structures
Combien coûte un kilo de tomates ?
Je vais acheter un sachet de bonbons.

Lexique
Les quantités : *un kilo, un morceau, une brique, une canette, un pot, un paquet, une tablette, un tube, une boîte, une bouteille, une plaquette, un sachet*
Les produits : *tomate, fromage, lait, orangeade, confiture, biscuits, chocolat, mayonnaise, thon, beurre, bonbons*

Supports et matériel
Livre de l'élève et Cahier d'activités
CD audio 2 de la classe
CD de l'élève
Livre actif

Livre de l'élève page 49

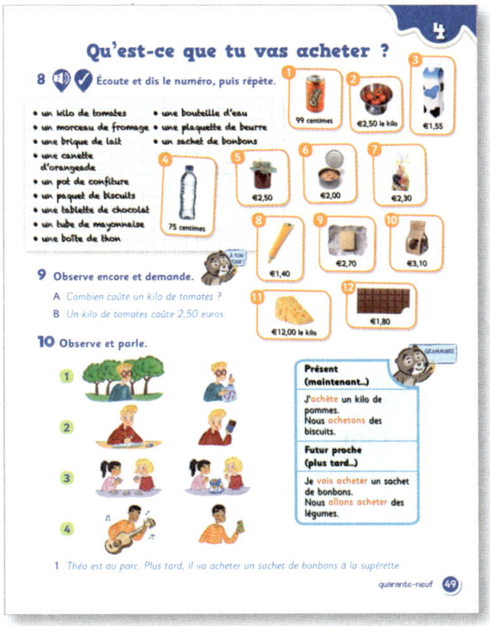
Qu'est-ce que tu vas acheter ?

8 Écoute et dis le numéro, puis répète.

- un kilo de tomates
- un morceau de fromage
- une brique de lait
- une canette d'orangeade
- un pot de confiture
- un paquet de biscuits
- une tablette de chocolat
- un tube de mayonnaise
- une boîte de thon
- une bouteille d'eau
- une plaquette de beurre
- un sachet de bonbons

1 99 centimes; 2 €2,50 le kilo; 3 €1,55; 4 75 centimes; 5 €2,50; 6 €2,00; 7 €2,30; 8 €1,40; 9 €2,70; 10 €3,10; 11 €12,00 le kilo; 12 €1,80

9 Observe encore et demande.
A *Combien coûte un kilo de tomates ?*
B *Un kilo de tomates coûte 2,50 euros.*

10 Observe et parle.

Présent (maintenant...)
J'achète un kilo de pommes.
Nous achetons des biscuits.
Futur proche (plus tard...)
Je vais acheter un sachet de bonbons.
Nous allons acheter des légumes.

1 *Théo est au parc. Plus tard, il va acheter un sachet de bonbons à la supérette.*

quarante-neuf 49

8 Écoute et dis le numéro, puis répète.

Il ne suffit pas de savoir interagir avec un vendeur, il faut aussi connaître les produits et sous quelle forme ils sont vendus. Cette activité d'écoute et d'association présente douze produits.

Les élèves ont déjà rencontré l'usage de l'article partitif dans l'unité 3 du Livre 2 aussi bien à la forme affirmative que négative : *il y a du fromage, il n'y a pas de fromage*. Dans ce cas la quantité est indénombrable, c'est-à-dire non précisée. Mais il est possible d'**exprimer la quantité** de façon plus précise et pour ce faire on peut recourir :

- à un **adverbe** : *plus de..., un peu de..., moins de..., beaucoup de...* (voir activité 15 page 51)
- à des **adjectifs numéraux** : *2 kilos de pommes de terre, 100 grammes de sucre, 1 litre de lait, 2 œufs...*
- à des **noms** : *un morceau de fromage, une brique de lait, une canette d'orangeade, un pot de confiture, un paquet de biscuits, une tablette de chocolat, un tube de mayonnaise, une boîte de thon, une bouteille d'eau, une plaquette de beurre, un sachet de bonbons*

Lorsqu'on veut connaître une quantité, on pose la question **« Combien de... ? »** et pour connaître le prix on demande **« Combien coûte... ? »**.

Transcription de l'enregistrement
un kilo de tomates
un morceau de fromage
une brique de lait
une canette d'orangeade
un pot de confiture
un paquet de biscuits
une tablette de chocolat
un tube de mayonnaise
une boîte de thon
une bouteille d'eau
une plaquette de beurre
un sachet de bonbons

Clef de l'activité : *un kilo de tomates 2, un morceau de fromage 11, une brique de lait 3, une canette d'orangeade 1, un pot de confiture 5, un paquet de biscuits 10, une tablette de chocolat 12, un tube de mayonnaise 8, une boîte de thon 6, une bouteille d'eau 4, une plaquette de beurre 9, un sachet de bonbons 7*

9 Observe encore et demande.

Pour faire cette activité, les élèves devront observer les photos sous lesquelles le prix des produits est indiqué. Deux par deux, les élèves se poseront des questions comme dans l'exemple et utiliseront les prix indiqués pour y répondre.

GRAMMAIRE

Présent (maintenant...) et futur proche (plus tard...)

Pour parler du moment présent on utilise l'adverbe *maintenant* et un verbe au présent de l'indicatif ; pour exprimer un futur récent on utilise *plus tard* accompagné du futur proche. Pour former ce dernier, il est nécessaire de bien avoir assimilé la conjugaison du verbe *aller*. Il suffit d'ajouter ensuite un verbe à l'infinitif pour exprimer ce que l'on est sur le point de faire : ***je vais acheter des tomates***.
Pour le moment nous n'introduisons que la 1ère personne du singulier et la 1ère personne du pluriel du verbe *acheter*. Le verbe *acheter* est un verbe du 1er groupe avec modification orthographique. Les verbes qui ont un *e* muet dans l'avant-dernière syllabe prennent un accent grave : ***j'achète***, ***nous achetons***.

10 Observe et parle.

Les personnages sont représentés à deux moments différents de la journée. Comme dans l'exemple, les élèves diront ce qu'ils font maintenant et ce qu'ils vont faire plus tard. Pour formuler les phrases relatives au numéro 3, les élèves utiliseront la 1ère personne du pluriel. Cet exercice est complexe mais stimulant : les élèves devront non seulement distinguer deux moments temporels, mais aussi se souvenir des expressions relatives aux activités de loisirs et aux achats.

Clef de l'activité : *2 Léo fait ses devoirs. Plus tard, il va acheter une tablette de chocolat à la supérette. 3 Nous jouons aux cartes. Plus tard, nous allons acheter un paquet de biscuits à la supérette. 4 Ahmed joue de la guitare. Plus tard, il va acheter une canette d'orangeade à la supérette.*

Cahier d'activités pages 33-34

7 Complète les phrases.

Cette activité lexicale permettra de fixer la graphie des nouveaux mots liés aux produits et à la façon dont ils sont présentés au supermarché.

Clef de l'activité : *1 un kilo de tomates, 2 un morceau de fromage, 3 une brique de lait, 4 une canette d'orangeade, 5 un pot de confiture, 6 un paquet de biscuits, 7 une tablette de chocolat, 8 un tube de mayonnaise, 9 une boîte de thon, 10 une bouteille d'eau, 11 une plaquette de beurre, 12 un sachet de bonbons*

Présent (maintenant...) et futur proche (plus tard...)

Dans l'encadré, nous trouvons des verbes au présent de l'indicatif à toutes les personnes. Les élèves connaissent déjà ces verbes qui sont ensuite repris dans la colonne de droite correspondant à l'indication temporelle *plus tard*. L'enseignant fera remarquer la construction du futur proche : conjugaison du verbe *aller* à toutes les personnes suivie du verbe à l'infinitif pour indiquer que l'accomplissement d'une action est imminent.

8 Complète les phrases avec le futur proche.

Selon le sens, les élèves compléteront les phrases au futur proche en utilisant les verbes proposés dans l'encadré.

Clef de l'activité : *2 vas faire, 3 allons acheter, 4 vont se coucher, 5 vais préparer, 6 allez jouer*

9 (21) Écoute et associe.

Les personnages du livre sont en train de faire des activités et en feront d'autres plus tard. Pour savoir ce qu'ils font et ce qu'ils vont faire, les élèves écouteront l'enregistrement et associeront par des flèches les personnages aux activités. L'enseignant pourrait ensuite inviter les élèves à formuler des phrases dans leur cahier.

Transcription de l'enregistrement

1 Maintenant, Léo et Théo font leurs devoirs. Plus tard, ils vont faire du vélo au parc.
2 Maintenant, Ahmed regarde des dessins animés à la télé. Plus tard, il va se coucher parce que demain il va à l'école.
3 Maintenant, Lin lit un livre. Plus tard, elle va jouer au tennis avec Isabelle.
4 Maintenant, Isabelle déjeune. Plus tard, elle va faire les courses avec sa mère.

Clef de l'activité :

LEÇON 4

Quelle est ta recette préférée ?

J'apprends

Lire et expliquer une recette de cuisine

Structures

Comment on prépare la salade composée ?
D'abord il faut mettre de la salade... Ensuite...
Après... et enfin...

Lexique

Les quantités : *une pincée, une cuillère, une tranche, un verre, une tasse*

jus de citron, moutarde, ramollir, au bain-marie, mousse, ajouter, levure, mélanger, cuire, moule, couper, morceaux

Supports et matériel

Livre de l'élève et Cahier d'activités
CD audio 2 de la classe
CD de l'élève
Livre actif

Livre de l'élève page 50

4 À la supérette

Quelle est ta recette préférée ?

11 Écoute et répète.

une cuillère de sucre
une tranche d'ananas
une pincée de sel
un verre de lait
une tasse de farine

12 Observe, lis et complète.

Pour faire de la mayonnaise, il faut un jaune d'œuf, deux *** de jus de citron, une *** de moutarde, une *** de sel, une *** d'huile.

13 Associe, puis écoute et vérifie.

Mousse au chocolat
1 D'abord on bat les blancs d'œufs en neige
2 Ensuite on fait ramollir le chocolat au bain-marie
3 Après on ajoute les jaunes d'œufs
4 Enfin on met la mousse au chocolat deux heures dans le frigo et c'est prêt !

A B C D

14 Écoute et demande.

A Quelle est ta recette préférée ?
B C'est la salade composée.
A Comment on prépare la salade composée ?
B D'abord il faut mettre de la salade. Ensuite il faut ajouter des tomates. Après il faut mettre du thon et enfin de l'huile et du sel.

50 cinquante

11 Écoute et répète.

Comme dans la BD, après avoir fait les courses et acheté tout ce dont on a besoin, il faut se mettre aux fourneaux et réaliser une recette ! Pour ce faire, il faut savoir exprimer les quantités et dans cette unité, d'autres possibilités sont proposées : *une pincée de, une cuillère de, une tranche de, un verre de et une tasse de*. Les élèves observeront les photos, écouteront et répéteront les façons pour exprimer une quantité en fonction du type d'ingrédient.

Transcription de l'enregistrement

une pincée de sel
une cuillère de sucre
une tranche d'ananas
un verre de lait
une tasse de farine

12 Observe, lis et complète.

Léo est en train de préparer de la mayonnaise et il dispose de tous les ingrédients nécessaires devant lui. Les élèves observeront l'illustration et compléteront la recette de la mayonnaise en utilisant les quantités présentées dans l'activité précédente.

Clef de l'activité : *Pour faire de la mayonnaise, il faut un jaune d'œuf, deux cuillères de jus de citron, une cuillère de moutarde, une pincée de sel, une cuillère d'huile.*

13 Associe, puis écoute et vérifie.

Les marqueurs temporels *d'abord, ensuite, après* et *enfin* sont introduits pour distinguer les différentes phases de la préparation d'une recette, dans ce cas précis d'une mousse au chocolat. Les élèves associeront les phases qui sont décrites aux photos puis écouteront l'enregistrement pour vérifier leurs réponses.

Transcription de l'enregistrement et clef

Mousse au chocolat

1 C D'abord, on bat les blancs d'œufs en neige.
2 D Ensuite, on fait ramollir le chocolat au bain-marie.
3 A Après, on ajoute les jaunes d'œufs.
4 B Enfin, on met la mousse au chocolat deux heures dans le frigo et c'est prêt !

14 Écoute et demande.

Deux par deux, les élèves prépareront un petit échange comme dans l'exemple puis le joueront devant la classe. La recette doit être la plus simple possible et il pourrait s'agir d'une spécialité de leur pays et non pas nécessairement d'un plat français : ce qui compte, c'est de communiquer. L'enseignant pourrait demander aux élèves d'illustrer les phases de la préparation. L'enseignant pourrait être amené à enrichir le lexique de base fourni dans l'unité.

Transcription de l'enregistrement

A Quelle est ta recette préférée ?
B C'est la salade composée.
A Comment on prépare la salade composée ?
B D'abord il faut mettre de la salade. Ensuite il faut ajouter des tomates. Après il faut mettre du thon et enfin de l'huile et du sel.

Cahier d'activités page 35

10 Remets la recette dans l'ordre, puis écoute et vérifie.

Les élèves liront la liste des ingrédients nécessaires pour faire un gâteau au yaourt. Ils remettront la recette dans le bon ordre en tenant bien compte des marqueurs temporels. Puis ils écouteront et vérifieront leurs réponses.

Transcription de l'enregistrement

1 D'abord, mettre un pot de yaourt dans un saladier.
2 Ensuite, battre 3 œufs avec deux pots de sucre.
3 Puis ajouter un pot d'huile et mélanger.
4 Après ajouter trois pots de farine et un sachet de levure. Mélanger.
5 Enfin, verser la pâte dans un moule et cuire au four 30 minutes.
6 Le gâteau est prêt, bon appétit !

Clef de l'activité : *A 4, B 6, C 2, D 3, E 5*

Culture et civilisation

Le **gâteau au yaourt** est si simple à faire que même les enfants peuvent le préparer. Les premières recettes de ce gâteau familial voient le jour après la Seconde Guerre mondiale quand la consommation de yaourt commence à se généraliser. Les ingrédients de base sont très simples et on peut ajouter d'autres éléments (fruits, chocolat, arômes...).

11 Complète, puis écoute et vérifie.

Cette activité présente les verbes typiques d'une recette de cuisine, dans ce cas le crumble aux pommes. Les élèves compléteront la recette, puis écouteront l'enregistrement pour vérifier leurs réponses.

Transcription de l'enregistrement et clef

Pour faire du crumble aux pommes, **d'abord** il faut **couper** 6 pommes en petits **morceaux**. Ensuite, il faut **mélanger** 150g de farine, 100g de beurre et 120g de sucre. **Après**, il faut mettre les pommes dans un moule et la pâte au-dessus. **Enfin**, il faut mettre le **moule** dans le four chaud et faire cuire pendant 20 minutes.

Culture et civilisation

Le **crumble** est né au Royaume-Uni pendant la Seconde Guerre mondiale parce que les ingrédients nécessaires à sa préparation sont simples à trouver et bon marché. Au Québec, on l'appelle la *croustade*. Le principe est simple : une couche de fruits au fond d'un plat et de la pâte émiettée dessus. *Crumble* est en effet un mot anglais qui signifie « miettes ».

LEÇON 5

Je joue

J'apprends
Le son [z]

Structures
Les adverbes de quantité : *plus de, un peu de, beaucoup de, moins*

Lexique
gentillesse, bisous, bonne humeur, jalousie, sourires, joie, humour, câlins, positivité, folie, rires, amour, amitié, gazelle, poulet rôti, ours

Supports et matériel
Livre de l'élève et Cahier d'activités
CD audio 2 de la classe
CD de l'élève
Livre actif

Livre de l'élève page 51

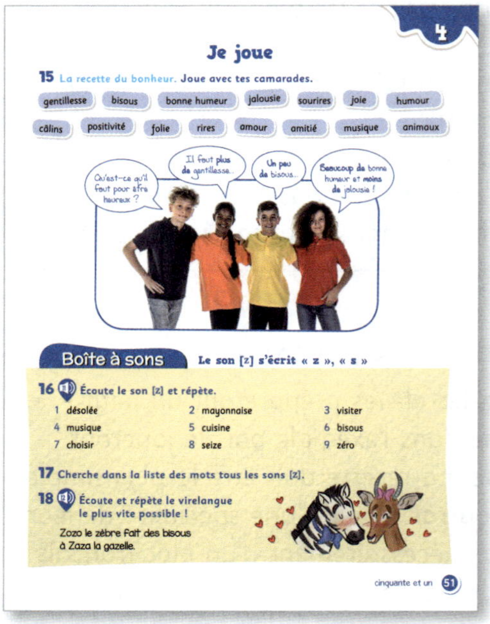
4

Je joue

15 La recette du bonheur. Joue avec tes camarades.

gentillesse · bisous · bonne humeur · jalousie · sourires · joie · humour · câlins · positivité · folie · rires · amour · amitié · musique · animaux

Boîte à sons Le son [z] s'écrit « z », « s »

16 Écoute le son [z] et répète.

1 désolée	2 mayonnaise	3 visiter
4 musique	5 cuisine	6 bisous
7 choisir	8 seize	9 zéro

17 Cherche dans la liste des mots tous les sons [z].

18 Écoute et répète le virelangue le plus vite possible !

Zozo le zèbre fait des bisous à Zaza la gazelle.

cinquante et un 51

15 La recette du bonheur. Joue avec tes camarades.

Cette activité est très amusante, les élèves devront utiliser les mots donnés et les exprimer en quantité pour composer leur recette du bonheur et répondre à la question : « Qu'est-ce qu'il faut pour être heureux ? ». Ils pourront travailler en groupes de quatre et présenter ensuite leur recette du bonheur à leurs camarades. Les adverbes de quantité ***plus de***, ***un peu de*** et ***beaucoup de*** sont en caractère gras. L'enseignant fera de nouveau remarquer aux élèves qu'ils sont suivis de la préposition *de*.

Boîte à sons

Le son [z] s'écrit « z », « s »

16 Écoute le son [z] et répète.

Les élèves écouteront et répéteront les mots contenant le son [z].

Transcription de l'enregistrement

1 désolée	4 musique	7 choisir
2 mayonnaise	5 cuisine	8 seize
3 visiter	6 bisous	9 zéro

17 Cherche dans la liste des mots tous les sons [z].

Pour faciliter cette activité, l'enseignant pourrait demander aux élèves de recopier les mots dans leur cahier et d'utiliser un stylo rouge pour entourer le son [z].

Clef de l'activité : *1 désolée, 2 mayonnaise, 3 visiter, 4 musique, 5 cuisine, 6 bisous, 7 choisir, 8 seize, 9 zéro*

18 (12) Écoute et répète le virelangue le plus vite possible !

Outre à répéter ce virelangue, les élèves pourraient le recopier dans leur cahier et entourer le son [z].

Transcription de l'enregistrement

Zozo le zèbre fait des bisous à Zaza la gazelle.

Cahier d'activités page 36

12 Lis le message de la mère d'Isabelle et réponds.

DELF Compréhension des écrits

La maman a laissé un message à Isabelle avant d'aller travailler où elle indique une série de choses à faire dans la journée en son absence. Les élèves liront ce message attentivement avant de répondre aux questions à choix multiple en cochant ou en écrivant la bonne réponse.

Clef de l'activité : *1 B, 2 faux : « ce soir nous allons fêter l'anniversaire de papa », 3 C, 4 À dix-neuf heures, 5 faux : « je passe à la boulangerie »*

13 Complète.

Selon le sens de chaque phrase, les élèves devront insérer les adverbes de quantité à la bonne place.

Clef de l'activité : *1 un peu de, 2 beaucoup de, 3 moins de, 4 plus de*

Boîte à sons

Le son [z] s'écrit « z », « s »

14 (24) Écoute et entoure les mots qui contiennent le son [z].

Les élèves vont entendre quatre phrases et ils entoureront les mots qui contiennent le son [z].

Transcription de l'enregistrement et clef

1 J'ai donné une **rose** à ma tante **Françoise**.
2 Tu as acheté **quatorze fraises**.
3 Tu peux mettre tout ça dans ta **valise**.
4 Il a dessiné un ours très **bizarre** !

LEÇON 6

Je sais...

J'apprends
Faire des activités de compréhension et de production orale et écrite au sujet des courses et des recettes

Lexique
oignons, épices, semoule, petits pois

Supports et matériel
Livre de l'élève et Cahier d'activités
CD audio 2 de la classe
Livre actif
Fiche photocopiable 8, page 171

Livre de l'élève pages 52-53

À la supérette

4

Je sais...

19 Écoute et réponds.

1 Qui va faire les courses à l

2 Qu'est-ce qu'elles veulent f

A

3 Elles vont faire de la crè

A un verre de lait, du chocolat et 3 œufs.

4 Dans quel rayon sont-

A produits frais

5 Qu'est-ce que Lin ne

A

20 Joue avec tes camarades.

52 cinquante-deux

21 Lis et choisis.

Chère Sophie,
Comment vas-tu ? Dans ta dernière lettre, tu m'as dit qu'à l'école vous allez parler des recettes du monde entier. Tu m'as demandé quel est le plat typique de mon pays et comment on le prépare. Au Maroc, c'est le couscous. Pour faire du coucous, il faut de la viande ou du poisson et beaucoup de légumes : des carottes, des tomates et des oignons. Il ne faut pas oublier d'ajouter des épices.
Le couscous de ma maman est formidable ! D'abord, elle lave et coupe les légumes. Puis elle choisit et prépare la viande, comme du poulet par exemple. Enfin, elle cuit la semoule de couscous et elle ajoute des épices. Je t'envoie une photo !
Quand tu vas venir chez moi, je vais te faire goûter !
Malika

1 Qu'est-ce que Sophie a demandé à Malika ?
A Comment elle va. B Une recette typique du Maroc. C La photo du couscous.

2 Pour faire du coucous, il faut...
A des oignons, des tomates, des carottes. B des tomates, des petits pois, des oignons. C des carottes, des pommes de terre et de la salade.

3 La maman de Malika utilise...
A un steak. B du poisson. C du poulet.

4 Pour préparer le coucous, il faut...
A cuire la semoule. B photographier le plat. C laver les épices.

22 Écris une lettre à un ami étranger pour lui présenter un plat typique de ton pays et ajoute le dessin.

cinquante-trois 53

ÉCOUTER

19 Écoute et réponds.

Le texte enregistré parle des courses qu'Isabelle et Lin vont faire au supermarché car elles ont l'intention de faire une tarte aux fruits. Les élèves écouteront et choisiront les réponses qui conviennent.

Transcription de l'enregistrement

Lin et Isabelle vont faire les courses à la supérette : aujourd'hui, elles vont faire une tarte aux fruits.
Pour faire de la crème, Lin achète six œufs, une brique de lait et un paquet de sucre.
Maintenant elles sont dans le rayon des fruits et légumes.
Pour décorer leur tarte, elles choisissent un kilo d'oranges, deux bananes, un kiwi et des fraises.
Lin veut ajouter quelque chose de jaune mais elle ne sait pas où sont les boîtes de tranches d'ananas, alors elle prend des cerises.

Clef de l'activité : *1 Lin et Isabelle, 2 C, 3 C, 4 B, 5 A*

PARLER

20 Joue avec tes camarades.

Pour faire cette activité, l'enseignant pourra utiliser la fiche photocopiable 8 à la page 171, qui présente les différents aliments et les boissons rencontrés dans cette unité. Un élève interprétera le rôle du vendeur et ses camarades seront ses clients. Pour rendre ce jeu de rôle plus intéressant et plus réel, l'enseignant pourrait demander aux élèves d'apporter en classe des boîtes vides de produits, des fruits et légumes en plastique... pour organiser un coin marché. Les élèves pourraient préparer des étiquettes avec des prix. Ce jeu de rôle sera l'occasion pour réviser tout ce qui a été appris dans l'unité (lexique lié aux courses, expression de la quantité).

LIRE

21 Lis et choisis.

Malika répond à son amie Sophie en présentant un plat typique de son pays. Les élèves liront la lettre et cocheront les bonnes réponses.

Clef de l'activité : *1 B, 2 A, 3 C, 4 A*

ÉCRIRE

22 Écris une lettre à un ami étranger pour lui présenter un plat typique de ton pays et ajoute le dessin.

Dans les classes d'aujourd'hui, on trouve des enfants provenant d'autres horizons. Parler de cuisine est un moyen pour connaître les traditions de chacun et ces traditions véhiculent non seulement un savoir-faire mais aussi des gestes rituels. S'il y a des enfants appartenant à d'autres cultures en classe, les élèves peuvent s'écrire des lettres et les échanger. Cela leur permettra d'approfondir la connaissance de la culture de l'Autre. La lettre devra être écrite sur le même modèle que celle de Malika et accompagnée d'une photo ou d'un dessin du plat présenté. L'enseignant pourrait ensuite tendre un fil le long du mur et y accrocher les lettres et les photos/dessins avec des épingles à linge pour que tout le monde puisse les lire.

Clef de l'activité : *Réponse personnelle*

Cahier d'activités page 37

Mes compétences

15 Complète le dialogue.

Selon le sens, les élèves compléteront les dialogues avec des expressions propres à la vente et à l'achat.

Clef de l'activité : *1 qu'est-ce que vous désirez, 2 s'il vous plaît, 3 Vous désirez autre chose, 4 Combien je vous dois, 5 ça fait, 6 j'ai un billet, 7 je vais vous rendre la monnaie, 8 au revoir / bonne journée*

16 Réponds.

Une fois le dialogue complété, les élèves répondront aux questions par écrit en formulant des phrases complètes.

Clef de l'activité : *1 Elle veut acheter seize macarons. 2 Un macaron coûte 80 centimes. 3 8 euros.*

Autoévaluation

Les élèves doivent autoévaluer les compétences acquises à la fin de l'unité 4 en cochant les cases comme dans la légende : *Je sais le faire. / Je dois m'entraîner encore un peu. / Je ne sais pas encore le faire, mais je vais apprendre.*

LEÇON 7

La nourriture dans l'art

J'apprends

Quelques informations sur l'histoire et le rôle de la nourriture dans l'art

Préparer une nature morte et réaliser un poster avec les œuvres de toute la classe

Lexique

Les objets pour peindre / dessiner : *les gouaches, les aquarelles, les crayons de couleur, le crayon, la palette, les pinceaux*

nourriture, pyramides, richesse, hospitalité, ombres, sombres, dynamisme, coquillage

Supports et matériel

Livre de l'élève

CD audio 2 de la classe

Livre actif

Livre de l'élève pages 54-55

1 Écoute et dis le numéro.

Les élèves écouteront les mots propres aux arts plastiques et les associeront aux photos en disant le numéro.

Transcription de l'enregistrement

les gouaches	le crayon
les aquarelles	la palette
les crayons de couleur	les pinceaux

Clef de l'activité : *les gouaches 4, les aquarelles 6, les crayons de couleur 1, le crayon 5, la palette 3, les pinceaux 2*

2 Écoute, lis et montre la nature morte.

Les élèves écouteront et liront la définition de « nature morte » et indiqueront parmi les trois œuvres proposées laquelle correspond à la description.

Transcription de l'enregistrement

La nature morte est une œuvre d'art qui représente des objets inanimés : des fleurs, des fruits... on peut aussi utiliser des objets de la vie quotidienne. On trouve des natures mortes dans beaucoup de musées des beaux-arts, mais aussi dans les musées d'art contemporains.

Clef de l'activité : *3*

3 Écoute et lis.

Le texte retrace l'histoire de la nourriture dans l'iconographie au fil des siècles : des Égyptiens aux artistes contemporains. Les élèves écouteront et liront le texte avec attention.

Transcription de l'enregistrement

L'histoire de la nourriture dans l'art date de l'époque égyptienne : on trouve des dessins de nourriture sur les murs des pyramides. C'est la nourriture pour les morts qui vont dans l'au-delà.

Les Grecs et les Romains ont l'habitude de décorer leur maison avec de la nourriture et des animaux vivants pour montrer leur richesse et leur hospitalité.

Dans l'art de la Renaissance, on trouve des images de nature morte et de nourriture : on montre la nourriture dans les cuisines et les marchés.

À l'époque des impressionnistes, Paul Cézanne (1839-1906) utilise des formes solides et des figures avec des couleurs vives pour représenter le sujet traditionnel du fruit. Il utilise des ombres sombres et des coups de pinceau pour créer une impression de mouvement et dynamisme.

Vincent Van Gogh (1853-1890) est un artiste néerlandais de la période postimpressionniste. Il utilise des couleurs vives et de grands coups de pinceau. Il veut approcher la nature et la nature morte comme une caméra qui zoome les détails pour représenter des livres, des fleurs, des coquillages et des fruits.

Les artistes contemporains utilisent des objets de consommation. L'artiste pop Andy Warhol (1928-1987) peint des choses de tous les jours comme des boîtes de soupe ou des bouteilles de cola et rend l'art plus accessible à tous.

Culture et civilisation

Les œuvres représentées à la page 55 appartiennent aux artistes suivants :

Willem Kalf

Willem Kalf est un peintre néerlandais. Il est né en 1622 à Rotterdam et il est mort en 1693 à Amsterdam. Il a travaillé à Paris de 1642 à 1646. Ensuite, il est retourné aux Pays-Bas. C'est l'un plus grands peintres de nature morte de son époque.

Paul Cézanne

Paul Cézanne est né le 19 janvier 1839 à Aix-en-Provence. C'est un peintre impressionniste. Dans ses natures mortes, on trouve des objets qui n'ont pas beaucoup de valeur, surtout des objets artisanaux provenant des maisons paysannes. Il les peint plus grand que nature et accentue leurs défauts.

Vincent Van Gogh

Vincent Van Gogh est un peintre néerlandais. Il est né le 30 mars 1853 au sud des Pays-Bas et il est mort le 29 juillet 1890 à Auvers-sur-Oise, en France. On le considère un impressionniste, mais sa peinture annonce plutôt d'autres mouvements artistiques : le fauvisme et l'expressionnisme. Pour ses natures mortes, il peint surtout des tournesols.

Andy Warhol

Andy Warhol est américain. Il est né le 6 août 1928 à Pittsburgh en Pennsylvanie et il est mort le 22 février 1987 à New York. Il est le père du mouvement artistique « Pop Art » (des collages de publicités et d'objets du quotidien) et ses célèbres *Campbell's Soup Cans* en sont le symbole : 32 toiles représentant chacune une variété de soupe.

4 Réponds.

Après avoir lu le texte, les élèves répondront aux questions. L'enseignant demandera aux élèves de répondre dans leur cahier.

Clef de l'activité : *1 Sur les murs des pyramides. 2 Pour montrer leur richesse et leur hospitalité. 3 On montre la nourriture dans les cuisines et les marchés. 5 C'est Paul Cézanne. 6 C'est Vincent Van Gogh.*

Projet

5 Deux par deux, préparez une nature morte sur la table avec des fruits, des légumes et des objets de la cuisine. Après, faites des photos et inventez un titre pour votre œuvre. Réalisez un poster avec les œuvres de toute la classe.

L'enseignant (ou chaque élève) apportera en classe des fruits, des légumes et des ustensiles de cuisine et un appareil photo numérique. Les élèves, deux par deux, choisiront des éléments et les positionneront de façon artistique pour les photographier sous différents angles. Ils choisiront la meilleure photo et lui donneront un titre. L'enseignant imprimera les photos avec leur légende et réalisera un poster (ou une mini-exposition) pour montrer les chefs-d'œuvre à toute la classe, ou même à toute l'école !

LE MONDE AUTOUR DE TOI

LEÇON 8

Manger en France

J'apprends
Quelques informations sur la restauration française

Lexique
La restauration : *sandwicherie, restaupouce, friterie, saladerie, crêperie, brasserie, restaurant, bistrot*

croque-monsieur, roues, galettes salées, modeste, baguette

Supports et matériel
Livre de l'élève
CD audio 2 de la classe
Livre actif

Livre de l'élève pages 56-57

Pré activité

Avant de lire et écouter, l'enseignant fera un peu de remue-méninge en classe pour demander aux élèves quels sont les endroits où l'on peut se restaurer dans leur pays ou dans leur ville. Est-ce qu'il y a des restaurants typiques et insolites ? Quelles sont leurs caractéristiques ? Lesquels préfèrent-ils et pourquoi ?

1 (17) Écoute et lis.

Où manger en France ? Ces deux pages de lecture proposent différentes solutions. Les élèves apprendront aussi des curiosités sur la célèbre baguette. Ils écouteront et liront le texte.

Transcription de l'enregistrement

Quand les Français n'ont pas le temps de rentrer à la maison pour le déjeuner, ils préfèrent la restauration rapide et bon marché. Le soir, ils aiment aller de temps en temps au restaurant ou au bistrot.
Voilà les endroits les plus typiques...

À la sandwicherie, on mange des sandwiches traditionnels comme le morceau de baguette farci avec des tomates, du thon, du poulet... mais aussi des croque-monsieur, des desserts...

Le restaupouce est le mot français pour dire fast-food, parce que « manger sur le pouce » est une expression qui veut dire « manger vite ».
Au fast-food on mange des hamburgers et des frites.

La friterie est un restaurant « sur roues » : on la trouve sur les places et au coin des rues. On mange des frites et des hot-dogs.

À la saladerie, on trouve des crudités (carottes râpées) et des salades (salade verte, salade de tomates...) à manger sur place ou à emporter.

La crêperie est le paradis des gourmands ! Il y a les crêpes sucrées comme les crêpes à la chantilly et des galettes salées au fromage...

À la brasserie, le service est rapide et on peut manger des plats du jour chauds et froids. On mange des plats typiques français comme la soupe à l'oignon, le steak-frites...

Au restaurant, on sert des plats préparés par un chef. On peut manger à la carte (composer son repas soi-même) ou choisir le menu du jour.

Le bistrot sert de petits plats, c'est un petit restaurant très modeste.

La baguette est un célèbre pain français. Elle mesure 65 centimètres de long et elle pèse de 200 à 250 grammes, ça dépend des régions. Pour savoir si elle est bien faite, il faut la presser. Si elle reprend sa forme, ça veut dire qu'elle est parfaite !

Culture et civilisation

La grande opération **Goût de France / Good France** est née en 2015. Elle valorise la gastronomie française pour développer le tourisme en France.
Le Quai D'Orsay, c'est-à-dire le Ministère des Affaires étrangères, a repris une idée d'Auguste Escoffier : un grand chef et un grand restaurateur français qui a contribué à faire connaître la cuisine française dans le monde. On l'appelle « Le roi des cuisiniers, le cuisinier des rois ». En 1912 et en 1913 il a organisé des dîners d'Épicure dans 147 villes.

Le soir du 21 mars, premier jour du printemps, les chefs du monde entier organisent dans 150 pays, sur les 5 continents, des repas à la française. Le Ministre de l'Étranger invite les ambassadeurs étrangers qui travaillent à Paris à partager un repas à la française dans la Galerie des Batailles, au Château de Versailles. Les plus grands chefs français leur font goûter des produits de qualité préparés avec maestria.
Le menu comporte 7 plats : un apéritif, une entrée froide, une entrée chaude, un poisson ou des crustacés, une viande ou une volaille, une sélection de fromages français, un dessert au chocolat et la carte des vins français.

En novembre 2010, l'Unesco a récompensé la gastronomie française qui figure sur la liste des biens immatériels. L'Unesco a surtout mis l'accent sur l'aspect du partage entre les convives, sur les rituels et la présentation.
Ce repas comprend un apéritif, quatre plats, du fromage et un dessert. Les plats doivent avoir des goûts recherchés et ressembler à de véritables chefs-d'œuvre !

2 Complète.

Après avoir lu le texte, les élèves pourront compléter les phrases et répondre à la question posée dans la bulle de l'enfant : « Quel est ton restaurant préféré ? ».

Clef de l'activité : *1 des sandwiches traditionnels, 2 des hamburgers et des frites, 3 des frites et des hot-dogs, 4 des crudités (carottes râpées) et des salades (salade verte, salade de tomates...), 5 des crêpes sucrées et des galettes salées, 6 des plats du jour chauds et froids, 7 un chef, 8 modeste, 9 presse ; réponse personnelle*

Mes compétences

Notre boîte à recettes

J'apprends
Réaliser une boîte à recettes pour connaître la cuisine française et ranger les recettes

Supports et matériel
Livre de l'élève
Livre actif

Livre de l'élève pages 58-59

1 Observe la boîte à recettes de la classe de Marc.

Les élèves observeront la boîte à recettes et reconnaîtront les parties du repas : entrées, plats principaux et desserts.

2 Formez trois groupes pour réaliser votre boîte à recettes. Chaque groupe va choisir une partie du repas : les entrées, les plats principaux et les desserts. Utilisez une épingle à linge pour distinguer chaque partie.

L'enseignant formera trois groupes (éventuellement six, tout dépendra du nombre d'élèves). Les élèves feront un remue-méninge pour noter tous les plats français qu'ils connaissent et les classer : est-ce une entrée/un plat principal/un dessert ? Les groupes mettront en commun leurs résultats.

3 Chaque groupe choisis une ou deux plats typiques français.

Les groupes choisiront un ou deux plats typiques chacun de façon à ce que tous les plats signalés soient exploités.

4 Cherchez des recettes sur Internet et réalisez une fiche pour chaque recette avec les ingrédients et les phases de la préparation.

L'enseignant invitera les élèves à faire des recherches sur Internet pour trouver les recettes. Ils réaliseront une fiche : ils écriront la liste des ingrédients et les phases de la réalisation de la recette. Ils pourraient aussi imprimer une photo du plat.

5 Réalisez la boîte à recette et rangez vos recettes.

Pour réaliser la boîte à recettes, les élèves se procureront une boîte de céréales qu'ils recouvriront avec du papier coloré et décoreront avec des ustensiles de cuisine ou autre. Ils mettront leurs recettes dans des chemises à rabat, une pour chaque type de recettes. Pour distinguer les chemises ils réaliseront des marque-pages avec des épingles à linge sur lesquelles ils colleront un morceau de carton reportant les mots *entrées*, *plats principaux* et *desserts*.

Autoévaluation

Les élèves doivent autoévaluer les compétences acquises à la fin des unités 3 et 4 en cochant les cases comme dans la légende : *Je sais le faire. / Je dois m'entraîner encore un peu. / Je ne sais pas encore le faire, mais je vais apprendre.*

Unité 5

Tous en ville !

Compétences clés

Compétences multilingues
- Participer à des échanges oraux pour perfectionner ses propres stratégies linguistiques et non linguistiques. (Livre, p. 62 ex. 6, p. 63 ex. 8, p. 64 ex. 11, p. 65 ex. 13, p. 66 ex. 18)

Compétence numérique
- Regarder une vidéo en utilisant les nouvelles technologies avec facilité et responsabilité. (Livre, p. 60 ex. 1)

Compétences personnelles et sociales et capacité d'apprendre à apprendre
- Faire des jeux de rôle pour renforcer l'apprentissage du lexique lié à la ville et des expressions pour demander et indiquer la direction. (Livre, p. 62 ex. 6, p. 63 ex. 8, p. 65 ex. 13, p. 66 ex. 18)
- Savoir lire une grille explicative pour faire correctement une activité. (Livre, p. 62 ex. 6, p. 63 ex. 8-9, p. 64 ex. 12, p. 13 ex 13. Cahier, p. 40, p. 43 ex. 10)
- Participer en classe à des échanges verbaux en respectant les règles de la communication. (Livre, p. 62 ex. 6, p. 63 ex. 8, p. 64 ex. 11, p. 65 ex. 13, p. 66 ex. 18)

Compétences citoyennes
- Connaître les gestes quotidiens que l'on peut faire pour protéger l'environnement et faire un test pour découvrir si l'on est un éco-citoyen. (Livre, pp. 68-69)

Compétences entrepreneuriales
- Réaliser une tirelire pour apprendre à recycler. (Livre, p. 68 ex. 2)
- Faire une recherche et réaliser une fiche sur les marchés célèbres dans son propre pays. (Livre, p. 71 ex. 3)

Compétences relatives à la sensibilité et à l'expression culturelles
- Connaître quels sont les marchés parisiens les plus célèbres suscitera la curiosité et l'esprit d'ouverture des élèves. (Livre, pp. 70-71)

<table>
<tr><th colspan="2">Objectifs d'apprentissage</th></tr>
<tr><th>Compétences</th><th>Structures</th></tr>
<tr><td rowspan="3">Compréhension orale
• Comprendre une conversation entre une personne qui demande la direction et quelqu'un qui lui répond
Compréhension écrite
• Reconnaître et identifier les noms des magasins, des lieux de la ville et des moyens de transport
• Comprendre des panneaux de signalisation que l'on peut rencontrer dans une ville
• Comprendre un texte sur l'écologie et les marchés parisiens
Production orale
• Indiquer et demander la direction
• Indiquer avec quel moyen de transport on peut se déplacer
• Dire ce qu'il faut et ne faut pas faire en ville
Production écrite
• Écrire à un camarade pour lui indiquer le chemin à suivre pour aller jusque chez soi
• Réaliser une fiche sur les marchés célèbres dans son propre pays</td>
<td>Actives
Par où je dois passer pour aller à la gare ?
Il faut prendre l'autobus. / Achète un ticket au kiosque à journaux !
Je dois acheter un stylo. Si tu veux acheter un stylo, tu dois aller à la papeterie.
Excusez-moi, où se trouve la boulangerie ? Va tout droit puis tourne à gauche. La boulangerie est à côté de la pâtisserie.
Comment tu vas à l'école ? Je vais à l'école à vélo. Et toi ?
Il faut respecter les règles. / Il ne faut pas pousser ses amis.</td></tr>
<tr><th>Lexique</th></tr>
<tr><td>Actif
Les magasins : le supermarché, la boutique, la boucherie, la pâtisserie, l'animalerie, la pharmacie, la papeterie, le magasin de jouets, la librairie, la boulangerie
En ville : la gare, l'école, le cinéma, le théâtre, le musée, le jardin public, le restaurant, la statue, l'hôpital, la poste, les feux de circulation, le parking, le trottoir, le passage piétons
Les moyens de transport : en autobus, à pied, à vélo, en voiture, en métro, en taxi
Les principaux verbes de mouvement : aller, traverser, tourner, passer

Passif
compliqué, prudence, dangereux, pédaler, tongs, pousser, chauffeur, se concentrer, faim, plein, parfum, sapin, simple, essaim, humble, peinture, chacun, équilibre, fragile, comportements, achats, gestes, citoyen, écologique, consommer, cultivés sur place, producteur, consommateur, couler, robinet, précieux, éteindre, lumière, électricité, papier, arbres, trier, déchets, jeter, recycler, verre, plastique, sales, chewing-gums, emballages, feuille, sachet, assiettes, distrait, circules, automatiques, oiseaux, puces, bijoux, commerçants, touristes, bouquinistes, rives, cathédrale, estampes, revues, cartes postales, boîtes, aube, coucher du soleil, marchés bio, pauvres, éco-citoyen, respecter</td></tr>
</table>

LEÇON 1

Tous en ville !

J'apprends
Indiquer et demander la direction

Structures
Par où je dois passer pour aller à la gare ?
Il faut prendre l'autobus. / Achète un ticket au kiosque à journaux !

Lexique
compliqué

Supports et matériel
Livre de l'élève et Cahier d'activités
CD audio 2 de la classe
CD de l'élève
Livre actif

Livre de l'élève pages 60-61

La situation présentée se base entièrement sur un quiproquo très amusant : les jumeaux et leurs amis sont en ville et ils rencontrent un jeune homme qui les interpelle pour leur demander son chemin pour aller prendre un train à la gare. Comme il a sous le bras un carton à dessin où il est écrit « J'aime la gare d'Orsay », les enfants pensent qu'il doit aller au musée et lui donnent des indications dans ce sens. Ils lui indiquent le chemin à parcourir sur le plan de la ville, ils lui conseillent de prendre un bus puis d'aller à pied. C'est compliqué et le jeune homme est tellement confus qu'il pense prendre un taxi. La dernière vignette fait comprendre le malentendu quand Léo indique la Gare d'Orsay sur le plan.

1 (18) Écoute et lis.

Avant de demander aux élèves d'ouvrir leur livre aux pages 60 et 61, l'enseignant proposera de regarder la vidéo du livre actif en disant : **« observez et écoutez »** ou simplement **« écoutez la vidéo »**. Ensuite, il fera écouter le CD audio avec la BD sous les yeux pour faciliter la lecture et la compréhension du texte. Il pourra également demander aux élèves de prêter leur voix aux personnages : dans un premier temps en écoutant et répétant tous ensemble le contenu de chaque bulle après avoir stoppé l'audio, puis en relisant la BD en attribuant chaque personnage à un élève. L'enseignant pourrait apporter en classe un plan de la ville de Paris pour indiquer où se trouvent les musées les plus importants, en particulier la Gare d'Orsay, ainsi que les gares ferroviaires. Cette BD pourrait être mise en scène et jouée en classe.

Transcription de l'enregistrement

Garçon Salut, les jeunes ! Par où je dois passer pour aller à la gare ?
Léo Regarde le plan ! Nous, nous sommes ici et la gare est là.

Garçon C'est loin ! Je ne peux pas aller à la gare à pied !
Lin Non, il faut prendre l'autobus 75. Achète un ticket au kiosque à journaux !

Théo	Descends à l'arrêt du jardin public...
Ahmed	... et va tout droit ! Tu vas te retrouver devant la poste.
Garçon	La gare est en face de la poste ?
Isabelle	Non, il faut tourner à droite, puis à gauche.
Léo	Et te voilà devant la pâtisserie ! Miam !
Garçon	C'est très compliqué ! Je vais prendre un taxi !
Théo	Mais non ! Là, traverse la rue et va tout droit.
Lin	Il y a une place, et en face il y a une station de métro.
Garçon	Je dois prendre le métro ?
Isabelle	Non, traverse la place et tu te retrouves...
Léo	... à la gare d'Orsay !
Garçon	Mais je dois aller prendre un train ! Pas au musée !

Note culturelle

La Musée d'Orsay

Dans les années 80, la vieille Gare d'Orsay est transformée en musée d'art moderne, le Musée d'Orsay : les œuvres sont de la seconde moitié du 19ème siècle. Toutes les techniques artistiques y sont représentées : la peinture, la sculpture, la photographie, les objets décoratifs... La salle qui attire davantage les visiteurs est celle consacrée aux impressionnistes et aux postimpressionnistes. Des parcours pour les enfants à partir de 5 ans sont proposés : des visites guidées, des jeux-parcours et des ateliers qui leur permettent de découvrir des artistes comme Van Gogh, Monet ou Rodin de façon amusante.

2 Vrai ou faux ?

Les élèves liront les affirmations et diront si elles sont vraies ou fausses. Ils corrigeront celles qui sont fausses dans leur cahier.

Clef de l'activité : *1 faux (Ils sont devant le plan de Paris), 2 vrai, 3 faux (La gare n'est pas en face de la poste, 4 vrai, 5 faux (Il veut aller à la gare)*

3 Réponds.

Les élèves liront les questions et y répondront oralement (ou par écrit) en précisant éventuellement dans quelle vignette ils ont trouvé les réponses.

Clef de l'activité : *1 Il indique le plan de Paris. 2 Il doit prendre l'autobus 75. 3 Au kiosque à journaux. 4 À l'arrêt du jardin public. 5 Il doit aller tout droit.*

4 19 20 Écoute et chante.

Suivre les indications fournies à la page 18 pour l'exploitation pédagogique du chant.

Transcription de l'enregistrement

J'ai une très bonne idée !
Je veux aller au musée !

Hum, au Louvres ou à la Cité ?
Non, je préfère la Gare d'Orsay.
1, 2, 3 prêts, partez !
Chouette, je vais au musée !

Mais par où je dois passer ?
Ça a l'air compliqué.
Je suis prêt à l'arrêt,
J'ai déjà mon ticket !

J'ai une très bonne idée !
Je veux aller au musée !

Cahier d'activités page 38

1 Complète, puis écoute et vérifie.

Quatre vignettes de la BD sont reproposées et les élèves devront les compléter avec les éléments donnés : il s'agit de verbes à l'impératif, d'indications routières et de la locution *il y a*.

Transcription de l'enregistrement et clef

Théo	**Descends** à l'arrêt du jardin public...
Ahmed	... et **va tout droit** ! Tu vas te retrouver devant la poste.
Garçon	La gare est **en face** de la poste ?
Isabelle	Non, il faut **tourner** à droite, puis **à gauche**.
Léo	Et te voilà **devant** la pâtisserie ! Miam !
Garçon	C'est très compliqué ! Je vais **prendre un taxi** !
Théo	Mais non ! Là, **traverse** la rue et **va** tout droit.
Lin	Il y a une place, et en face **il y a** une station de métro.

LEÇONS 2-3

Où se trouve la boulangerie ?

J'apprends

Demander et indiquer la direction
Conjuguer le verbe *devoir* au présent de l'indicatif
Conjuguer des verbes à l'impératif

Structures

Je dois acheter un stylo. Si tu veux acheter un stylo, tu dois aller à la papeterie.
Excusez-moi, où se trouve la boulangerie ?
Va tout droit puis tourne à gauche.
La boulangerie est à côté de la pâtisserie.
L'impératif

Lexique

Les magasins : *le supermarché, la boutique, la boucherie, la pâtisserie, l'animalerie, la pharmacie, la papeterie, le magasin de jouets, la librairie, la boulangerie*
En ville : *la gare, l'école, le cinéma, le théâtre, le musée, le jardin public, le restaurant, la statue, l'hôpital, la poste, les feux de circulation, le parking*
Les principaux verbes de mouvement : *aller, traverser, tourner, passer*

prudence

Supports et matériel

Livre de l'élève et Cahier d'activités
CD audio 2 de la classe
CD de l'élève
Livre actif

Livre de l'élève pages 62-63

Le verbe *devoir*

Le verbe modal *devoir* au présent de l'indicatif est ici présenté aux trois premières personnes du singulier. Ce verbe exprime une obligation et il est accompagné d'un verbe à l'infinitif : ***je dois traverser la rue***.

5 (21) Écoute et répète.

Dans l'unité précédente, à la page 48, les élèves ont rencontré les rayons poissonnerie, fruits et légumes, produits frais, boulangerie et boucherie. Cette fois, ils se retrouvent en ville et vont connaître les petits commerces. L'enseignant précisera également que dans une animalerie on vend tout le nécessaire pour s'occuper des animaux domestiques (alimentation, jouets, niches...), mais pas nécessairement des animaux.

Transcription de l'enregistrement

le supermarché	la pharmacie
la boutique	la papeterie
la boucherie	le magasin de jouets
la pâtisserie	la librairie
l'animalerie	la boulangerie

6 (22) Écoute et joue.

Grâce à cette activité, les élèves pourront réutiliser le lexique appris depuis le début de leur apprentissage. Avant de procéder, l'enseignant pourrait faire un peu de remue-méninge au tableau et demander ce qu'on peut acheter dans les différents magasins. Il fera une grille au tableau et écrira les mots que les enfants lui suggéreront en-dessous de chaque magasin. Ils connaissent suffisamment de mots pour compléter la grille sauf pour la pharmacie et l'animalerie. Dans ce cas, l'enseignant pourrait donner ces mots : *le sirop, le pansement, le thermomètre* (pour la pharmacie) et *l'aquarium, la niche, le collier* (pour l'animalerie). Deux par deux, les élèves se poseront ensuite des questions et pourront se concentrer sur la conjugaison du verbe *devoir* car tout le lexique nécessaire aura été écrit au tableau.

Transcription de l'enregistrement

A Je dois acheter un stylo.
B Si tu veux acheter un stylo, tu dois aller à la papeterie.

7 (23) Écoute et dis le numéro.

Voilà trois panneaux routiers et le bonhomme vert des feux de signalisation. Les élèves écouteront les expressions liées aux indications routières et les associeront à la bonne image en disant le numéro.

Transcription de l'enregistrement

aller tout droit
tourner à gauche
tourner à droite
traverser la rue

Clef de l'activité : *aller tout droit 2, tourner à gauche 1, tourner à droite 4, traverser la rue 3*

L'impératif

L'impératif est utilisé pour donner un conseil ou un ordre et aussi pour exprimer une interdiction.
De façon passive les élèves ont rencontré déjà des verbes à l'impératif dans les dialogues : *viens*, *partons*, *prenez*.
L'impératif des verbes réguliers se forme à partir du présent de l'indicatif et il est utilisé seulement avec 3 personnes : *tu*, *nous* et *vous*. Ici, on ne présente que la 2ème personne *tu*. À l'impératif on ne met pas le sujet et on commence la phrase directement avec le verbe : ***Va ! Traverse ! Tourne !***
L'enseignant fera remarquer aux élèves que pour les verbes du 1er groupe et les verbes du 3ème groupe du type *offrir*, on ne met pas le *s* final à la 2ème personne du singulier.

8 Observe le plan de la ville et joue.

Deux par deux, les élèves joueront à s'orienter grâce à cette maquette d'une ville avec tous ses espaces et ses commerces. Ils se positionneront sur la flèche rouge et demanderont à un camarade comment faire pour aller ici et là. Ce dernier répondra en utilisant l'impératif et les indications routières données précédemment. L'enseignant pourrait décider de poser lui-même des questions afin que toute la classe puisse suivre le parcours et proposer d'autres solutions pour arriver à destination. Cette activité sera l'occasion pour réviser les prépositions de lieu : *à côté de*, *devant* et *derrière*.

9 (24) Écoute et montre où tu vas.

Toujours en utilisant la maquette de la ville, les élèves entendront trois parcours. Ils devront se positionner sur le lieu de départ, tracer le trajet du doigt et indiquer sur la maquette où ils arrivent.

Transcription de l'enregistrement

1 Tu es à côté de la gare, va tout droit et tourne à gauche. Tu achètes du pain à la boulangerie et tu traverses la rue sur le passage piétons. Où es-tu ?
2 Tu es devant la pâtisserie. Va à gauche et passe devant le restaurant. Ensuite traverse la rue. Où es-tu ?
3 Tu es en voiture avec ta maman sur le parking du supermarché. Tu sors du parking et tu tournes à gauche. Ensuite, tu vas tout droit et tu passes entre le musée et le jardin public. Tourne à droite puis à gauche, tu passes entre l'école et le théâtre. Tu tournes à gauche et tu vas tout droit. Tu arrives derrière le cinéma. Où es-tu ?

Clef de l'activité : *1 au musée, 2 à l'école, 3 à l'hôpital*

Cahier d'activités pages 39-40-41

2 Complète les mots croisés.

Les élèves observeront les illustrations des devantures de magasins et compléteront la grille.

Clef de l'activité : *1 librairie, 2 boucherie, 3 magasin de jouets, 4 pharmacie, 5 boutique, 6 animalerie, 7 papeterie, 8 supermarché, 9 boulangerie, 10 pâtisserie*

Le verbe *devoir*

Le verbe modal *devoir* au présent de l'indicatif est ici présenté à toutes les personnes.

3 Complète avec le verbe *devoir*.

Les élèves compléteront les phrases avec le verbe *devoir* à la personne demandée. Pour ce faire, ils consulteront l'encadré présentant le verbe conjugué.

Clef de l'activité : *1 doit, 2 doivent, 3 devons, 4 doit, 5 dois, 6 devez*

4 Associe et complète.

Cette activité présente six situations dans lesquelles on nécessite d'aller dans un magasin bien précis. Les élèves liront les phrases, les associeront au magasin qui convient et conjugueront le verbe *devoir* à la personne demandée.

Clef de l'activité : *2 C Tu dois, 3 D Vous devez, 4 F Ils doivent, 5 E Elle doit, 6 A Je dois*

L'impératif

Nous ne présentons que l'impératif des verbes en *-er* (*aller, tourner, traverser*) dont les terminaisons sont : ***-e***, ***-ons***, ***-ez***. La 2ème personne du pluriel peut avoir un sens pluriel (*Les enfants, allez jouer !*) ou il peut s'agir d'une forme de politesse (*Madame, regardez à droite et à gauche !*). Le verbe *aller* a une conjugaison propre et les trois premières personnes du présent de l'indicatif sont : *je vais, tu vas, il va*. Pour former l'impératif, on utilise la 2ème personne du singulier comme pour tous les autres verbes, mais s'agissant d'un verbe du 1er groupe le *-s* tombe : ***va*** *!*

5 Complète avec les verbes *aller*, *tourner* et *traverser* à l'impératif.

Selon le sens, les élèves compléteront les phrases avec les verbes donnés à l'impératif, à la personne qui convient. L'enseignant invitera les élèves à faire attention à l'usage de la forme de politesse.

Clef de l'activité : *2 tournez, 3 traverse, 4 allez, 5 traversons*

6 Écoute, suis les parcours et complète. Où vont-ils ?

Les élèves entendront deux parcours qu'ils traceront sur le plan de la ville jusqu'à destination. Ils écriront ensuite où les personnes arrivent.

Transcription de l'enregistrement

1 Joséphine, va tout droit et tourne à gauche. Traverse le jardin public et prends la deuxième rue à droite. Puis tourne à gauche. Où es-tu ?

2 Les enfants, tournez à gauche et passez devant la gare. Puis tournez à droite et passez devant l'hôpital. Puis tournez à droite et passez devant la poste et tournez à gauche. Allez tout droit et puis tournez à droite. Où êtes-vous ?

Clef de l'activité : *1 au musée, 2 au cinéma*

7 Écoute et coche la bonne réponse.

Les élèves entendront une conversation entre deux personnes : l'une demande des indications pour aller au cinéma Lumière et l'autre les lui fournit. Les élèves écouteront l'enregistrement et cocheront les réponses qui conviennent.

Transcription de l'enregistrement

A Excusez-moi, Monsieur ! Je cherche le cinéma Lumière.

B Attendez... Oui ! Le cinéma se trouve sur la Place du Marché. Alors, allez tout droit, passez devant la boulangerie et après tournez à droite. Traversez le Pont Neuf et vous arrivez au cinéma Lumière.

A Merci beaucoup, Monsieur ! Au revoir !

Clef de l'activité : *1 B, 2 C, 3 A, 4 B*

LEÇON 4

Comment tu vas à l'école ?

J'apprends

Indiquer avec quel moyen de transport on peut se déplacer

Dire ce qu'il faut et ne faut pas faire en ville

Structures

Comment tu vas à l'école ? Je vais à l'école à vélo. Et toi ?

Il faut respecter les règles. / Il ne faut pas pousser ses amis.

Lexique

Les moyens de transport : *en autobus, à pied, à vélo, en voiture, en métro, en taxi*

En ville : *le trottoir, le passage piétons dangereux, pédaler, tongs, pousser, chauffeur, se concentrer*

Supports et matériel

Livre de l'élève et Cahier d'activités

CD audio 2 de la classe

CD de l'élève

Livre actif

Fiche photocopiable 9, page 172

Livre de l'élève page 64

10 Comment ils se déplacent en ville ? Écoute et associe.

Pour se déplacer en ville, il existe plusieurs possibilités. L'enseignant fera cependant remarquer aux élèves qu'en fonction du moyen de transport utilisé la préposition change : *en autobus / en voiture / en métro, à pied / à vélo*. Ensuite les élèves écouteront l'enregistrement et devront associer chaque personnage à sa destination et au moyen de transport utilisé pour l'atteindre.

Transcription de l'enregistrement

1	**Isabelle**	Bonjour Léo ! Où vas-tu ?
	Léo	Je vais au cinéma. Tu veux venir avec moi ?
	Isabelle	Oui, merci ! Allons au cinéma à vélo.
2	**Lin**	Zut ! Il pleut !
	Maîtresse	Ta maman passe te prendre en voiture ?
	Lin	Non, elle travaille. Je dois rentrer de l'école à pied.
3	**Maman**	Ahmed ! Tu vas à la piscine ?
	Ahmed	Non, je vais au parc avec mes amis.
	Maman	D'accord ! Prends l'autobus !
4	**Théo**	Papa ! Tu m'accompagnes à la piscine ?
	Papa	Excuse-moi Théo, je dois travailler.
	Théo	Pas de problème, je vais prendre le métro.
5	**Isabelle**	Maman, où allons-nous aujourd'hui ?
	Dame	Nous avons beaucoup de courses à faire !
	Isabelle	Alors allons au supermarché en voiture !

Clef de l'activité : *Léo – à vélo, Lin – à pied, Ahmed – en autobus, Théo – en métro, Isabelle – en voiture*

11 Demande à tes camarades.

Les élèves se poseront des questions deux par deux comme dans l'exemple en variant les destinations et les moyens de transport utilisés.

Il faut – Il ne faut pas

En ville, on trouve des panneaux qui indiquent ce qu'il faut faire ou ne faut pas faire, ou qui servent à avertir des dangers.

- Pour exprimer une obligation, on utilise *il faut* + verbe à l'infinitif : ***Il faut marcher** sur le trottoir*. L'obligation peut aussi s'exprimer avec *devoir* + verbe à l'infinitif: ***Je dois marcher** sur le trottoir.*
- Pour exprimer une interdiction on utilise *il ne faut pas* + verbe à l'infinitif : ***Il ne faut pas parler** trop fort.*

12 Lis et complète : il faut ou il ne faut pas ? Écoute et vérifie.

Les élèves liront et compléteront les indications de prévention routière avec *il faut* ou *il ne faut pas* puis ils écouteront l'enregistrement pour vérifier leurs réponses.

Ensuite ils répondront à la question d'Hector : « Et toi, est-ce que tu respectes les règles ? ». Pour répondre ils utiliseront les indications fournies dans l'encadré et les personnaliseront. Par exemple : *Je marche sur le trottoir et je ne pédale pas avec des tongs à vélo.*

Transcription de l'enregistrement et clef

SI ON VA À L'ÉCOLE A PIED...

- **Il faut** marcher sur le trottoir et traverser la rue sur le passage piétons.
- Avant de traverser, **il faut** regarder à gauche et à droite.
- **Il ne faut pas** pousser ses amis sur la rue. C'est très dangereux !

SI ON VA À L'ECOLE À VÉLO...

- **Il ne faut pas** pédaler avec des tongs !
- **Il faut** mettre un casque pour protéger sa tête.
- **Il faut** porter des genouillères pour protéger ses genoux.

SI ON VA À L'ÉCOLE EN AUTOBUS...

- **Il faut** attendre l'autobus loin du bord du trottoir.
- Quand on monte dans l'autobus, **il ne faut pas** pousser ses camarades.
- **Il ne faut pas** parler trop fort : le chauffeur doit se concentrer !

Hector Et toi, est-ce que tu respectes les règles ?

Cahier d'activités pages 42-43

8 Écoute, observe et écris le numéro.

Les élèves entendront parler cinq enfants qui vont quelque part en ville avec des moyens de transport différents. Ils écriront le numéro de chaque témoignage correspondant aux photos.

Transcription de l'enregistrement

1 Je vais à la salle de sport en autobus.
2 Moi, je vais à l'école à pied.
3 Je vais au parc à vélo.
4 Ma sœur va au théâtre en métro.
5 Avec ma mère, je vais faire les courses en voiture.

Clef de l'activité : *A 3, B 1, C 5, D 2, E 4*

9 Complète les dialogues, puis écoute et vérifie.

Cette activité présente cinq situations et les élèves devront les compléter avec le nom du moyen de transport qui convient. Pour ce faire, ils devront prendre en considération les moindres détails.

Transcription de l'enregistrement et clef

1 **A** Excusez-moi, Monsieur, comment je dois faire pour aller à la poste ?
B C'est un peu loin Madame. Vous pouvez aller à la poste **en autobus**, prenez le numéro 2.

2 **A** Excusez-moi, où est la salle de sport ?
B Derrière la piscine. Si vous avez des baskets, vous pouvez aller à la salle de sport **à pied**.

3 **A** Quelle belle piste cyclable !
B Oui, on peut faire des promenades **à vélo** !

4 **A** Où est votre bureau ?
B Il est très loin et je dois aller traverser tout Paris **en métro**. Je descends à la station La Défense.

5 **A** Vous partez en vacances ?
B Oui ! Nous allons à la mer **en voiture**.

***Il faut* + infinitif – *Il ne faut pas* + infinitif**

En ville, on trouve des panneaux ronds qui indiquent des actions obligatoires et des panneaux triangulaires qui indiquent des dangers.
Les élèves remarqueront de nouveau que la structure *il faut* + verbe à l'infinitif sert à exprimer l'obligation qui peut aussi être exprimée avec *devoir* + verbe infinitif, et que pour exprimer une interdiction on utilise la structure *il ne faut pas* + verbe à l'infinitif.

10 Associe.

Six panneaux routiers et deux de circulation sont ici présentés : certains indiquent une obligation, d'autres une interdiction. Les élèves associeront à chacun la phrase descriptive qui convient.

Clef de l'activité : *1 C, 2 A, 3 G, 4 H, 5 F, 6 B, 7 D, 8 E*

11 ✓ Mets les mots dans le bon ordre.

Cette activité présente cinq phrases sens dessus dessous que les élèves devront remettre dans l'ordre.

Clef de l'activité : *1 Pour aller à l'école il faut tourner à droite. 2 La pharmacie est en face du supermarché. 3 Pardon, où se trouve la gare ? 4 Il faut traverser la rue sur le passage piétons. 5 Il ne faut pas pousser ses amis dans la rue.*

Renforcement

L'enseignant pourrait utiliser la fiche photocopiable 9 qui se trouve à la page 172. Il s'agit de phrases complètes, mais chaque partie de phrase est isolée dans une case. L'enseignant découpera les éléments et les mettra dans un verre en plastique (ou une enveloppe), un pour chaque phrase. Les élèves devront recomposer les phrases en collant les éléments dans le bon ordre dans leur cahier.

LEÇON 5

Je joue

J'apprends
Le son [ɛ̃]

Lexique
faim, plein, parfum, sapin, simple, essaim, humble, peinture, chacun

Supports et matériel
Livre de l'élève et Cahier d'activités
CD audio 2 de la classe
CD de l'élève
Livre actif
Fiche photocobiable 10, page 173

Livre de l'élève page 65

13 (27) Écoute et joue.

Pour jouer, l'enseignant imprimera la fiche photocopiable 10 à la page 173. Il s'agit de cartes présentant des actions qui peuvent être dangereuses ou pas quand on circule en ville. Les élèves réaliseront la palette du gendarme : un bâtonnet à l'extrémité duquel ils colleront un cercle blanc de chaque côté, l'un avec un rond vert (obligation : *il faut...*) et l'autre avec un rond rouge (interdiction : *il ne faut pas...*). Pour jouer, un élève (le gendarme) mélangera les cartes et les retournera sur la table. Un autre élève piochera une carte et le gendarme lui dira s'il s'agit d'une obligation ou d'une interdiction en montrant le bon côté de sa palette et en formulant une phrase comme dans l'exemple. Les actions illustrées sur les cartes du photocopiable montrent les situations suivantes :

Interdictions	Obligations
• Pousser ses amis sur la rue. • Pédaler avec des tongs. • Pousser ses camarades pour monter dans l'autobus. • Parler trop fort dans l'autobus. • Jouer au ballon dans la rue.	• Traverser la rue sur le passage piétons. • Regarder à droite et à gauche avant de traverser. • Mettre un casque pour protéger sa tête. • Porter des genouillères à vélo. • Attendre l'autobus loin du bord du trottoir.

Transcription de l'enregistrement

A Jouer au ballon dans la rue.
B Non ! Il ne faut pas jouer au ballon dans la rue.

A Traverser la rue sur le passage piétons.
B Oui, il faut traverser la rue sur le passage piétons !

Boîte à sons

Le son [ɛ̃] s'écrit « in », « im », « ain », « aim », « ein », « un », « um »

14 (28) Écoute et répète.

Les élèves écouteront les mots contenant le son [ɛ̃] et les répéteront.

Transcription de l'enregistrement

1 fin	5 plein
2 impossible	6 jardin
3 main	7 brun
4 faim	8 parfum

15 Cherche dans la liste des mots tous les sons [ɛ̃].

Les élèves chercheront et indiqueront le son [ɛ̃] dans les mots. Ils pourraient les recopier dans leur cahier et entourer les sons [ɛ̃] en rouge.

Clef de l'activité : *1 fin, 2 **im**possible, 3 ma**in**, 4 fa**im**, 5 ple**in**, 6 jard**in**, 7 br**un**, 8 parf**um***

16 (29) Écoute et répète le virelangue le plus vite possible !

Les élèves écouteront et répéteront le virelangue. L'enseignant pourrait leur demander de chercher et d'indiquer le son [ɛ̃].

Transcription de l'enregistrement

Ce matin mon copain Fabien joue avec son lapin nain Germain et son chien Pépin.

Cahier d'activités page 44

12 (30) Monsieur Dupont doit aller à la pharmacie. Écoute le dialogue et réponds aux questions.

DELF Compréhension de l'oral

Les élèves entendront une conversation entre Monsieur Dupont et une dame à laquelle il demande son chemin. Ils liront les phrases et cocheront les bonnes options ou répondront en formulant une phrase complète.

Transcription de l'enregistrement

A Excusez-moi Madame, où se trouve la pharmacie ?
B Ah oui, c'est facile. Elle se trouve dans la rue Charles de Gaulle, à côté du supermarché, en face du cinéma.
A Merci, mais je peux aller à la pharmacie à pied ?
B Vous pouvez prendre un taxi.
A Ah non merci, je préfère aller à pied. J'aime me promener en ville. Par où je dois passer ?
B Allez tout droit, puis tournez à gauche. Traversez la place Charlemagne et prenez la rue Charles de Gaulle.
A Merci !

Clef de l'activité : *A B, 2 B, 3 Monsieur Dupont aime se promener en ville, 4 C*

Boîte à sons

Le son [ɛ̃] s'écrit « in », « im », « ain », « aim », « ein », « un », « um »

13 (31) Écoute et écris les mots dans la bonne case.

Les élèves écouteront les mots, puis les recopieront dans la grille en fonction de leur graphie.

Transcription de l'enregistrement

sapin	faim	bain
humble	parfum	peinture
simple	plein	chacun
essaim	pain	lundi
important	lapin	

Clef de l'activité :

« in »	« im »	« ain »	« aim »	« ein »	« un »	« um »
sapin	simple	pain	essaim	plein	chacun	humble
lapin	important	bain	faim	peinture	lundi	parfum

LEÇON 6

Je sais...

J'apprends
Faire des activités de compréhension et de production orale et écrite sur l'orientation en ville

Supports et matériel
Livre de l'élève et Cahier d'activités
CD audio 2 de la classe
Livre actif

Livre de l'élève pages 66-67

17 Observe le plan, écoute et dis où ils vont.

ÉCOUTER

Les élèves écouteront l'enregistrement et suivront le parcours de deux enfants sur la carte. Ils diront quelle est leur destination.

Transcription de l'enregistrement

1 Nicole, tu es rue des Ours. Prends rue des Loups et tourne à gauche, Boulevard des Abeilles. Traverse la rue sur le passage piétons. Tourne à gauche, traverse la Place de la forêt et tu es arrivé à la...

2 Marc, tu es rue des Ours. Va devant l'école et traverse le passage piétons. Tu arrives à l'animalerie. Passe devant la fontaine et tourne à droite. Va tout droit et passe devant la papeterie et le cinéma. Tourne à droite et passe devant la fontaine. Tu es arrivé au...

Clef de l'activité : *Nicole – à la piscine, Marc – au magasin de jouets*

18 Observe encore et demande à tes camarades.

PARLER

Pour faire cette activité, les élèves utiliseront le plan présenté dans l'activité précédente. L'élève A demandera des indications pour s'orienter en ville et se rendre dans un lieu précis. L'élève B lui donnera toutes les indications nécessaires pour arriver à destination en utilisant l'impératif et la structure *il faut* + infinitif.
L'enseignant pourra ensuite proposer aux enfants une autre activité : un élève décrira un autre parcours et ses camarades devront deviner où il va. L'enseignant pourrait même utiliser un plan de la ville à condition qu'il ne soit pas trop détaillé, éventuellement seulement un quartier.

19 Lis et le message de Julie et choisis.

LIRE

Julie a envoyé un message à son amie Aurélie qui a accepté son invitation. Elle lui donne des indications précises afin qu'elle puisse la rejoindre. Les élèves liront attentivement son message afin de pouvoir répondre aux questions à choix multiple.

Clef de l'activité : *1 C, 2 B, 3 B, 4 C*

20 Dessine ton quartier et écris à un camarade comment il doit faire pour arriver chez toi.

Les élèves dessineront le plan de leur quartier et écriront une lettre à un camarade pour lui expliquer comment il doit faire pour arriver chez eux.

Clef de l'activité : *Réponse personnelle*

Cahier d'activités page 45

Mes compétences

14 Lis le mail de Julie et réponds.

DELF Compréhension des écrits

Les élèves liront le mail de Julie pour pouvoir tracer sur le plan le trajet que son amie Claire va devoir faire pour arriver chez elle, puis ils répondront aux questions posées.

Clef de l'activité :

1 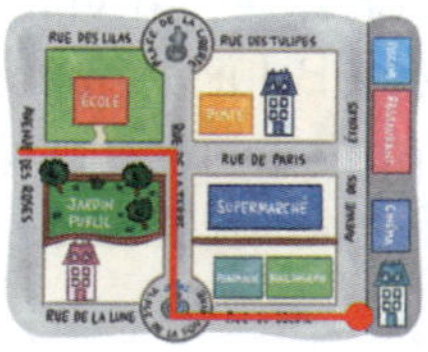

, 2 la fontaine, 3 à côté du cinéma, 4 25 Avenue des Étoiles

Autoévaluation

Les élèves doivent autoévaluer les compétences acquises à la fin de l'unité 5 en cochant les cases comme dans la légende : *Je sais le faire. / Je dois m'entraîner encore un peu. / Je ne sais pas encore le faire, mais je vais apprendre.*

LEÇON 7 EMILE

Sauvons la planète !

J'apprends

Les gestes quotidiens indispensables pour devenir un citoyen écologique
Réaliser une tirelire recyclée

Lexique

équilibre, fragile, comportements, achats, gestes, citoyen, écologique, consommer, cultivés sur place, producteur, consommateur, couler, robinet, précieux, éteindre, lumière, électricité, papier, arbres, trier, déchets, jeter, recycler, verre, plastique, sales, chewing-gums, emballages, feuille, sachet, assiettes, distrait, circules, automatiques

Supports et matériel

Livre de l'élève
CD audio 2 de la classe
Livre actif

Livre de l'élève pages 68-69

1 Écoute, lis et associe.

Ces deux pages d'*EMILE* abordent un sujet d'actualité qui fait partie de nombreux projets éducatifs dans les écoles : la protection de l'environnement. Les élèves écouteront et liront une série de conseils pour garantir l'équilibre de la planète. Ils les associeront aux photos.

Transcription de l'enregistrement

L'équilibre de la planète est très fragile. Nos comportements, nos achats et notre façon de vivre peuvent sauver notre planète. Apprends à faire ces petits gestes quotidiens indispensables pour devenir un citoyen écologique !

1 Il faut consommer les fruits et légumes de saison cultivés sur place. Du producteur au consommateur !
2 Il ne faut pas laisser couler l'eau du robinet. L'eau est un bien précieux.
3 Il faut éteindre la lumière quand on sort de sa chambre. Il faut limiter la consommation d'électricité.
4 Il ne faut pas utiliser le papier sans réfléchir. Il faut beaucoup d'arbres pour faire du papier.
5 Il faut trier les déchets et jeter les choses dans la bonne poubelle. On peut recycler le papier, le verre, le plastique...
6 Il ne faut rien jeter par terre. Il y a des poubelles dans les rues pour jeter les papiers sales ou les chewing-gums.

Clef de l'activité : *1 D, 2 F, 3 A, 4 B, 5 E, 6 C*

Projet

2 Réalise une tirelire recyclée !

Pour réaliser cette tirelire, l'enseignant apportera en classe des fonds de bouteilles en plastique. Ils dessineront le corps d'une tortue sur du papier cartonné et découperont le contour. Les élèves colleront le fond de bouteille sur le corps de la tortue afin de réaliser sa carapace. Ils ajouteront des détails de la tortue comme la tête et les pattes. Enfin, ils feront une incision sur la partie supérieure de la carapace pour faire passer des pièces de monnaie.

L'enseignant pourrait utiliser ces tirelires en matériel recyclé pour faire payer des amendes en classe (5 centimes par exemple) quand les élèves accomplissent des gestes contre la nature, comme par exemple jeter des papiers par terre, gaspiller leur goûter ou leur repas à la cantine, arracher les feuilles des plantes dans la cour de récréation...

3 Fais le test et découvre si tu aimes l'environnement.

L'enseignant lira le test sur l'éco-citoyenneté pour découvrir à quel point les élèves sont engagés dans la préservation de l'environnement. Les élèves feront le test et liront leur profil. L'enseignant leur demandera ensuite si ce profil correspond à la réalité.

Clef de l'activité : *Réponses personnelles*

LE MONDE AUTOUR DE TOI

LEÇON 8

Les marchés parisiens

J'apprends

Quelques informations sur les marchés parisiens
Réaliser une fiche sur les marchés célèbres dans mon pays

Lexique

oiseaux, puces, bijoux, commerçants, touristes, bouquinistes, rives, cathédrale, estampes, revues, cartes postales, boîtes, aube, coucher du soleil, marchés bio, pauvres, éco-citoyen, respecter

Supports et matériel

Livre de l'élève
CD audio 2 de la classe
Livre actif

Livre de l'élève pages 70-71

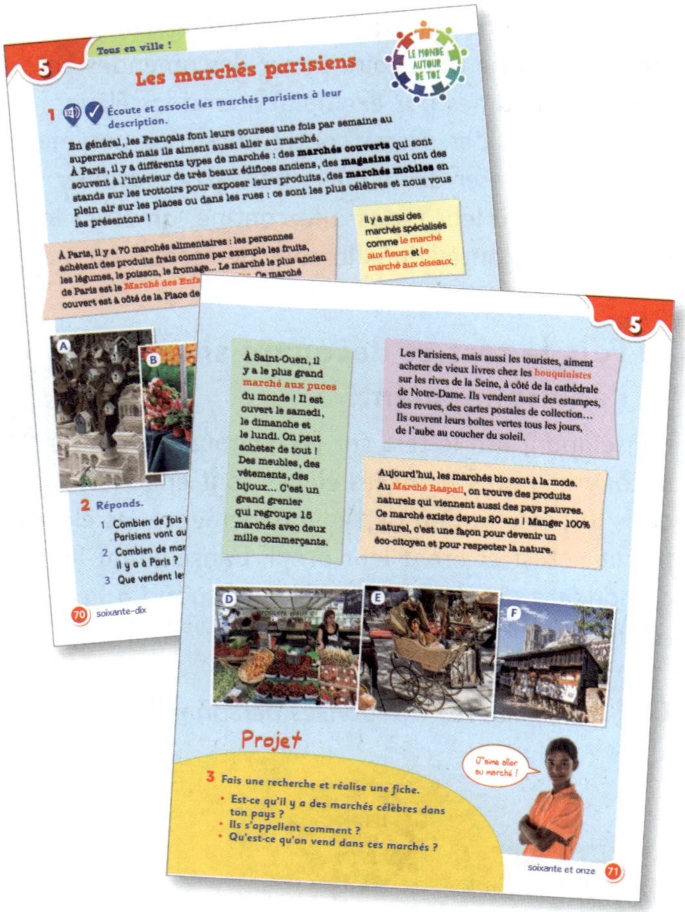
Tous en ville !

5

Les marchés parisiens

LE MONDE AUTOUR DE TOI

1 Écoute et associe les marchés parisiens à leur description.

En général, les Français font leurs courses une fois par semaine au supermarché mais ils aiment aussi aller au marché.
À Paris, il y a différents types de marchés : des **marchés couverts** qui sont souvent à l'intérieur de très beaux édifices anciens, des **magasins** qui ont des stands sur les trottoirs pour exposer leurs produits, des **marchés mobiles** en plein air sur les places ou dans les rues : ce sont les plus célèbres et nous vous les présentons !

À Paris, il y a 70 marchés alimentaires : les personnes achètent des produits frais comme par exemple les fruits, les légumes, le poisson, le fromage... Le marché le plus ancien de Paris est le Marché des Enfa... Ce marché couvert est à côté de la Place de...

Il y a aussi des marchés spécialisés comme le marché aux fleurs et le marché aux oiseaux.

A B

2 Réponds.
1 Combien de fois ... Parisiens vont au...
2 Combien de mar... il y a à Paris ?
3 Que vendent le...

70 soixante-dix

5

À Saint-Ouen, il y a le plus grand marché aux puces du monde ! Il est ouvert le samedi, le dimanche et le lundi. On peut acheter de tout ! Des meubles, des vêtements, des bijoux... C'est un grand grenier qui regroupe 15 marchés avec deux mille commerçants.

Les Parisiens, mais aussi les touristes, aiment acheter de vieux livres chez les bouquinistes sur les rives de la Seine, à côté de la cathédrale de Notre-Dame. Ils vendent aussi des estampes, des revues, des cartes postales de collection... Ils ouvrent leurs boîtes vertes tous les jours, de l'aube au coucher du soleil.

Aujourd'hui, les marchés bio sont à la mode. Au Marché Raspail, on trouve des produits naturels qui viennent aussi des pays pauvres. Ce marché existe depuis 20 ans ! Manger 100% naturel, c'est une façon pour devenir un éco-citoyen et pour respecter la nature.

D E F

Projet

3 Fais une recherche et réalise une fiche.
- Est-ce qu'il y a des marchés célèbres dans ton pays ?
- Ils s'appellent comment ?
- Qu'est-ce qu'on vend dans ces marchés ?

J'aime aller au marché !

soixante et onze 71

1 Écoute et associe les marchés parisiens à leur description.

Dans cette unité, les élèves ont appris à dire le nom de différents magasins. Ces deux pages les emmènent visiter les marchés parisiens. Chacun est spécialisé dans un type de produits. Les élèves écouteront leur description qu'ils associeront à une photo. L'enseignant pourrait leur demander celui qu'ils aimeraient visiter ou même de dresser un classement personnel.

Transcription de l'enregistrement

En général, les Français font leurs courses une fois par semaine au supermarché mais ils aiment aussi aller au marché.
À Paris, il y a différents types de marchés : des marchés couverts qui sont souvent à l'intérieur de très beaux édifices anciens, des magasins qui ont des stands sur les trottoirs pour exposer leurs produits, des marchés mobiles en plein air sur les places ou dans les rues : ce sont les plus célèbres et nous vous les présentons !

À Paris, il y a 70 marchés alimentaires : les personnes achètent des produits frais comme par exemple les fruits, les légumes, le poisson, le fromage... Le marché le plus ancien de Paris est le Marché des Enfants Rouges. Ce marché couvert est à côté de la Place de la République.

Il y a aussi des marchés spécialisés comme le marché aux fleurs et le marché aux oiseaux.

À Saint-Ouen, il y a le plus grand marché aux puces du monde ! Il est ouvert le samedi, le dimanche et le lundi. On peut acheter de tout ! Des meubles, des vêtements, des bijoux... C'est un grand grenier qui regroupe 15 marchés avec deux mille commerçants.

Les Parisiens, mais aussi les touristes, aiment acheter de vieux livres chez les bouquinistes sur les rives de la Seine, à côté de la cathédrale de Notre-Dame. Ils vendent aussi des estampes, des revues, des cartes postales de collection... Ils ouvrent leurs boîtes vertes tous les jours, de l'aube au coucher du soleil.

Aujourd'hui, les marchés bio sont à la mode. Au Marché Raspail, on trouve des produits naturels qui viennent aussi des pays pauvres. Ce marché existe depuis 20 ans ! Manger 100% naturel, c'est une façon pour devenir un éco-citoyen et pour respecter la nature.

Clef de l'activité : *le marché des Enfants Rouges C, le marché aux fleurs B, le marché aux oiseaux A, marché aux puces E, bouquinistes F, Marché Raspail D*

Culture et civilisation

Les bouquinistes sont des personnes qui vendent, dans leur « boîte », des cartes postales, des affiches anciennes et de vieux livres : les bouquins. Le mot *bouquin* vient du néerlandais *boek* qui signifie « livre » et qui a donné *buch* en allemand et *book* en anglais.
Les bouquinistes des quais de la Seine sont autorisés à vendre leur marchandise par la Mairie de Paris et doivent respecter un règlement. Ils travaillent en plein air et ils sont devenus une véritable attraction touristique de la capitale.
À Paris, on compte environ 217 bouquinistes !

2 Réponds.

Les élèves liront les questions et répondront dans leur cahier.

Clef de l'activité : *1 Une fois par semaine. 2 Il y a 70 marchés alimentaires. 3 Ils vendent de vieux livres, des estampes, des revues, des cartes postales de collection... 4 Les marchés bio. 5 Il est ouvert le samedi, le dimanche et le lundi. 6 On peut acheter de tout : des meubles, des vêtements, des bijoux...*

Projet

3 Fais une recherche et réalise une fiche.

- **Est-ce qu'il y a des marchés célèbres dans ton pays ?**
- **Ils s'appellent comment ?**
- **Qu'est-ce qu'on vend dans ces marchés ?**

Chacun de leur côté les élèves feront des recherches en ligne sur les marchés typiques de leur pays.
Ils réaliseront des affiches où ils colleront des photos avec une légende : le nom du marché, la ville où il se trouve, les produits vendus. Les élèves présenteront leur affiche à leurs camarades.
L'enseignant pourrait décider de faire cette activité en petits groupes.

Unité

6 Quand je serai grand...

Compétences clés

Compétences multilingues
- Chanter une chanson ludique pour mémoriser les noms de quelques métiers. (Livre, p. 73 ex. 4)
- Participer à des échanges oraux pour perfectionner ses propres stratégies linguistiques et non linguistiques. (Livre, p. 74 ex. 6, p. 75 ex. 8-9-10, p. 76 ex. 13, p. 77 ex. 14, p. 78 ex. 19, p. 85 ex. 2-4)

Compétence numérique
- Regarder une vidéo en utilisant les nouvelles technologies avec facilité et responsabilité. (Livre p. 72 ex. 1)

Compétences personnelles et sociales et capacité d'apprendre à apprendre
- Faire des jeux de rôle pour renforcer l'apprentissage du lexique lié aux métiers et aux expressions pour parler de ce qu'on fera plus tard. (Livre, p. 74 ex. 6, p. 75 ex. 9, p. 77 ex. 14)
- Savoir lire une grille grammaticale pour faire correctement une activité. (Livre, p. 74 ex. 6, p. 75 ex. 9-10, p. 76 ex. 12-13. Cahier, p. 48 ex. 3-4, p. 50 ex. 8-10, p. 51 ex. 11-12)
- Participer en classe à des échanges verbaux en respectant les règles de la communication. (Livre, p. 74 ex. 6, p. 75 ex. 8-9-10, p. 76 ex. 13, p. 77 ex. 14, p. 78 ex. 19, p. 85 ex. 2-4)
- Travailler en groupe pour la réalisation d'un projet développera chez les apprenants des attitudes positives de coopération. (Livre, pp. 84-85)

Compétences entrepreneuriales
- Interroger ses parents et ses grands-parents et leur demander s'ils se souviennent de métiers qui ont aujourd'hui disparu ou sont devenus très rares. (Livre, p. 82 ex. 3)
- Réaliser un poster pour parler de la ville idéale. (Livre, pp. 84-85)

Objectifs d'apprentissage	
Compétences	**Structures**
Compréhension orale • Comprendre quelqu'un qui parle de ce qu'il fera plus tard **Compréhension écrite** • Connaître et identifier les noms des métiers et des lieux de travail • Comprendre un texte où quelqu'un parle de ce qu'il fera plus tard **Production orale** • Demander et dire ce qu'on fera plus tard et expliquer pourquoi • Exprimer ses désirs à propos de l'avenir • Décrire et parler des certains métiers **Production écrite** • Écrire un petit texte en parlant de soi et de son avenir	**Actives** *Qu'est-ce que tu feras quand tu seras grand ? J'aurai un garage et je serai mécanicien ! / Comme je suis sensible et disponible, je serai médecin.* *La secrétaire travaille dans un bureau. / Elle sait enseigner aux enfants.* *À mon avis, le travail du cuisinier est plus intéressant que le travail du vendeur.* **Masculin et féminin des noms** **Le comparatif** **Le verbe *savoir*** **Le futur simple des verbes *être, avoir, faire, arriver, finir, vivre*** **Lexique** **Actif** **Les métiers :** *le vendeur / la vendeuse, le maître / la maîtresse, le / la vétérinaire, le cuisinier / la cuisinière, l'acteur / l'actrice, le pompier, le médecin, le mécanicien / la mécanicienne, le coiffeur / la coiffeuse, le / la secrétaire, le boulanger / la boulangère, le musicien / la musicienne* **Les lieux de travail :** *le théâtre, l'école, le cabinet médical, le bureau, le restaurant, le salon de coiffure, le magasin, le garage, le parc animalier* **Les actions :** *vendre, enseigner, soigner, cuisiner, écrire à l'ordinateur, coiffeur, jouer, réparer* **Les adjectifs :** *intéressant, ennuyeux, amusant, fatigant, dynamique, créatif, dangereux, patient, courageux, curieux, disponible, sensible* **Passif** *rédaction, paresseux, rire, pressé, avenir, pâtissier / pâtissière, directeur / directrice, pharmacien / pharmacienne, cocotte, macarons, parfums, centre-ville, équitation, monstre, drôles, inventions, calame, argile, la chauve-souris, caractères mobiles, prototype, pistons, mécanisme, améliorer, domaines, agriculture, médecine, transports, roue, pierre, bois, avancer, écriture, garder, trace, écriture cunéiforme, imprimerie, machine, encre, manivelle, planche, machine à vapeur, charbon, chauffer, monter, descendre, ingénieur, aviation, ailes, avion à moteur, révolutionné, oiseau, cloche, tambour, attirer, réverbères, électricité, illumine, échelle, allumer, gaz, éteindre, flamme, réveil, réveille, domicile, tape, fenêtre, bâton, dormeurs, marchands, fermier, urbain, pousser, herbes aromatiques, fleurs, espaces publics, jardinage, responsable, thérapeute, désintoxication, digitale, psychologue, dépendance, réseaux sociaux, sites Internet, jeux en ligne, objectif, thérapie, réduire, stress, relations, sociales, saines, pilote, guide touristique, spatial, tourisme, galactiques, espace, imprimeur, développement, imprimantes, demande, croissante, objets, réparer, cassés, pistes cyclables, voitures électriques, amusante, agréable, propres, circulation, terrains de foot, moderne, bruyante, polluée, ennuyeuse*

LEÇON 1

Quand je serai grand...

J'apprends
Parler de ce qu'on fera plus tard

Structures
Je suis patiente et donc je serai maîtresse.
Quel sera mon métier ?

Lexique
rédaction, paresseux, rire, pressé, avenir

Supports et matériel
Livre de l'élève et Cahier d'activités
CD audio 2 de la classe
CD de l'élève
Livre actif

Livre de l'élève pages 72-73

Voilà le dernier épisode des aventures de Léo et Théo ! Il est temps de parler de l'avenir et de ce que les jumeaux et leurs amis feront quand ils seront grands. Pour ce faire, leur maîtresse leur propose de faire une rédaction en classe. Avant de procéder, ils échangent leurs idées et essaient de comprendre quel est le métier qui leur convient le mieux selon leurs aptitudes. Chaque métier est plus ou moins contraignant et ils leur attribuent à chaque fois un adjectif. Seul Léo ne sait pas quoi faire plus tard, il affirme même ne pas vouloir travailler. À la fin, comme il fait rire ses camarades, il a une idée de génie : quand il sera grand, il sera clown. L'enseignant pourra faire remarquer aux élèves que tout compte fait, son oncle, sa tante et ses cousins travaillent dans un cirque... donc tout est possible dans la famille !

1 Écoute et lis.

Avant de demander aux élèves d'ouvrir leur livre aux pages 72 et 73, l'enseignant proposera de regarder la vidéo du livre actif en disant : **« observez et écoutez »** ou simplement **« écoutez la vidéo »**. Ensuite, l'enseignant fera écouter le CD audio avec le livre ouvert pour faciliter la lecture et la compréhension du texte. Il pourra également demander aux élèves de prêter leur voix aux personnages : dans un premier temps en écoutant et répétant tous ensemble le contenu de chaque bulle après avoir stoppé l'audio, puis en relisant la BD en attribuant chaque personnage à un élève. Il pourrait reproduire aussi la situation en faisant asseoir les élèves comme dans la classe des jumeaux.

Transcription de l'enregistrement

En classe...

Maîtresse	Aujourd'hui, nous allons faire une rédaction : « Qu'est-ce que tu feras quand tu seras grand ? »
Léo	Je ne sais pas si je veux travailler, c'est très ennuyeux !
Maîtresse	Quel enthousiasme Léo !

Lin	Madame, moi je suis patiente et donc je serai maîtresse, comme vous !
Maîtresse	Parfait ! Et toi, Théo ?
Théo	J'ai les idées plus claires que mon frère. J'adore les animaux ! Je serai vétérinaire !
Ahmed	C'est vrai, tu t'occupes très bien de ton furet Hector.
Maîtresse	Et toi, Ahmed ?
Ahmed	J'aurai un garage et je serai mécanicien !
Isabelle	Moi je suis plus créative, je sais faire des gâteaux. Je serai boulangère !
Lin	Et tu nous inviteras tous pour le goûter !
Ahmed	Super ! C'est très intéressant !
Léo	Je ne sais pas ce que je ferai plus tard. Les autres oui !
Léo	Madame, je ne sais pas si je veux travailler. C'est trop fatigant !
Lin	Ah ah ah ! Quel paresseux !
Isabelle	Tu es trop amusant Léo. Tu sais faire rire les gens !
Léo	Eurêka ! Quand je serai grand je serai clown !

2 Choisis.

Les élèves liront quatre affirmations qu'ils devront terminer en choisissant la conclusion correcte parmi les options proposées.

Clef de l'activité : *1 C, 2 B, 3 A, 4 A*

3 Réponds.

Les élèves répondront aux questions en formulant des phrases complètes dans leur cahier ou à l'oral.

Clef de l'activité : *1 Lin sera maîtresse. 2 Parce qu'il adore les animaux. 3 Elle sait faire des gâteaux. 4 Parce qu'il sait faire rire les gens.*

4 34 35 Écoute et chante.

Suivre les indications fournies à la page 18 pour l'exploitation pédagogique du chant. Le refrain est formé de deux questions qui en fait signifient la même chose : la personne qui chante se demande quel métier elle exercera plus tard. Elle analyse d'une certaine façon ses qualités pour évaluer son futur métier. L'enseignant pourrait proposer aux élèves, après avoir abordé toute l'unité, de modifier le chant en remplaçant les adjectifs et les noms de métiers. Les élèves pourront ainsi le personnaliser à leur façon.

Transcription de l'enregistrement

Plus tard qu'est-ce que je ferai ?
Quel sera mon métier ?

Je suis une personne sensible,
mais aussi très disponible.
Serai-je vétérinaire ?
Ou peut-être secrétaire ?

Je travaillerai dans un magasin
ou est-ce que je serai médecin ?
Je suis pressé de découvrir
ce que me réserve l'avenir !

Cahier d'activités page 46

1 32 Complète, puis écoute et vérifie.

Pour recomposer les moments les plus saillants de la BD de cette unité, les élèves compléteront les bulles avec les mots proposés qui sont des noms de métiers et des adjectifs.

Transcription de l'enregistrement et clef

Lin	Madame, moi je suis **patiente** et donc je serai **maîtresse**, comme vous !
Maîtresse	Parfait ! Et toi, Théo ?
Théo	J'ai les idées plus claires que mon frère. Je serai **vétérinaire** !
Ahmed	J'aurai un garage et je serai **mécanicien** !
Isabelle	Moi je suis plus **créative**, je sais faire des gâteaux. Je serai **boulangère** !
Léo	Madame, je ne sais pas si je veux travailler. C'est trop **fatigant** !
Lin	Ah ah ah ! Quel **paresseux** !
Isabelle	Tu es trop **amusant** Léo. Tu sais faire rire les gens !
Léo	Eurêka ! Quand je serai grand je serai **clown** !

Lexique

Les métiers : *le vendeur / la vendeuse, le maître / la maîtresse, le / la vétérinaire, le cuisinier / la cuisinière, l'acteur / l'actrice, le pompier, le médecin, le mécanicien / la mécanicienne, le coiffeur / la coiffeuse, le / la secrétaire, le boulanger / la boulangère, le musicien / la musicienne, pâtissier / pâtissière, directeur / directrice, pharmacien / pharmacienne*

Les lieux de travail : *le théâtre, l'école, le cabinet médical, le bureau, le restaurant, le salon de coiffure, le magasin, le garage, le parc animalier*

Les actions : *vendre, enseigner, soigner, cuisiner, écrire à l'ordinateur, coiffeur, jouer, réparer*

Les adjectifs : *intéressant, ennuyeux, amusant, fatigant, dynamique, créatif, dangereux*

Supports et matériel

Livre de l'élève et Cahier d'activités
CD audio 2 de la classe
CD de l'élève
Livre actif
Fiche photocopiable 11, page 174

LEÇONS 2-3

Les métiers

J'apprends

Parler des certains métiers et des lieux de travail
Conjuguer le verbe *savoir* au présent de l'indicatif

Structures

La secrétaire travaille dans un bureau. / Elle sait enseigner aux enfants.
Le comparatif : *À mon avis, le travail du cuisinier est plus intéressant que le travail du vendeur.*
Masculin et féminin des noms

Livre de l'élève pages 74-75

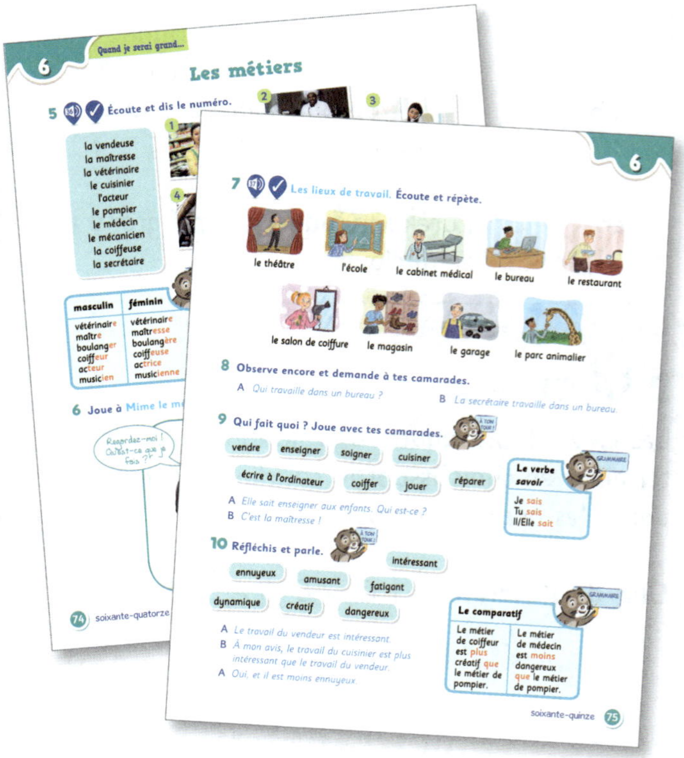

5 Écoute et dis le numéro.

Nous proposons ici une série de métiers parmi ceux préférés des élèves de cet âge. Ces derniers écouteront le nom de ces métiers et les associeront aux photos en disant le numéro auquel ils correspondent. L'accord de l'adjectif en genre et en nombre a été abordé dans l'unité du Livre 2 et l'enseignant pourrait vérifier l'apprentissage de cette règle de grammaire avant de faire remarquer aux élèves que la forme des substantifs varie selon le genre et le nombre.

Transcription de l'enregistrement

la vendeuse	le pompier
la maîtresse	le médecin
la vétérinaire	le mécanicien
le cuisinier	la coiffeuse
l'acteur	la secrétaire

Clef de l'activité : *la vendeuse 1, la maîtresse 10, la vétérinaire 5, le cuisinier 2, l'acteur 9, le pompier 6, le médecin 8, le mécanicien 4, la coiffeuse 7, la secrétaire 3*

Culture et civilisation

Jeunes sapeurs-pompiers (JSP)

En France, les enfants qui le désirent peuvent commencer leur apprentissage de jeune sapeur-pompier à l'age de onze ans ! Toutes les semaines et au cours de l'année scolaire, en général le mercredi ou le samedi, environ 28 000 filles et garçons suivent une formation. L'inscription se fait à la rentrée scolaire. Ils apprennent à faire du secourisme et de la formation incendie. À partir de 16 ans, le jeune sapeur-pompier passe son brevet des cadets et peut entrer dans sa carrière de sapeur-pompier volontaire ou professionnel, mais il doit bien sûr compléter son apprentissage.

Le brevet des cadets est composé de deux parties : une partie sport (exercices d'endurance, natation, athlétisme...) et une partie sur le comportement du citoyen responsable (comment alerter les secours, prévenir les risques de la vie courante, apprendre les techniques d'intervention, adopter la bonne conduite en cas de danger, effectuer les gestes qui sauvent). Après le brevet des cadets, le jeune sapeur-pompier doit suivre d'autres formations pour être aux normes et pour pouvoir intervenir sur un feu ou un accident.

Le genre des noms

La distinction masculin/féminin est importante en français. Le genre du nom détermine le choix du déterminant (article, adjectif possessif ou démonstratif) et implique l'accord de l'adjectif qui le suit (ou qui le précède).

- Les noms masculins qui se terminent par un *-e* sont invariables au féminin : ***le secrétaire***, ***la secrétaire***.
- Seuls quelques mots forment leur féminin en *-sse* comme ***le maître***, ***la maîtresse***.
- Les mots masculins qui se terminent par *-er*, forment leur féminin en *-ère* : ***le boulanger***, ***la boulangère***.
- Les mots masculins qui se terminent par *-en*, forment leur féminin en *-enne* : ***le mécanicien***, ***la mécanicienne***.
- Les mots masculins qui se terminent en *-eur*, forment leur féminin en *-euse* : ***le vendeur***, ***la vendeuse***.
- Les mots masculins qui se terminent en *-teur*, forment dans la plupart des cas leur féminin en *-trice*, sauf *chanteur*, *chanteuse* : ***l'acteur***, ***l'actrice***.

6 Joue à Mime le métier !

L'enseignant invitera des élèves au tableau pour mimer l'un des métiers proposés dans l'unité. Les uns après les autres ils mimeront un métier et leurs camarades devront décrire leur geste puis dire quel métier ils exercent.

7 Les lieux de travail. Écoute et répète.

Les élèves écouteront les mots liés aux lieux de travail et les répéteront.

Transcription de l'enregistrement

le théâtre	le salon de coiffure
l'école	le magasin
le cabinet médical	le garage
le bureau	le parc animalier
le restaurant	

8 Observe encore et demande à tes camarades.

Comme dans l'exemple proposé, les élèves se poseront des questions sur les lieux de travail des personnes. L'enseignant fera remarquer que dix métiers ont été proposés, mais que seulement neuf lieux de travail sont ici représentés. Il demandera donc aux élèves d'indiquer le métier pour lequel le lieu de travail n'a pas été indiqué et pourquoi à leur avis : il est vrai que l'on trouve le pompier dans une caserne, mais son vrai lieu de travail varie selon les urgences. Le pompier ne travaille pas vraiment dans la caserne, mais il entre en action partout dans la ville !

GRAMMAIRE

Le verbe *savoir*

Les trois premières personnes du singulier du verbe *savoir* (3ème groupe) sont ici proposées au présent de l'indicatif. Le verbe *savoir* est utilisé suivi d'un verbe à l'infinitif pour indiquer la capacité d'accomplir une action : ***je sais réparer une voiture***. C'est-à-dire que je suis capable de le faire.

9 Qui fait quoi ? Joue avec tes camarades.

Les élèves feront cette activité deux par deux. Un élève donnera une définition d'un métier en disant de quoi est capable une personne qui l'exerce et l'autre devra deviner de quel métier il s'agit. Les verbes propres aux compétences des différents métiers proposés sont fournis. Les élèves les utiliseront avec le verbe *savoir*.

GRAMMAIRE

Le comparatif

Cet encadré présente le comparatif de qualité : les degrés de supériorité et d'infériorité. L'objet de la comparaison est ici un adjectif qualificatif. L'adjectif s'accorde en genre et en nombre avec le nom auquel il se rapporte.

- Comparatif de supériorité :
  plus + adjectif + que/qu'
  Le métier de coiffeur est plus créatif que le métier de pompier.
- Comparatif d'infériorité :
  moins + adjectif + que/qu'
  Le métier de médecin est moins dangereux que le métier de pompier.

10 Réfléchis et parle.

Deux par deux, comme dans l'exemple, les élèves réfléchiront sur les métiers proposés dans l'unité : ils attribueront librement à chacun un adjectif et les compareront à un autre métier. Pour rendre cette activité plus amusante, l'enseignant pourra utiliser la fiche photocopiable 11 à la page 174, qui contient les images de douze métiers. Les élèves piocheront deux métiers et les compareront.

Clef de l'activité : *Réponses personnelles*

Cahier d'activités pages 47-48-49-50

2 Observe et écris.

Les élèves observeront les illustrations et recopieront les noms de métiers à la place qui convient.
Ils devront faire attention et utiliser le pronom personnel sujet et la forme verbale adéquate.

Clef de l'activité : *2 Il est cuisinier. 3 Il est médecin. 4 Elle est coiffeuse. 5 Il est vétérinaire. 6 Elle est maîtresse. 7 Elle est secrétaire. 8 Elle est actrice. 9 Il est pompier. 10 Il est mécanicien.*

3 Complète.

Pour compléter la grille, les élèves devront appliquer les règles de l'accord de l'adjectif abordées dans le livre à la page 74. Ils observeront les adjectifs donnés pour en former le féminin ou le masculin ainsi que le singulier ou le pluriel selon les cas.

Clef de l'activité :

masculin		féminin	
singulier	**pluriel**	**singulier**	**pluriel**
danseur	*danseurs*	*danseuse*	*danseuses*
maître	*maîtres*	maîtresse	*maîtresses*
acteur	*acteurs*	actrice	*actrices*
cuisinier	*cuisiniers*	*cuisinière*	*cuisinières*
mécanicien	*mécaniciens*	mécanicienne	*mécaniciennes*
secrétaire	*sécrétaires*	*secrétaire*	*sécrétaires*
musicien	*musiciens*	musicienne	*musiciennes*

4 Choisis.

Les élèves liront les phrases et souligneront ou entoureront les adjectifs qui conviennent en fonction du genre du sujet.

Clef de l'activité : *1 danseuse, 2 chanteur, 3 pâtissière, 4 boulanger, 5 acteur, 6 directrice, 7 musicienne, 8 pharmacien*

5 Complète avec les voyelles et associe. Puis écris dans ton cahier.

Les élèves compléteront les noms des lieux de travail avec les voyelles manquantes et associeront les mots obtenus aux photos correspondantes. Enfin, ils formuleront et écriront des phrases dans leur cahier comme dans l'exemple proposé pour dire qui travaille dans ces différents lieux.

Clef de l'activité : *2 l'école, 5 le restaurant, 4 le bureau, 6 le salon de coiffure, 3 le cabinet médical, 7 le magasin, 9 le parc animalier, 1 le théâtre, 8 le garage ; 2 La maîtresse travaille dans une école. 3 Le medécin travaille dans un cabinet médical. 4 La secrétaire travaille dans un bureau. 5 Le chef travaille dans un restaurant. 6 La coiffeuse travaille dans un salon de coifffure. 7 La vendeuse travaille dans un magasin. 8 Le mécanicien travaille dans un garage. 9 Le vétérinaire travaille dans un parc animalier.*

6 Complète les mots croisés.

Les élèves liront les définitions et compléteront la grille avec les noms de métiers.

Clef de l'activité : *1 cuisinier, 2 médecin, 3 secrétaire, 4 acteur, 5 coiffeur, 6 maître, 7 mécanicien, 8 vétérinaire, 9 vendeuse*

7 Écoute et écris le numéro.

L'enregistrement propose six personnes qui parlent de leur activité professionnelle. Les élèves écouteront attentivement et écriront le numéro correspondant aux noms des métiers proposés.

Transcription de l'enregistrement

1 Je lave et je coupe les cheveux.
2 Je m'occupe des animaux dans un parc animalier.
3 Je joue un rôle dans un film.
4 J'aide les personnes en danger.
5 J'enseigne le français à l'école.
6 Je fais rire les gens.

Clef de l'activité : *clown 6, pompier 4, vétérinaire 2, maître 5, coiffeur 1, acteur 3*

Le verbe *savoir*

Le verbe *savoir* au présent de l'indicatif est ici présenté à toutes les personnes. L'enseignant fera remarquer que seules les premières personnes du singulier ont une forme particulière et que les trois personnes du pluriel sont tout à fait régulières, car on les conjugue à partir de la racine du verbe ***sav-*** à laquelle on ajoute les désinences ***-ons***, ***-ez***, ***-ent***.

8 Complète.

Les élèves observeront attentivement l'encadré contenant la conjugaison du verbe *savoir* au présent de l'indicatif avant de faire l'activité qui consiste à insérer le verbe à la personne demandée.

Clef de l'activité : *1 sais, 2 sait, 3 savez, 4 savons, 5 sais, 6 savent*

9 Lis, choisis et complète.

Selon leur perception, les élèves compléteront les phrases avec un adjectif qualificatif pour définir quatre métiers.

Clef de l'activité : *Réponse possible : 1 fatigant, 2 intéressant, 3 créatif, 4 amusant*

Le comparatif

Pour approfondir, cet encadré propose de nouveaux exemples de phrases contenant les comparatifs de qualité d'infériorité et de supériorité.

10 Mets les mots dans le bon ordre.

Voilà trois phrases comparatives que les élèves devront remettre dans l'ordre en tenant compte du sens. Le premier mot est facile à repérer car il commence par une majuscule.

Clef de l'activité : *1 Léo est plus paresseux que Théo. 2 Lin est plus patiente qu'Ahmed. 3 Le métier de pompier est plus dangereux que le métier de coiffeur.*

LEÇON 4

Quand je serai grand...

J'apprends

Demander et dire ce qu'on fera quand on sera grand

Conjuguer les verbes *être, avoir, faire, arriver, finir* et *vivre* au futur simple

Structures

Qu'est-ce que tu feras quand tu seras grand ? J'aurai un garage et je serai mécanicien ! / Comme je suis sensible et disponible, je serai médecin.

Le futur simple des verbes *être, avoir, faire, arriver, finir, vivre*

Lexique

Les adjectifs : *patient / patiente, courageux / courageuse, curieux / curieuse, disponible, sensible*

Supports et matériel

Livre de l'élève et Cahier d'activités

CD audio 2 de la classe

Livre actif

Livre de l'élève page 76

6 Quand je serai grand...

Quand je serai grand...

11 38 Écoute et lis.

Le futur simple des verbes...

être	avoir	faire
Je serai Tu seras Il/Elle sera	J'aurai Tu auras Il/Elle aura	Je ferai Tu feras Il/Elle fera

12 39 Écoute et associe.

1 2 3 4

A B C D

13 40 Écoute et demande à tes camarades.

patient / patiente
courageux / courageuse
curieux / curieuse
disponible
sensible
créatif / créative

A *Qu'est-ce que tu feras quand tu seras grand ?*
B *Comme je suis sensible et disponible, je serai médecin.*
A *Et toi ? Qu'est-ce que tu feras plus tard ?*
B *Je ne sais pas, mais je ne serai pas maîtresse parce que je ne suis pas patiente.*

76 soixante-seize

11 38 Écoute et lis.

Les élèves vont entendre parler Ahmed et Isabelle s'exprimer au futur. Ils parlent du métier qu'ils exerceront quand ils seront grands.

Transcription de l'enregistrement

Ahmed Quand je serai grand je serai pompier !

Isabelle Moi, quand je serai grande j'aurai un salon de coiffure fantastique !

Le futur simple des verbes *être*, *avoir* et *faire*

Dans cet encadré sont présentées les trois premières personnes des verbes *être*, *avoir* et *faire* au futur simple. Ces verbes sont particuliers car la racine du futur diffère de celle de l'infinitif. Les désinences sont ***-ai***, ***-as***, ***-a***.
L'enseignant pourra préciser la différence entre le futur proche et le futur simple : on utilise le futur proche (*aller* + infinitif) pour parler d'une action imminente et le futur simple pour parler d'une action à venir.

12 39 Écoute et associe.

Les élèves entendront le témoignage de quatre enfants qui expliquent ce qu'ils sont capables de faire et par conséquent ce qu'ils feront quand ils seront grands. Deux d'entre eux parlent aussi de leur futur lieu de travail. Les élèves associeront chaque témoignage au métier correspondant représenté par un symbole.

Transcription de l'enregistrement

1 Je sais réparer mon vélo. Quand je serai grand, j'aurai un garage et je serai mécanicien.
2 J'adore les animaux. Quand je serai grande, je serai vétérinaire dans un parc animalier.
3 Plus tard je serai pompier parce que je veux aider les personnes en difficulté.
4 Je veux soigner les personnes malades. Quand je serai grande, je veux être médecin.

Clef de l'activité : *1 D, 2 A, 3 C, 4 B*

13 40 Écoute et demande à tes camarades.

Deux par deux, comme dans l'exemple, les élèves vont créer des mini-dialogues pour parler de leur futur métier en utilisant les adjectifs qui sont dans l'encadré à la forme correcte. L'enseignant fera remarquer qu'on ne met pas l'article devant les noms de métier : *je serai médecin*.

Transcription de l'enregistrement

A Qu'est-ce que tu feras quand tu seras grand ?
B Comme je suis sensible et disponible, je serai médecin.
A Et toi ? Qu'est-ce que tu feras plus tard ?
B Je ne sais pas, mais je ne serai pas maîtresse parce que je ne suis pas patiente.

Cahier d'activités page 51

Le futur simple

Les verbes *être*, *avoir* et *faire* sont ici présentés à toutes les personnes au présent de l'indicatif, ainsi qu'un verbe du 1er groupe (*arriver*), un du 2ème groupe (*finir*) et enfin un verbe du 3ème groupe en *-re* (*vivre*).

L'enseignant demandera aux élèves de conjuguer le verbe *avoir* au présent de l'indicatif. Il l'écrira au tableau en prenant soin d'écrire les désinences dans une autre couleur : *J'ai, Tu as, Il/Elle a, Nous avons, Vous avez, Ils/Elles ont*.
Ensuite il invitera les élèves à observer les désinences du futur simple des verbes conjugués dans l'encadré. Il leur demandera ce qu'ils ont remarqué : les désinences du futur sont en fait le verbe *avoir* au présent de l'indicatif.

- Pour former le présent des verbes du 1er et du 2ème groupe, il suffit d'ajouter les désnences ***-ai***, ***-as***, ***-a***, ***-ons***, ***-ez***, ***-ont*** au verbe à l'infinitif : *je parlerai, tu finiras*...
- Pour ce qui est des verbes du 3ème groupe en *-re*, il faut supprimer le *-e* final de l'infinitif avant d'ajouter les désinences.

La racine du verbe ne change jamais, qu'il s'agisse d'un verbe avec une conjugaison propre tels que les verbes *avoir*, *être* et *faire* ou d'un verbe régulier.

11 Complète avec les verbes *être*, *avoir* et *faire*.

Les élèves liront attentivement les phrases pour bien en saisir le sens afin d'insérer le verbe qui convient à la personne demandée.

Clef de l'activité : *2 aura, fera, 3 seras, seras, 4 aurons, serons, 5 serai, ferai, 6 seront, seront*

12 Complète.

Les élèves conjugueront les verbes entre parenthèses au futur simple à la personne qui convient.

Clef de l'activité : *2 partirons, 3 aura, 4 ferez, 5 serai, 6 habiteront, 7 vivra, 8 finiras*

LEÇON 5

Je joue

J'apprends
Le son [õ]

Lexique
cocotte, macarons, parfums, centre-ville, équitation, monstre

Supports et matériel
Livre de l'élève et Cahier d'activités
CD audio 2 de la classe
CD de l'élève
Livre actif

Livre de l'élève page 77

6

Je joue

14 La voyante prédit ton avenir ! Fais la cocotte des métiers et joue avec tes camarades.

Boîte à sons — Le son [õ] s'écrit « on », « om »

15 Écoute le son [õ] et répète.

1 pompier 2 poisson 3 salon 4 tongs
5 compter 6 maison 7 nombre 8 bonbon

16 Cherche dans la liste des mots tous les sons [õ].

17 Écoute et répète le virelangue le plus vite possible !

Les pompiers sont dans le salon de tonton et mangent des bonbons.

soixante-dix-sept 77

14 La voyante prédit ton avenir ! Fais la cocotte des métiers et joue avec tes camarades.

Cette activité amusera beaucoup les élèves. Il s'agit d'un jeu qui était autrefois en vogue dans les écoles et qui pourrait être exploité de différentes façons en didactique. Les élèves réaliseront deux par deux une cocotte, c'est-à-dire un origami qu'ils utiliseront pour jouer au jeu de la voyante. Sur chaque petit triangle ils feront un gros point coloré, ils souleveront le triangle et écriront un adjectif parmi ceux proposés dans l'unité. L'élève A (le voyant / la voyante) demandera à l'élève B de dire un nombre de 1 à 20 et ouvrira la cocotte en long et en large en comptant jusqu'au numéro choisi. L'élève B devra choisir une couleur et l'élève A soulèvera le triangle correspondant et lira silencieusement le nom de l'adjectif qui y est écrit. Il formulera une phrase pour prédire le futur métier de son « client » :
Tu es dynamique et tu seras acteur !

Voilà les phases de réalisation de la cocotte :

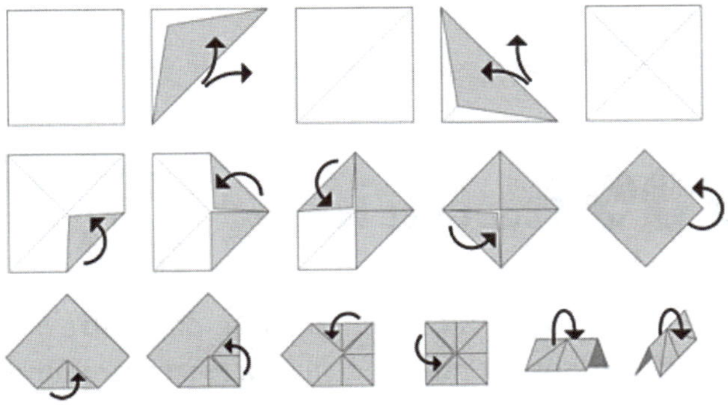

Boîte à sons

Le son [õ] s'écrit « on », « om »

15 Écoute le son [õ] et répète.

Les élèves écouteront et répéteront les mots contenant le son [õ].

Transcription de l'enregistrement

1 pompier	5 compter
2 poisson	6 maison
3 salon	7 nombre
4 tongs	8 bonbon

16 Cherche dans la liste des mots tous les sons [õ].

L'enseignant demandera aux élèves d'indiquer le son [õ] dans les mots de la liste et il pourrait les faire recopier dans leur cahier et entourer le son [õ] en rouge.

Clef de l'activité : *1 p**om**pier, 2 poiss**on**, 3 sal**on**, 4 t**on**gs, 5 c**om**pter, 6 mais**on**, 7 n**om**bre, 8 b**on**b**on***

17 Écoute et répète le virelangue le plus vite possible !

Les élèves écouteront puis liront ce virelangue à toute vitesse pour bien fixer la pronociation de la nasale [õ].

Transcription de l'enregistrement
Les pompiers sont dans le salon
de tonton et mangent des bonbons.

Cahier d'activités page 52

13 Étienne a envoyé cette lettre à son magazine préféré. Lis son message et réponds.

DELF Compréhension des écrits

Les élèves liront la lettre qu'Étienne a envoyée à son magazine préféré pour parler de lui-même, de ses compétences culinaires, de ce qu'il fera quand il sera grand et de tout ce qu'il fera dans son temps libre. Les élèves répondront aux questions.

Clef de l'activité : *1 C, 2 B, 3 vrai : « J'aurai deux chiens et un cheval », 4 A*

Boîte à sons

Le son [õ] s'écrit « on », « om »

14 Écoute et entoure le son [õ].

Les élèves écouteront l'enregistrement et entoureront le son [õ] contenu dans les huit mots proposés.

Transcription de l'enregistrement et clef

1 garç**on**
2 n**om**
3 piét**on**
4 stati**on**
5 m**on**stre
6 chans**on**
7 c**om**bien
8 bl**on**d

LEÇON 6

Je sais...

J'apprends
Faire des exercices de compréhension et de production orale et écrite sur les métiers et l'avenir

Lexique
drôles

Supports et matériel
Livre de l'élève et Cahier d'activités
CD audio 2 de la classe
CD de l'élève
Livre actif

Livre de l'élève pages 78-79

18 Écoute et montre la bonne image.

Les élèves entendront le témoignage de quatre enfants parlant du métier qu'ils excerceront quand ils seront grands. Ils associeront chaque témoignage à la photo correspondante.

Transcription de l'enregistrement

1 Bonjour ! Je m'appelle Julien et j'ai onze ans. Mon père est boulanger mais moi, plus tard, je serai acteur, c'est un métier très intéressant.
2 Je m'appelle Stéphanie. J'ai un frère, une sœur... et un gentil petit chien. Quand je serai grande, je veux devenir vétérinaire parce que j'aime beaucoup la nature et les animaux.

3 Salut ! Moi, c'est Nawelle. Mon rêve, c'est de m'occuper des gens malades. Oui, quand je serai grande je serai médecin.
4 Moi, j'ai douze ans et je m'appelle Robert. J'adore lire et écrire. Donc plus tard, je serai maître.

Clef de l'activité : *1 B, 2 A, 3 D, 4 C*

19 Joue avec tes camarades à Drôles de métiers !

Deux par deux, comme dans l'exemple, les élèves feront ce petit jeu de rôle dont l'objectif est d'exercer l'emploi du futur simple, des noms des métiers et des lieux où on les exerce, mais aussi les adjectifs qualificatifs. L'élève A demandera à l'élève B quel est à son avis le métier qu'il pourrait exercer. Ce dernier répondra de façon tout à fait farfelue : il attribuera un adjectif à son camarade et lui dira quel métier il exercera et où. Le métier en question n'aura rien à voir avec le lieu de travail.

20 Lis et choisis.

Pauline a écrit à son ami Julien pour lui parler de la rédaction que sa maîtresse lui a demandé de faire pour raconter ce qu'elle fera plus tard. Elle parle de ce qu'elle aime faire et par conséquent du métier qu'elle aimerait exercer. Les élèves liront sa lettre et les phrases qui suivent : ils choisiront l'option qui convient.

Clef de l'activité : *1 fera, 2 jardin public, 3 tranquille, 4 vétérinaire, 5 les personnes*

21 Complète la carte mentale, puis écris.

La carte proposée ici est vouée à la production écrite : l'élève se présentera, utilisera des adjectifs pour se définir, dira ce qu'il sait et ne sait pas faire et quel métier il exercera plus tard et où.

Clef de l'activité : *Réponse personnelle*

Cahier d'activités page 53

Mes compétences

15 Écoute, observe et écris le numéro.

Les élèves entendront le témoignage de quatre enfants qui parlent de leur avenir selon ce qu'ils aiment et/ou savent faire. Les élèves écouteront l'enregistrement et associeront ces témoignages aux photos.

Transcription de l'enregistrement

1 Je m'appelle Stéphanie. J'ai un frère, une sœur et un chien. Quand je serai grande, je serai vétérinaire dans un parc animalier parce que j'aime beaucoup la nature et les animaux.
2 Salut ! Moi, c'est Léo. Je voudrais m'occuper des gens malades. Oui, je veux étudier et devenir médecin parce que je suis patient et disponible.
3 Moi, j'ai douze ans et je m'appelle Rose. J'habite à Belleville. J'adore lire et j'aime les enfants. C'est pour ça que plus tard, je voudrais devenir maîtresse d'école.
4 Bonjour ! Je m'appelle Julien et j'ai onze ans. J'habite à Dijon et je suis très sportif. Mon père est boulanger mais moi, plus tard, je voudrais être footballeur.

Clef de l'activité : *A 3, B 1, C 2, D 4*

16 Écoute encore et réponds.

Les élèves écouteront de nouveau l'enregistrement de l'activité précédente et répondront aux questions posées en formulant des phrases complètes.

Clef de l'activité : *1 Stéphanie travaillera dans un parc animalier. 2 Léo est patient et disponible. 3 Rose a douze ans. 4 Le père de Julien est boulanger.*

Autoévaluation

Les élèves doivent autoévaluer les compétences acquises à la fin de l'unité 6 en cochant les cases comme dans la légende : *Je sais le faire. / Je dois m'entraîner encore un peu. / Je ne sais pas encore le faire, mais je vais apprendre.*

LEÇON 7

Les grandes inventions

J'apprends
Quelques informations sur les grandes inventions qui ont marqué l'histoire

Lexique
inventions, calame, argile, chauve-souris, caractères mobiles, prototype, pistons, mécanisme, améliorer, domaines, agriculture, médecine, transports, roue, pierre, bois, avancer, écriture, garder, trace, écriture cunéiforme, imprimerie, machine, encre, manivelle, planche, machine à vapeur, charbon, chauffer, monter, descendre, ingénieur, aviation, ailes, avion à moteur, révolutionné, oiseau

Supports et matériel
Livre de l'élève
CD audio 2 de la classe
Livre actif

Livre de l'élève pages 80-81

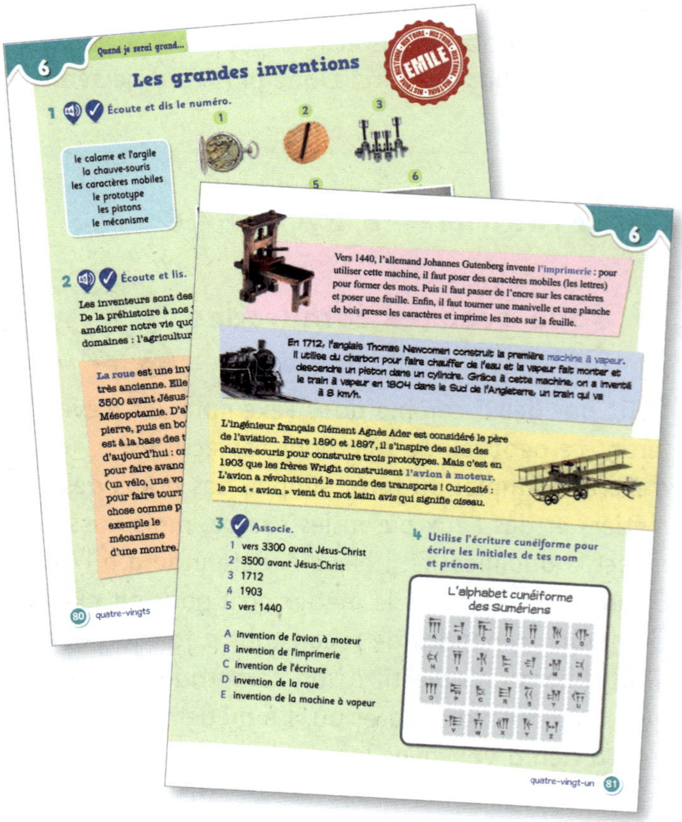

1 Écoute et dis le numéro.

Les élèves écouteront le nom des objets qui seront ensuite nommés dans l'activité 2. Ils associeront ces mots aux objets correspondants.

Transcription de l'enregistrement
le calame et l'argile
la chauve-souris
les caractères mobiles
le prototype
les pistons
le mécanisme

Clef de l'activité : *le calame et l'argile 2, la chauve-souris 5, les caractères mobiles 4, le prototype 6, les pistons 3, le mécanisme 1*

2 Écoute et lis.

Cette activité de lecture présente cinq grandes inventions qui ont été significatives pour l'homme : la roue, l'écriture, l'imprimerie, la machine à vapeur et l'avion à moteur. Les élèves écouteront et liront le texte avec attention.

Transcription de l'enregistrement

Les inventeurs sont des personnes qui imaginent et créent des objets utiles. De la préhistoire à nos jours, beaucoup de grandes inventions ont contribué à améliorer notre vie quotidienne et l'Humanité a fait des progrès dans tous les domaines : l'agriculture, la médecine, les transports...

La roue est une invention très ancienne. Elle date de 3 500 avant Jésus-Christ en Mésopotamie. D'abord en pierre, puis en bois, la roue est à la base des transports d'aujourd'hui : on l'utilise pour faire avancer un objet (un vélo, une voiture...) ou pour faire tourner quelque chose comme par exemple le mécanisme d'une montre.

L'invention de l'écriture en Mésopotamie vers 3300 avant Jésus-Christ marque la fin de la Préhistoire et le début de l'Histoire : maintenant, les hommes peuvent garder une trace écrite de ce qu'ils font. Les Sumériens utilisent un calame pour faire des formes géométriques et des dessins sur l'argile. Puis ils simplifient ces dessins pour écrire plus vite : c'est l'écriture cunéiforme.

Vers 1440, l'allemand Johannes Gutenberg invente l'imprimerie : pour utiliser cette machine, il faut poser des caractères mobiles (les lettres) pour former des mots. Puis il faut passer de l'encre sur les caractères et poser une feuille. Enfin, il faut tourner une manivelle et une planche de bois presse les caractères et imprime les mots sur la feuille.

En 1712, l'anglais Thomas Newcomen construit la première machine à vapeur. Il utilise du charbon pour faire chauffer de l'eau et la vapeur fait monter et descendre un piston dans un cylindre. Grâce à cette machine, on a inventé le train à vapeur en 1804 dans le Sud de l'Angleterre, un train qui va à 8 km/h.

L'ingénieur français Clément Agnès Ader est considéré le père de l'aviation. Entre 1890 et 1897, il s'inspire des ailes des chauve-souris pour construire trois prototypes. Mais c'est en 1903 que les frères Wright construisent l'avion à moteur. L'avion a révolutionné le monde des transports ! Curiosité : le mot « avion » vient du mot latin *avis* qui signifie *oiseau*.

3 Associe.

Après la lecture, les élèves associeront l'année de naissance aux noms des grandes inventions proposées.

Clef de l'activité : *1 C, 2 D, 3 E, 4 A, 5 B*

4 Utilise l'écriture cunéiforme pour écrire les initiales de tes nom et prénom.

Cette activité ludique consiste simplement à transcrire son propre prénom en utilisant l'alphabet cunéiforme des Sumériens. À chaque symbole correspond une lettre de l'alphabet français.

Clef de l'activité : *Réponse personnelle*

LEÇON 8

LE MONDE AUTOUR DE TOI

Des métiers d'hier et... de demain !

J'apprends

Quelques curiosités sur les métiers d'hier et de demain

Lexique

cloche, tambour, attirer, réverbères, électricité, illumine, échelle, allumer, gaz, éteindre, flamme, réveil, réveille, domicile, tape, fenêtre, bâton, dormeurs, marchands, fermier, urbain, pousser, herbes aromatiques, fleurs, espaces publics, jardinage, responsable, thérapeute, désintoxication, digitale, psychologue, dépendance, réseaux sociaux, sites Internet, jeux en ligne, objectif, thérapie, réduire, stress, relations, sociales, saines, pilote, guide touristique, spatial, tourisme, galactiques, espace, imprimeur, développement, imprimantes, demande, croissante, objets, réparer, cassés

Supports et matériel

Livre de l'élève
CD audio 2 de la classe
Livre actif

Livre de l'élève pages 82-83

Quand je serai grand...

Des métiers d'hier et... de demain !

1 Écoute et lis.

Les nouvelles technologies ont changé le monde du travail : certains métiers ont disparu et d'autres ont évolué de façon surprenante et ils n'ont pas encore fini de se transformer ! Voyons maintenant quelques exemples.

2 Vrai ou faux

4 Écoute et lis.

Le fermier urbain

Le fermier urbain est la personne qui fait pousser des légumes, des fruits, des herbes aromatiques mais aussi des fleurs sur les toits et les balcons des immeubles, dans des cours et dans des espaces publics. Il peut aussi élever des poules ou des lapins. Ce jardinage responsable sera de plus en plus important et les villes seront plus vertes et plus belles !

Le thérapeute en désintoxication digitale

Le thérapeute en désintoxication digitale est un psychologue qui aidera les personnes qui dépendent de leur portable et de l'Internet. Il libérera les personnes de leur dépendance des réseaux sociaux, des sites Internet, des jeux en ligne... L'objectif de la thérapie sera de réduire le stress et de permettre aux personnes d'avoir des relations sociales plus saines.

Le pilote et le guide touristique spatial

Avec le tourisme spatial, nous aurons besoin de pilotes spécialisés dans le voyage spatial et de guides touristiques « galactiques » ! Ils accompagneront les visiteurs pendant leur séjour dans l'espace.

L'imprimeur 3D

Grâce au développement des imprimantes 3D, il y aura une demande croissante d'imprimeurs 3D. C'est une personne spécialisée qui crée des objets avec une imprimante 3D et qui peut aussi réparer des objets cassés.

5 Qui fera quoi ? Associe.

1 Le fermier urbain
2 Le thérapeute en désintoxication digitale
3 Le guide touristique spatial
4 L'imprimeur 3D

A accompagnera les visiteurs dans l'espace.
B s'occupera des jardins sur les toits.
C créera et réparera des objets.
D aidera les personnes à ne plus dépendre des technologies.

82 quatre-vingt-deux

quatre-vingt-trois 83

1 Écoute et lis.

Les élèves écouteront et liront des informations sur trois métiers d'autrefois qui ont disparu : le crieur de rue, l'allumeur de réverbères et le réveilleur.

Transcription de l'enregistrement

Les nouvelles technologies ont changé le monde du travail : certains métiers ont disparu et d'autres ont évolué de façon surprenante et ils n'ont pas encore fini de se transformer ! Voyons maintenant quelques exemples.

Le crieur de rue

Avant la naissance de la radio et de la télévision, comment s'informent les gens qui ne savent pas lire ? Le crieur public va d'une ville à l'autre pour annoncer les nouvelles dans les rues. Il utilise une petite cloche ou un tambour pour attirer les personnes et commence à lire son texte.

L'allumeur de réverbères
Quand l'électricité n'existe pas encore, l'allumeur de réverbères illumine les rues tous les soirs. Il monte sur une échelle pour allumer les réverbères (à l'huile ou au gaz) et pour permettre aux gens de se sentir en sécurité dans leur ville. Le matin, il passe de nouveau pour éteindre la flamme du réverbère avec une cloche.

Le réveilleur
Avant l'apparition du réveil mécanique, le réveilleur réveille les gens à domicile : par exemple il tape à la fenêtre avec un grand bâton pour réveiller les dormeurs. En général, c'est une femme qui passe réveiller les marchands et elle gagne dix centimes par personne et par nuit.

2 Vrai ou faux ?

Après avoir lu attentivement le texte, les élèves liront les affirmations et diront si elles sont vraies ou fausses. Ils rectifieront l'affirmation fausse si l'enseignant le juge nécessaire.

Clef de l'activité : *1 vrai, 2 vrai, 3 vrai, 4 faux (Il gagne dix centimes par personne et par nuit)*

Culture et civilisation

L'enseignant invitera les élèves à réfléchir sur le développement des nouvelles technologies, et sur le fait que certains métiers ont complètement disparu alors que d'autres ont connu une évolution et ont changé de nom. Par exemple l'**allumeur de réverbères** n'existe plus depuis l'apparition de l'éclairage électrique au 19ème siècle. Le **marmiton** qui travaillait dans les cuisines des châteaux au 16ème siècle est devenu le cuisinier d'aujourd'hui. Le **chambellan** qui était au service du roi est devenu le valet de chambre puis une personne faisant partie du personnel de maison. Les **cochers** qui conduisaient autrefois les carrosses à chevaux sont devenus des chauffeurs de taxi. D'autres métiers ont été remplacés par des machines : le **poinçonneur** était chargé de poinçonner les tickets de bus, il a été remplacé par une borne automatique quel que soit le moyen de transport en commun (train, bus, métro). Les élèves pourront chercher en ligne des photos de ces anciens et nouveaux métiers pour les confronter.

Projet

3 Interrogez vos parents et vos grands-parents et demandez s'ils se souviennent de métiers qui ont aujourd'hui disparu ou qui sont devenus très rares.

À la maison, les élèves interagiront avec leurs parents et leurs grands-parents, mais aussi avec leurs oncles et tantes, pour leur demander s'ils connaissent des métiers qui n'existent plus aujourd'hui ou qui sont devenus rares. Il s'agira probablement surtout de métiers artisanaux. Ensuite ils se confronteront en classe avec leurs camarades et l'enseignant écrira le nom de ces métiers en français au tableau, si possible avec une petite phrase descriptive.

4 47 Écoute et lis.

Cette activité propose quatre métiers qui existent déjà, mais qui connaîtront une évolution dans les prochaines années : le fermier urbain, le thérapeute en désintoxication digitale, le pilote et le guide touristique spatial et l'imprimeur 3D.

Transcription de l'enregistrement

Le fermier urbain

Le fermier urbain est la personne qui fait pousser des légumes, des fruits, des herbes aromatiques mais aussi des fleurs sur les toits et les balcons des immeubles, dans des cours et dans des espaces publics. Il peut aussi élever des poules ou des lapins. Ce jardinage responsable sera de plus en plus important et les villes seront plus vertes et plus belles !

Le thérapeute en désintoxication digitale

Le thérapeute en désintoxication digitale est un psychologue qui aidera les personnes qui dépendent de leur portable et de l'Internet. Il libérera les personnes de leur dépendance des réseaux sociaux, des sites Internet, des jeux en ligne... L'objectif de la thérapie sera de réduire le stress et de permettre aux personnes d'avoir des relations sociales plus saines.

Le pilote et le guide touristique spatial

Avec le tourisme spatial, nous aurons besoin de pilotes spécialisés dans le voyage spatial et de guides touristiques « galactiques » ! Ils accompagneront les visiteurs pendant leur séjour dans l'espace.

L'imprimeur 3D

Grâce au développement des imprimantes 3D, il y aura une demande croissante d'imprimeurs 3D. C'est une personne spécialisée qui crée des objets avec une imprimante 3D et qui peut aussi réparer des objets cassés.

5 Qui fera quoi ? Associe.

Après avoir relu attentivement le texte de l'activité précédente, les élèves associeront les métiers à leur description.

Clef de l'activité : *1 B, 2 D, 3 A, 4 C*

Mes compétences

Notre ville idéale

J'apprends

Réaliser un poster pour parler de notre ville idéale

Lexique

pistes cyclables, voitures électriques, amusante, agréable, propres, circulation, terrains de foot, moderne, bruyante, polluée, ennuyeuse

Supports et matériel

Livre de l'élève

Livre actif

Livre de l'élève pages 84-85

1 Observe le poster et lis.

Les élèves observeront le poster et l'enseignant les guidera en posant des questions : **« Qu'est-ce que ce poster présente ? Combien de photos y a-t-il ? Qu'est-ce qu'elles représentent ? Quelles sont les adjectifs utilisés pour décrire cette ville idéale ? Qu'est-ce que vous aimez en particulier de cette ville ? »**.

2 Formez des groupes et répondez aux questions pour imaginer votre ville idéale.

L'enseignant formera de petits groupes en classe et les élèves se poseront les questions proposées dans l'encadré pour définir leur idée de ville idéale. Ils prendront des notes qui leur seront utiles pour faire l'activité qui suit.

Clef de l'activité : *Réponses personnelles*

3 Cherchez des images dans des magazines ou dessinez les éléments de votre ville idéale (école, parc, magasins, piscine...).

Cette petite recherche photographique plaira beaucoup aux élèves. Il leur suffira de chercher en classe des images dans des magazines ou sur Internet ou de dessiner les éléments de leur ville idéale.

4 Collez vos photos/dessins sur une affiche et décrivez votre ville. Utilisez des adjectifs.

En prenant comme exemple le poster de l'activité 1, les élèves réaliseront le poster de leur propre ville idéale en collant les images qu'ils ont trouvées et en écrivant de petites légendes sous chacune. Pour les écrire, ils devront utiliser les adjectifs qu'ils ont appris dans l'unité.

5 Maintenant présentez votre ville idéale à la classe. Votez la meilleure proposition et motivez votre choix.

Chaque groupe présentera sa ville idéale à la classe. Ensuite, l'enseignant accrochera tous les posters au mur en leur assignant un numéro. Les élèves voteront la meilleure proposition (ils ne pourront pas voter pour leur propre ville !) : ils écriront sur un morceau de papier le numéro de la ville qu'ils préfèrent et l'enseignant procédera au dépouillement. La ville idéale qui aura obtenu le plus de points sera élue la plus belle. Les élèves qui l'auront votée devront expliquer pourquoi elle les a frappés.

Clef de l'activité : *Réponse personnelle*

Autoévaluation

Les élèves doivent autoévaluer les compétences acquises à la fin des unités 5 et 6 en cochant les cases comme dans la légende : *Je sais le faire. / Je dois m'entraîner encore un peu. / Je ne sais pas encore le faire, mais je vais apprendre.*

La Saint-Valentin

J'apprends
Connaître les symboles de la Saint-Valentin et les lieux romantiques de Paris
Réciter une poésie pour le jour de la Saint-Valentin

Lexique
patron, cadeaux, pralines, roses, petite amie, fleur, amoureux, langage, amour, passion, amitié, romantique, déclarer, vœu, mur, montre, paix, sentiment, universel, effeuillent, marguerite, enlever, pétales, à la folie, pas du tout, bouquet, humeur

Supports et matériel
Livre de l'élève
CD audio 2 de la classe
Livre actif
Fiche photocopiable 12, page 175

Livre de l'élève pages 86-87

Les élèves, dans le Livre 1, ont appris comment on fête Noël, le Carnaval et Pâques. Dans le Livre 2, ils ont abordé la Fête des Rois, la Chandeleur et le Poisson d'avril. Cette fois, ils découvriront la façon dont les Français fêtent la Saint-Valentin, la Fête de la Musique et leur Fête nationale.
L'enseignant pourra proposer aux élèves de choisir et de réaliser un symbole de ces fêtes pour enrichir la mini-exposition culturelle décrite dans ce guide à la page 76 du guide pédagogique du Livre 1. Par exemple un grand cœur pour la Saint-Valentin, un instrument de musique pour la Fête de la Musique et pour la Fête nationale ils réaliseront la cocarde tricolore.

1 (48) Écoute et lis. Quels sont les symboles de la Saint-Valentin ?

Les élèves liront et écouteront le texte sur la fête des amoureux. L'enseignant leur demandera quels sont les symboles de cette fête et leur posera des questions : **« Est-ce que dans votre pays on fête la Saint-Valentin ? Quand fête-t-on l'amour et l'amitié dans votre pays ? Est-ce qu'on s'offre des cadeaux ? Lesquels ? Quelle est la fleur qui symbolise l'amour chez vous ? »**.

Transcription de l'enregistrement
Le 14 février, on fête la Saint-Valentin : c'est la fête de l'amour dans le monde entier. Saint Valentin est le patron des amoureux. C'est l'occasion pour offrir des cadeaux et des pralines à la personne qu'on aime. Le garçon offre des roses à sa petite amie. La rose est la fleur préférée des amoureux : dans le langage des fleurs, elle symbolise l'amour et la passion. Les amoureux envoient aussi des « valentines » : ce sont des messages d'amour et d'amitié. Aujourd'hui, ils envoient surtout des cartes virtuelles avec leur portable.

Clef de l'activité : *Les symboles de la Saint-Valentin sont les cadeaux, les pralines, les roses, les « valentines » et les cartes virtuelles.*

L'enseignant pourra proposer aux élèves la fiche photocopiable 12 à la page 175, qui présente un test sur la Saint-Valentin.

2 (49) Écoute, lis et associe.

Les élèves écouteront l'enregistrement et liront le texte qui présente trois lieux très romantiques de la capitale française. Ils devront ensuite associer ces lieux aux photographies. L'enseignant pourra leur demander : **« Quels sont les lieux les plus romantiques de votre pays ? Pourquoi ? »**.

Transcription de l'enregistrement

Paris la romantique

Beaucoup d'amoureux du monde entier vont à Paris, une ville très romantique. À Paris on peut déclarer son amour sous la Tour Eiffel.

Au Jardin du Luxembourg, les amoureux expriment un vœu et jettent une pièce dans la Fontaine de Médicis.

À Montmartre, les amoureux vont au Mur des je t'aime. Ce mur montre que l'amour et la paix dans le monde sont très importants. Sur ce Mur de 42 mètres carrés, on a écrit « Je t'aime » en 300 langues parce que l'amour est un sentiment universel.

Clef de l'activité : *Tour Eiffel C, Fontaine de Médicis A, Mur des je t'aime B*

Renforcement

L'enseignant pourrait proposer aux élèves de réaliser une **« fresque de l'amour universel »** en classe : pour ce faire, ils travailleront en groupe et chercheront en ligne comment on dit « je t'aime » dans d'autres langues. L'enseignant attribuera à chaque groupe des langues différentes... sans oublier d'inclure celles proposées dans l'unité 1 du Livre 2. Les élèves pourront écrire leurs « je t'aime » et décorer la fresque tous ensemble.

3 (50) Écoute et lis.

Pour faire cette activité, l'enseignant fera écouter et lire l'enregistrement. Il pourrait aussi apporter en classe des marguerites pour inviter les élèves à les effeuiller en disant : « Il/elle m'aime, un peu, beaucoup, à la folie, pas du tout ! ».

Transcription de l'enregistrement

Est-ce que mon ami(e) m'aime beaucoup ?

Pour le savoir, les Français effeuillent une marguerite. Pour faire ce jeu romantique, il faut enlever les pétales de la fleur un à un et il faut dire :

il/elle m'aime
un peu
beaucoup
à la folie
pas du tout !

A La réponse à la question ? Le dernier pétale te le dira !

4 (51) Lis et complète, puis écoute et récite la poésie.

Avant de réciter la poésie, les élèves devront lire et compléter le texte, puis vérifier leurs réponses avec l'enregistrement. L'enseignant leur fera remarquer que pour reconstituer le texte, il faut respecter les rimes.

Transcription de l'enregistrement et clef

La fête des amoureux

C'est la Saint-Valentin
et je sors de bon **matin**.

J'achète un bouquet de **fleurs**,
et des biscuits en forme de cœur.

J'apporte la bonne humeur
à mes amis : quel **bonheur** !

Je leur écris des mots d'**amour**.
Je les aime pour toujours !

Culture et civilisation

L'amour en littérature

Les textes littéraires ont encore une certaine influence sur les amourettes des jeunes... en particulier sur les filles qui sont plutôt « fleur bleue ». Voilà de belles histoires d'amour de la littérature française que l'enseignant pourra raconter aux élèves :

Tristan et Yseut de Béroul et Thomas

Tristan ramène Yseut en Angleterre parce qu'elle doit épouser le Roi. Sur le bateau, les deux jeunes boivent un filtre d'amour et tombent amoureux. Le Roi est furieux, mais il décide de ne pas les séparer. Tristan et Yseut, touchés par ce geste, se séparent. Tristan épouse une autre jeune fille, mais son amour pour Yseut est très fort : blessé pendant un combat, il lui demande de venir. La femme de Tristan est jalouse et elle lui dit qu'Iseut ne viendra pas. Tristan meurt de désespoir. Yseut arrive trop tard et meurt de chagrin elle aussi.

Peau d'âne de Charles Perrault

Pour ne pas épouser son père, une princesse décide de s'enfuir dans la forêt. Pour se cacher, elle se déguise avec une peau d'âne et vit dans une cabane. Un prince charmant la voit et il l'aime tellement qu'il tombe malade. Peau d'âne lui prépare un gâteau et elle fait tomber une bague en or dedans. Pour la retrouver, le prince fait essayer la bague à toutes les jeunes filles du royaume. Peau d'âne essaie la bague et se transforme en jolie princesse.

La Belle et la Bête de Jeanne-Marie Leprince de Beaumont

À cause d'une rose que son père cueille dans le jardin de la Bête et à cause de ses méchantes sœurs, Belle se retrouve prisonnière dans un beau château. La Bête veut l'épouser mais Belle refuse toujours. Le père de Belle est malade et la Bête lui permet d'aller le voir à une condition : revenir dans huit jours, mais ses sœurs la retiennent. Belle fait un rêve : la Bête est mourante. Belle la rejoint et la Bête se transforme en prince charmant.

LA FÊTE DE LA MUSIQUE

J'apprends

Quelques informations sur la Fête de la Musique
Savoir distinguer différents instruments de musique et les genres musicaux

Lexique

Les genres musicaux : *musique classique, jazz, rock, rap, hip-hop, techno*
Les instruments de musique : *la clarinette, le saxophone, la flûte, la harpe, la trompette, le tambour, le violon, le piano, la guitare, les cymbales*

manifestation, spontanée, gratuite, concerts, célébrer, conservatoires, radios, télévisions, salles de concerts, exceptionnellement, rassembler, développer, communication, sensibilité, solstice

Supports et matériel

Livre de l'élève
CD audio 2 de la classe
Livre actif

Livre de l'élève pages 88-89

1 Écoute, lis et complète.

Les élèves écouteront et liront le texte sur la Fête de la Musique en insérant les mots donnés à la place qui convient. L'enseignant pourrait demander : **« Est-ce qu'on célèbre la Fête de la Musique dans votre pays ? Comment est-ce qu'on la célèbre ? Est-ce que vous savez jouer d'un instrument ? »**.

Transcription de l'enregistrement et clef

La Fête de la Musique est une **manifestation** culturelle très populaire. Elle est spontanée et gratuite avec des **concerts** organisés dans tout le pays. Des **musiciens** viennent célébrer tous les **genres** musicaux : la musique **classique**, le jazz, le rock, le rap, le hip-hop, la techno...
Les écoles de musique, les conservatoires, les radios, les télévisions, les **salles** de concerts organisent leurs propres spectacles et la fête se déroule dans les **rues**, sur les places, dans les **jardins** publics...
Mais c'est aussi l'occasion d'ouvrir exceptionnellement au public des lieux qui ne sont pas traditionnellement consacrés aux concerts, comme par exemple les musées, les hôpitaux...
La musique a le pouvoir de rassembler les Français et permet de développer l'écoute, l'expression, la communication et la sensibilité artistique des personnes.

2 Vrai ou faux ?

Après avoir lu attentivement le texte, les élèves liront les affirmations et répondront si elles sont vraies ou fausses. Ils corrigeront les réponses fausses dans leur cahier.

Clef de l'activité : *1 faux (Elle est gratuite), 2 faux (On peut écouter tous les genres musicaux), 3 vrai, 4 vrai, 5 vrai*

3 Écoute et lis.

Ce texte parle de la naissance de la Fête de la Musique, une fête née en France ! Les élèves liront et écouteront le texte avec attention.

Transcription de l'enregistrement

La Fête de la Musique naît en 1976 grâce à Joël Cohen, un musicien américain. Plus tard, le ministre de la culture Jack Lang décide d'organiser la première Fête de la Musique le 21 juin 1982. Mais pourquoi le 21 juin ? C'est une date symbolique : c'est le jour du solstice d'été, donc la nuit la plus longue de l'année ! En 1985, on commence à organiser cette fête dans de nombreux pays et aujourd'hui elle existe dans 120 pays sur les 5 continents !

4 Réponds.

Après avoir lu le texte, les élèves répondront aux questions de compréhension dans leur cahier.

Clef de l'activité : *1 La Fête de la Musique naît en 1976. 2 Parce que c'est le jour du solstice d'été. 3 On célèbre la musique dans 120 pays sur les 5 continents.*

5 Écoute et dis le numéro.

Les élèves entendront le nom de dix instruments de musique qu'ils devront associer aux photos correspondantes.

Transcription de l'enregistrement

la clarinette	le tambour
le saxophone	le violon
la flûte	le piano
la harpe	la guitare
la trompette	les cymbales

Clef de l'activité : *la clarinette 3, le saxophone 4, la flûte 2, la harpe 10, la trompette 1, le tambour 6, le violon 7, le piano 8, la guitare 9, les cymbales 5*

6 Sais-tu distinguer ces différents genres musicaux ? Écoute et associe.

Les élèves entendront six mélodies qu'ils devront associer aux genres musicaux proposés. L'enseignant pourrait ensuite demander : **« Quel est votre instrument préféré ? Quel est votre genre musical préféré ? »**.

Transcription de l'enregistrement

1 musique jazz	4 musique rock
2 musique rap	5 musique techno
3 musique classique	6 musique hip-hop

Clef de l'activité : *musique classique 3, jazz 1, rock 4, rap 2, hip-hop 6, techno 5*

Culture et civilisation

La chanson française

La chanson populaire naît au Moyen-Âge avec les troubadours qui chantent l'amour, la beauté de la nature et les croisades.
Pendant la Révolution française, on compose environ 3000 chansons généralement patriotiques comme par exemple *La Marseillaise*.
Avec les années folles (1920-1930), la musique nègre et le charleston séduisent la France. Joséphine Baker connaît un énorme succès.
Après la Seconde Guerre mondiale, Maurice Chevalier lance la mode du music-hall et Edith Piaf chante *La vie en rose*.
Dans les années 50, Jacques Brel et Georges Brassens font entrer la poésie dans la musique.
Le rock et la pop music arrivent en force dans les années 60 avec Johnny Hallyday.

Aujourd'hui, la chanson française se porte bien en particulier grâce au phénomène de la comédie musicale. Les Français aiment chanter et beaucoup s'inscrivent dans des chorales : il y a environ 13000 chorales dans les écoles primaires ! D'autres veulent tenter leur chance dans le monde du spectacle et participent aux télé-crochets.

La Fête nationale

J'apprends
Quelques informations sur la Fête nationale du 14 juillet
Connaître les symboles de la République française
Réaliser une cocarde tricolore

Lexique
valeurs, liberté, égalité, fraternité, fierté, peuple, Révolution, événement, espoir, démocratie, attaque, Roi, prison, férié, militaire, Président, fumées, bals, casernes, animations, tombée, feu d'artifice

Supports et matériel
Livre de l'élève
CD audio 2 de la classe
Livre actif

Livre de l'élève pages 90-91

1 Connais-tu les symboles de la République française ? Associe.

Les élèves liront les définitions et les associeront aux symboles de la République française.

Clef de l'activité : *A 3, B 4, C 2, D 1*

2 Écoute, lis et complète.

Les élèves écouteront et liront le texte sur la Fête nationale en insérant les mots donnés à la place qui convient.

Transcription de l'enregistrement et clef
En France, on célèbre la Fête nationale le **14 juillet**. Cette date rappelle le premier jour de la Révolution française. La **Révolution** est un événement important pour le monde entier parce qu'elle fait naître un espoir de **liberté** et de démocratie.
Le 14 juillet **1789**, le peuple parisien attaque le Roi et la Bastille, la **prison** de Paris. Aujourd'hui, elle n'existe plus. Maintenant il y a une **place** avec des cafés, des restaurants, des cinémas...

Culture et civilisation

La prise de la Bastille
Le 14 juillet 1789, les Parisiens se révoltent et prennent la Bastille, une prison réservée aux prisonniers politiques. La Constituante supprime les différences et décide de faire payer les impôts à tout le monde. Le Roi n'a plus de pouvoir législatif et la Constituante affirme que « les hommes naissent libres et égaux ».

Pour indiquer la fin de la Révolution, on organise une grande fête le 14 juillet 1790 pour célébrer l'anniversaire de la prise de la Bastille et le Roi Louis XVI jure de respecter la constitution.
La République est proclamée en 1792 et le 21 janvier 1793 le roi est guillotiné sur la place de la Révolution (aujourd'hui Place de la Concorde).

3 Écoute, lis et associe.

Les élèves écouteront et liront quatre particularités sur la Fête nationale qu'ils associeront aux photos correspondantes. L'enseignant pourrait demander : **« Quelle est la date de la Fête nationale dans votre pays ? Quelles sont les particularités et les manifestations principales de ce jour si spécial ? »**.

Transcription de l'enregistrement

Le 14 juillet est un jour férié : les Français ne travaillent pas. Le matin, ils regardent le défilé militaire sur les Champs Élysées ou à la télévision : l'armée française défile devant le Président de la République.

Les avions de la Patrouille de France volent sur les Champs Elysées et laissent des fumées bleues, blanches et rouges dans le ciel : les couleurs du drapeau français.

Le soir, on fait la fête sur toutes les places françaises. On organise des bals populaires et on s'amuse beaucoup. Le plus connu est le Bal des pompiers. Les pompiers ouvrent leurs casernes pour offrir des danses et des animations aux visiteurs.

À la tombée de la nuit, à 23 heures, il y a un grand feu d'artifice sur la Tour Eiffel et partout en France à la même heure.

Clef de l'activité : *le défilé militaire D, Les avions de la Patrouille de France C, fête sur toutes les places A, grand feu d'artifice sur la Tour Eiffel B*

4 Réponds.

Les élèves reliront attentivement les textes de l'activité précédente et répondront dans leur cahier.

Clef de l'activité : *1 L'armée française défile sur les Champs Élysées devant le Président de la République. 2 Ce sont les avions de la Patrouille de France. 3 Sur les places on organise des bals populaires. 4 À 23 heures. 5 Réponse personnelle.*

Projet

5 Réalise une cocarde tricolore.

Les élèves disposent de deux ronds en papier crépon, le plus grand est rouge tandis que l'autre légèrement plus petit est blanc. Sur le rond blanc, ils colleront un rond plus petit en carton bleu. Pour réaliser les rubans, ils découperont trois bandes (une bleue, une blanche, une rouge) qu'ils colleront en les faisant chevaucher. Avec des ciseaux, ils feront deux pointes pour réaliser l'extrémité du ruban.

Grand jeu de l'oie

J'apprends
Réviser et utiliser les structures et le lexique acquis au cours de l'année scolaire

Structures
Les structures acquises au cours de l'année scolaire

Lexique
Les mots et les expressions acquis au cours de l'année scolaire

Supports et matériel
Livre de l'élève
Livre actif

Livre de l'élève pages 92-93

Ce jeu de l'oie est un outil amusant et pédagogique qui permet de s'imprégner davantage des structures et des mots acquis au cours de l'année scolaire. Pour y jouer, les élèves doivent les avoir mémorisés pour répondre aux questions (« Où est-il ? », « Combien de cousins as-tu ? »), mimer des actions (nager, coiffer), dessiner un objet (une armoire, une statue...), parler (*je tourne à gauche, je vais tout droit*).
L'enseignant formera des groupes de 4 ou 5 élèves. Le plus jeune du groupe se positionnera sur la case départ et lancera le dé, le jeu procèdera dans le sens des aiguilles d'une montre.
Après avoir lancé le dé, le joueur se déplacera dans la case correspondant au nombre obtenu et suivra les instructions. Le gagnant sera bien entendu le joueur qui atteindra la case d'arrivée.
L'enseignant circulera dans la classe pour veiller à ce que les groupes jouent correctement.

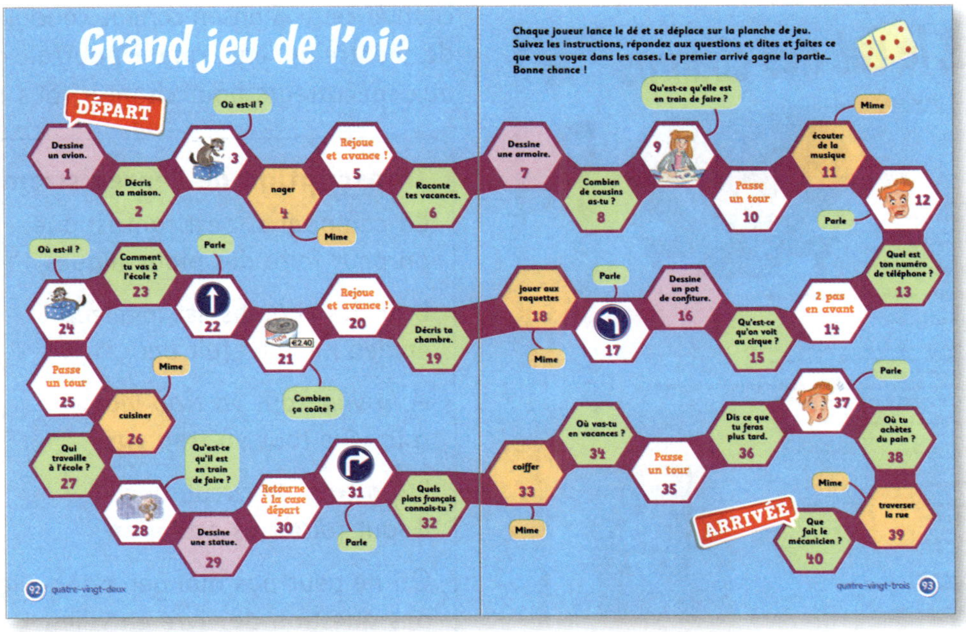

Le rat de ville et le rat des champs

J'apprends

Jouer une petite pièce de théâtre et chanter une chanson

Réaliser le décor, les costumes et les accessoires

Supports et matériel

Livre de l'élève

CD audio 2 de la classe

Livre actif

Livre de l'élève pages 94-95-96

1 (58) Écoute, lis et joue la pièce.

Cette activité de théâtre propose une réadaptation d'une fable d'Esope : *Le rat de ville et le rat des champs*. Il n'y a que deux personnages et l'enseignant pourra demander à plusieurs élèves de les interpréter. Il fera d'abord écouter la pièce, livre ouvert. Il passera ensuite à la lecture mais, s'il le désire il pourra proposer un exercice de répétition pour bien fixer prosodie et prononciation.

Pour jouer cette pièce, il faudra préparer les **vêtements** et les **accessoires** dont nos deux rats ont besoin afin que les spectateurs puissent les distinguer. Le rat de ville pourrait porter un casque de vélo vu qu'il a une moto et le rat des champs un chapeau de paille et un baluchon comme dans l'illustration proposée.

Des élèves pourraient s'occuper du **décor**. Le premier tableau est une conversation téléphonique et les élèves pourraient apporter deux téléphones posés sur une table aux deux extrémités de la scène. Les deux tableaux suivants se passent à la campagne, il suffirait donc d'apporter des bottes de paille et des outils (un râteau, une pelle...). Enfin, la pièce se termine en ville et il serait préférable de faire une toile de fond avec des maisons. Pour représenter la boucherie et la boulangerie, les élèves pourraient utiliser deux tables pour faire deux espèces de vitrines avec des dessins collés sur le bord : de la viande, du poulet et des baguettes et des gâteaux/croissants. Des figurants pourraient circuler sur scène en faisant mine de conduire une voiture ou une moto.

2 (59) (60) La campagne, c'est fantastique !

Suivre les indications fournies à la page 18 pour l'exploitation pédagogique du chant. Les élèves pourront chanter cette chanson comme conclusion de cette pièce de théâtre et l'enseignant pourrait distribuer le texte aux spectateurs pour chanter tous ensemble.

Transcription de l'enregistrement

La campagne, c'est fantastique,
on peut faire des pique-niques.

L'air des champs est meilleur
et rien ne vous fait peur.

À la ville tout va trop vite,
à la ville tout va trop vite.

Il y a trop de circulation,
il faut faire très attention.

On ne peut pas manger tranquille,
pas question de vivre en ville !

À la ville tout va trop vite,
à la ville tout va trop vite.

Le DELF Prim s'adresse à tous les enfants débutants en français langue étrangère, engagés dans des études correspondant au niveau élémentaire français ou de l'âge requis pour les poursuivre selon la règlementation en vigueur dans leur pays. À l'étranger, le DELF Prim permet de valider les compétences en langue française par un diplôme internationalement reconnu.
Les épreuves du DELF Prim A2 sont conçues selon le niveau A2 du CECR (Cadre Européen Commun de Référence pour les langues). Le DELF Prim A2 est sur la même ligne que le DELF Prim A1 et valide encore la compétence langagière d'un utilisateur élémentaire, considéré comme un acteur social. Le candidat est à présent en mesure d'accomplir des tâches simples du quotidien. Il peut recourir à des formules de politesse et réussir à faire de simples échanges communicatifs.

Voici quelques exemples d'activités d'un examen DELF Prim A2, mais nous tenons à préciser que notre méthode ne permet pas d'atteindre le niveau A2 et que les élèves devront approfondir la connaissance du français afin de l'atteindre. Nous fournissons tout de même un modèle de cette épreuve en nous appuyant sur les contenus proposés dans *Léo et Théo 3*.
Avant de soumettre les élèves à cette épreuve, il est préférable de bien leur expliquer les compétences requises pour les épreuves collectives (Compréhension de l'oral, Compréhension des écrits, Production écrite). Il convient cependant de rappeler que l'examen DELF Prim prévoit aussi une épreuve individuelle de Production orale en trois parties (entretien dirigé, monologue suivi, exercice en interaction) de la durée de 5 à 7 minutes.
Les compétences précédemment mentionnées concernent des scènes de vie quotidienne semblables à celles présentées dans le livre et dans le cahier.

Compréhension de l'oral

Pour l'épreuve de Compréhension de l'oral, de la durée de 25 minutes, les élèves devront répondre à des questionnaires de compréhension portant sur trois ou quatre courts documents enregistrés ayant trait à des situations de la vie quotidienne. Ils écouteront l'enregistrement deux fois. La durée maximale de l'ensemble des documents sonores est de 5 minutes.

Cahier d'activités pages 54-55-56

Exercice 1

36 **Nicolas laisse un message à son ami Florian pour lui proposer un week-end à la montagne. Lis d'abord les questions. Écoute le message et réponds.**

Les élèves entendront le message de Nicolas qui invite son ami Florian à passer un week-end à la montagne. Ils cocheront les solutions explicitées (ou illustrées) et répondront aux questions posées si possible en formulant une phrase complète.

Transcription de l'enregistrement

Nicolas Salut, Florian ! Ça va ? Je veux te proposer une idée fantastique pour le week-end ! Je serai à la montagne avec ma famille et mes cousins, Julien et Kévin. Si tu es libre, tu peux venir avec nous ! La maison n'est pas grande et nous quatre, nous dormirons tous ensemble dans la même chambre ! Mes parents joueront aux cartes avec leurs amis et nous, nous nous amuserons ! J'ai organisé un pyjama party très amusant ! D'accord ? Alors, dis à ta mère de téléphoner à ma mère pour confirmer. Ah ! N'oublie-pas tes chaussures de marche : nous allons faire une promenade dans la forêt ! Alors, à bientôt !

Clef de l'activité : *1 C, 2 Avec sa famille et ses cousins Julien et Kévin, 3 A, 4 B, 5 Parce qu'ils vont faire une promenade dans la forêt*

Exercice 2

Sandra parle à Aline de son séjour scolaire en classe verte. Lis d'abord les questions. Écoute bien le dialogue et réponds.

Les élèves entendront un dialogue entre Aline et Sandra : Sandra a fait un séjour en classe verte et son amie Sandra veut connaître les moindres détails de cette expérience. Ils cocheront les solutions explicitées (ou illustrées) et répondront aux questions posées si possible en formulant une phrase complète.

Transcription de l'enregistrement

Aline Alors, Sandra, ta Semaine verte ?
Sandra Oh ! Fantastique !
Aline Très bien ! Et qu'est-ce que vous avez fait ?
Sandra Nous avons fait des promenades dans la nature, à pied mais aussi à cheval !
Aline À cheval ? Et tu as aimé l'équitation ?
Sandra Oh, oui ! Je veux continuer ce sport, j'adore les chevaux !
Aline Et avec tes copains, qu'est-ce que vous avez fait ?
Sandra Nous avons fait un atelier sur les abeilles. Et toi, Aline ? Tu as été en Semaine verte ?
Aline Oui, nous avons planté des légumes.
Sandra C'est super la Semaine verte !

Clef de l'activité : *1 C'est Sandra. 2 Sandra a fait des promenades dans la nature, à pied et à cheval, Elle a fait un atelier sur les abeilles avec ses copains, 3 B, 4 Aline a planté des légumes avec ses copains*

Exercice 3

Noémie parle avec un nouveau camarade. Lis d'abord les questions. Écoute bien le dialogue et réponds.

Un nouvel élève vient d'arriver dans la classe de Noémie, il est espagnol et il s'appelle Emilio. Noémie est particulièrement accueillante et le met tout de suite à l'aise. Les élèves écouteront l'enregistrement, cocheront les solutions explicitées (ou illustrées) et répondront aux questions posées si possible en formulant une phrase complète.

Transcription de l'enregistrement

Noémie Salut ! Je m'appelle Noémie. Tu es nouveau ?
Emilio Oui, je viens de Madrid.
Noémie Comment tu t'appelles ?
Emilio Je m'appelle Emilio.
Noémie Donc, tu n'es pas français.
Emilio Non, je suis espagnol.
Noémie Je connais l'Espagne ! Chaque année je passe mes vacances à Barcelone.
Emilio Oh ! C'est une ville magnifique et j'adore la plage.
Noémie Oh il est 10h30 ! C'est la récréation, viens avec moi, je vais te présenter mes autres amis ! Tu aimes jouer au ballon ?
Emilio Oh oui ! Pourquoi ?
Noémie Parce qu'à la récréation nous aimons jouer au ballon et nous goûtons.

Clef de l'activité : *1 Il s'appelle Emilio, 2 B, 3 Parce que chaque année elle passe ses vacances à Barcelone, 4 La récréation est à 10h30, 5 B*

Compréhension des écrits

Pour l'épreuve de Compréhension des écrits, de la durée de 30 minutes, les élèves devront répondre à des questionnaires de compréhension portant sur trois ou quatre courts documents écrits simples ayant trait à des situations de la vie quotidienne.

Cahier d'activités

pages 57-58-59-60-61

Exercice 1

Yousra a envoyé cette lettre à son magazine préféré. Lis sa lettre et réponds.

Yousra écrit à son magazine préféré pour parler de sa famille et de la ville où elle habite. Elle parle des langues qu'elle connaît et explique comment elle exerce la langue française. Plus tard elle sera médecin. Les élèves liront attentivement sa lettre avant de répondre aux questions. Ils cocheront les solutions explicitées (ou illustrées) et répondront aux questions posées, ou vrai ou faux en justifiant leur réponse avec une phrase du texte.

Clef de l'activité : *1 C, 2 B, 3 A, C, 4 C, 5 C : « Plus tard, je veux devenir médecin et m'occuper des petits enfants. »*

Exercice 2

Lis cette affiche et réponds.

Cette affiche donne des conseils utiles pour bien réussir à l'école. Les élèves liront ces invitations formulées à l'impératif avant de répondre aux questions. Ils cocheront les solutions explicitées (ou illustrées) et répondront aux questions posées.

Clef de l'activité : *1 B, 2 Je dois poser des questions, 3 C, 4 C*

Exercice 3

Lis ce document et réponds.

C'est bientôt les vacances et pour fêter la fin de l'année scolaire l'école organise une grande kermesse : tous peuvent participer à l'organisation et une réunion de préparation est prévue. Les élèves liront attentivement le programme de la kermesse avant de répondre aux questions. Ils cocheront les solutions explicitées (ou illustrées) et répondront aux questions posées, ou vrai ou faux en justifiant leur réponse avec une phrase du texte.

Clef de l'activité : *1 La kermesse est samedi 26 juin. 2 vrai : « Distribution des prix du concours de dessin », 3 vrai : « le premier prix est un voyage à Disneyland Paris », 4 A*

Production écrite

Pour l'épreuve de Production écrite, de la durée de 45 minutes, les élèves doivent rédiger deux brèves productions écrites (lettre amicale ou message) :

- décrire un événement ou des expériences personnelles ;
- écrire pour inviter, remercier, demander, informer...

Cahier d'activités pages 62-63

Exercice 1

Tu as passé ton week-end à la campagne chez tes grands-parents avec un(e) ami(e). Raconte ton week-end.
- **Dis ce que tu as fait.**
- **Dis ce que tu as aimé.**
- **Dis ce que tu n'as pas aimé.**

Écris environ 8 lignes. Tu peux t'aider des dessins.

Les élèves écriront un message à un ami pour lui raconter leur week-end, en développant les points énoncés. Pour se faciliter la tâche, ils observeront les illustrations : ils diront avec qui ils ont passé le week-end, parleront de leur pique-nique et donc de ce qu'ils ont mangé et bu et comment s'est terminée leur journée. Ils exprimeront ce qu'ils ont apprécié et ce qu'ils non pas du tout aimé.

Clef de l'activité : *Réponse personnelle*

Exercice 2

Un ami t'invite à dîner et à faire un pyjama party chez lui samedi soir. Tu réponds à son message.
- **Tu écris un message pour dire merci à ton ami.**
- **Tu ne peux pas aller chez lui et tu lui expliques pourquoi.**
- **Tu lui proposes une autre activité pour un autre jour.**

Les élèves liront l'invitation à un pyjama party et répondront à Simon qui la leur a envoyée pour le remercier, mais ils déclineront son invitation en lui expliquant pourquoi ils ne pourront pas participer à sa fête. Pour finir, ils proposeront de faire une autre activité un autre jour.

Clef de l'activité : *Réponse personnelle*

LEÇON 3 (Livre de l'élève, page 11)

Le memory des vacances

	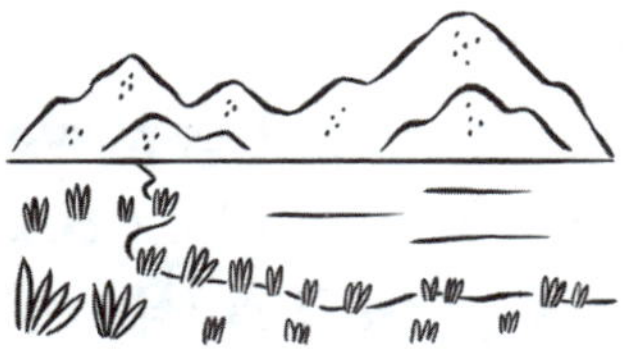	la mer	le lac
		la montagne	la ville
		l'île	la campagne
		la voiture	le camping-car
		le car	le train
		l'avion	le bateau

LEÇON 5 (Livre de l'élève, page 13)

Raconte tes vacances !

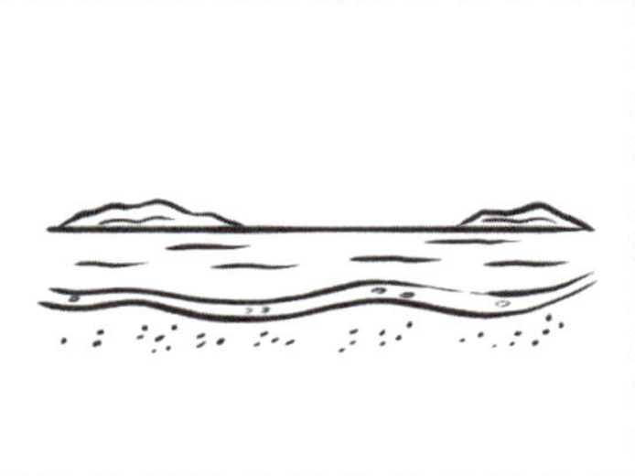

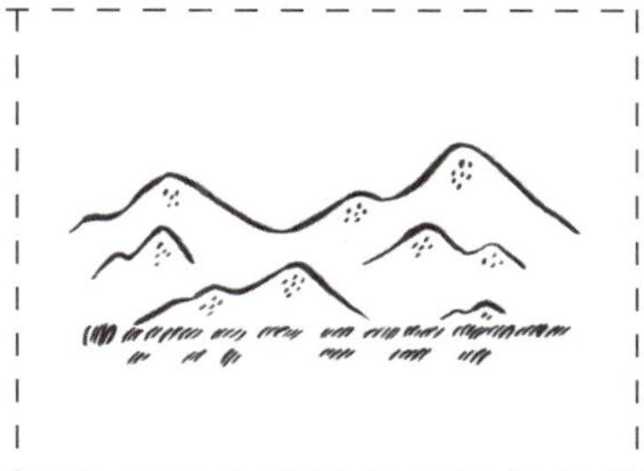

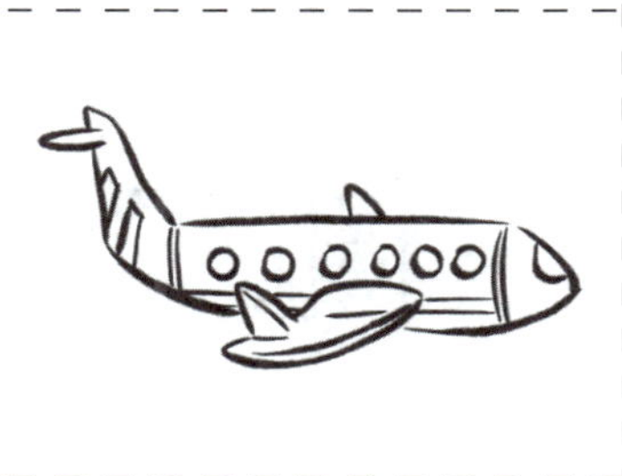

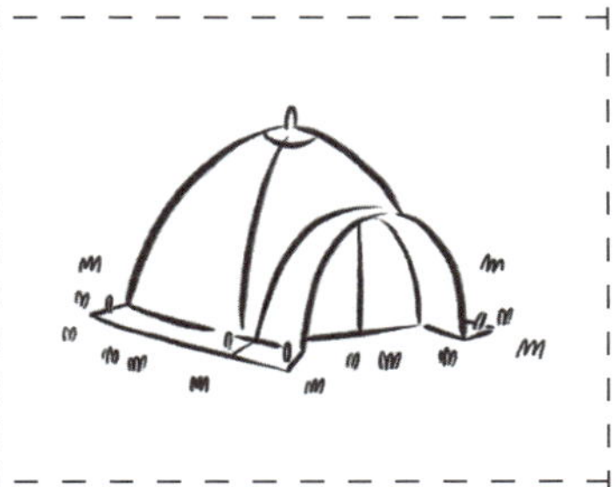
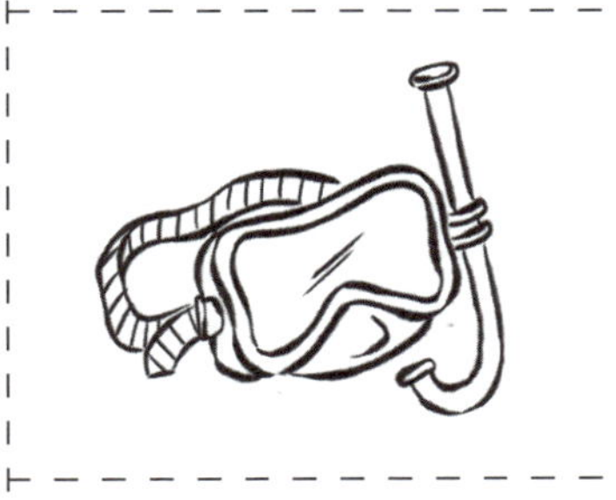
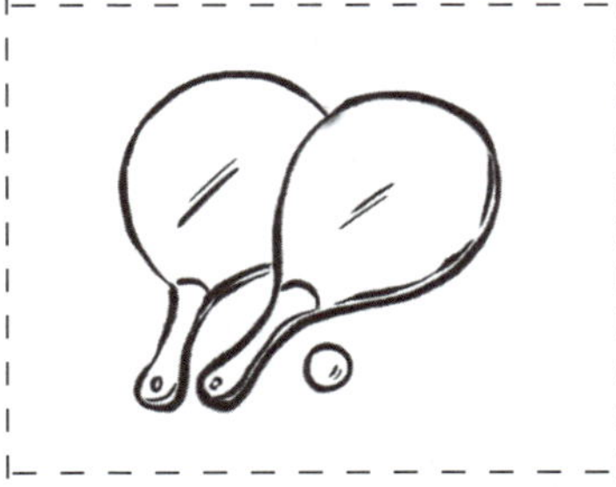

LEÇON 4 (Livre de l'élève, page 24)

Le dé des prépositions

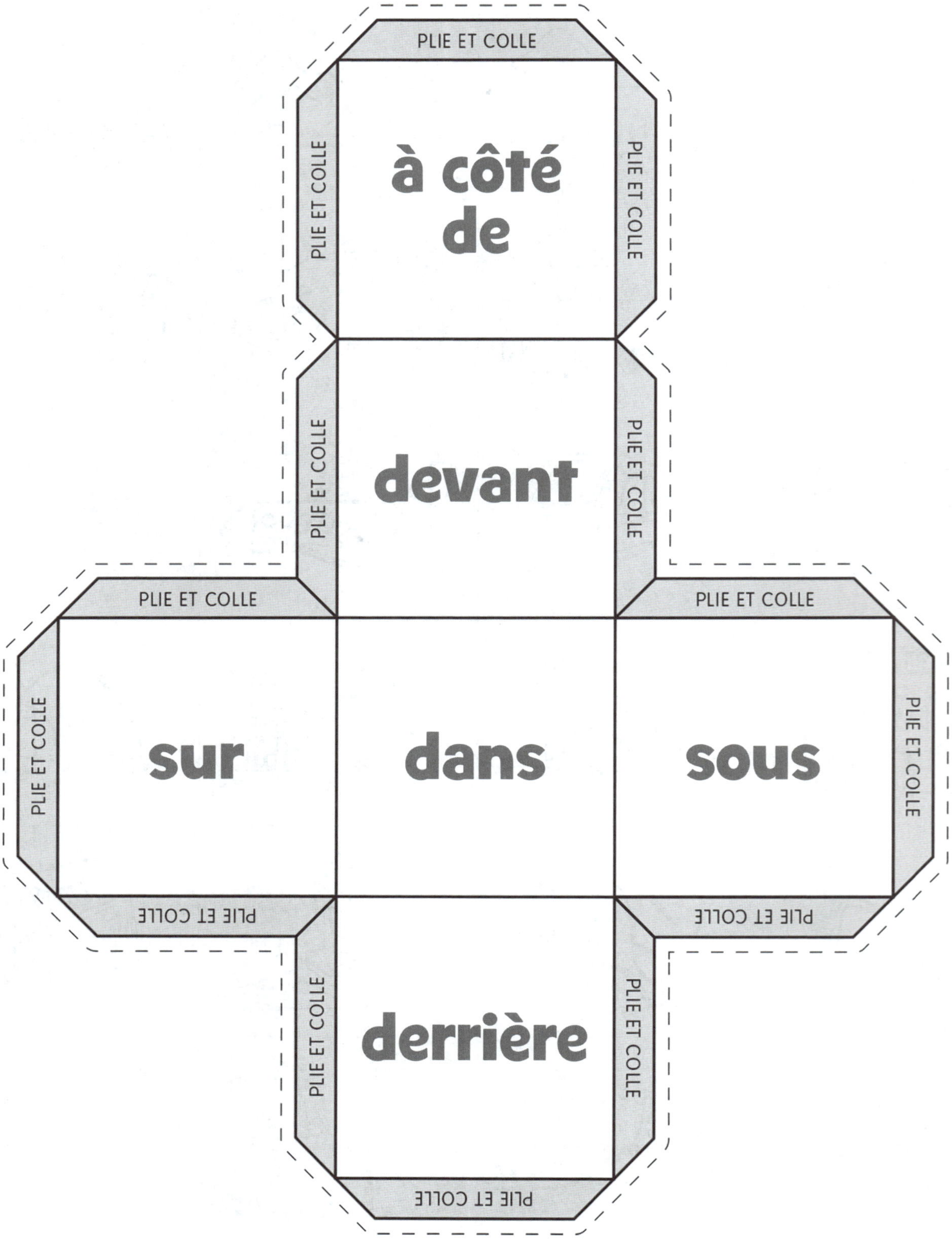

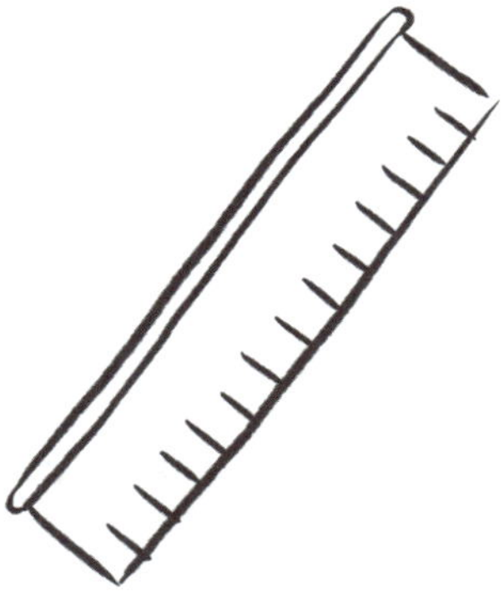
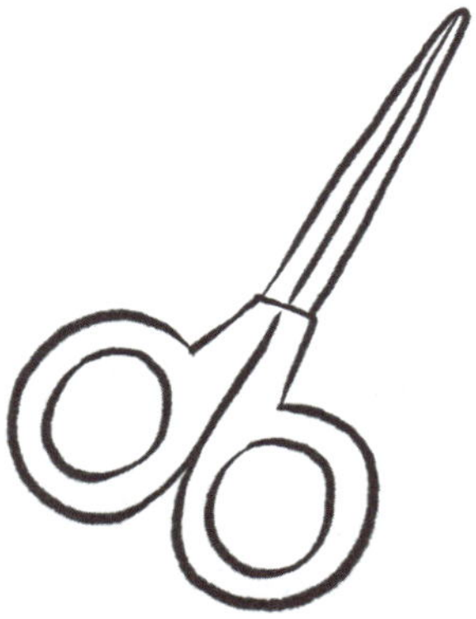
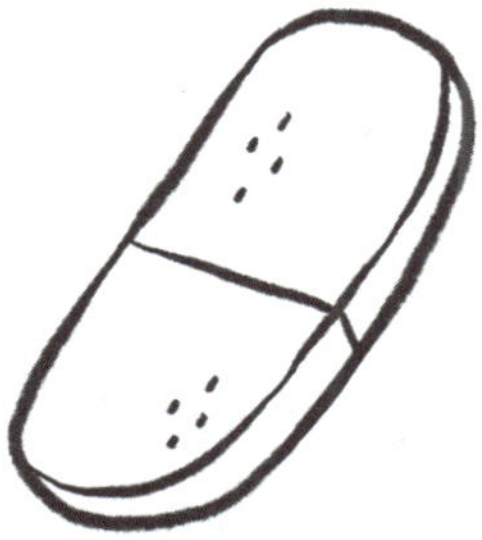
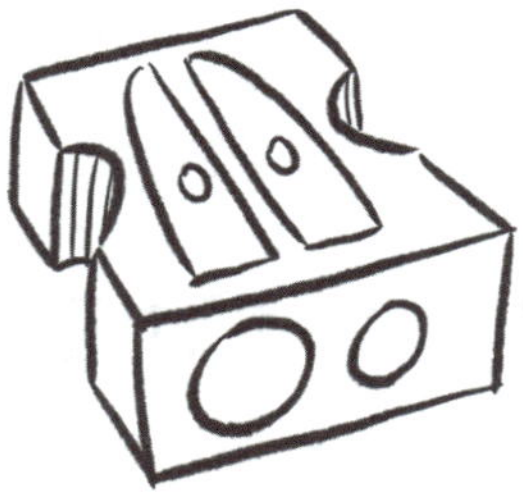
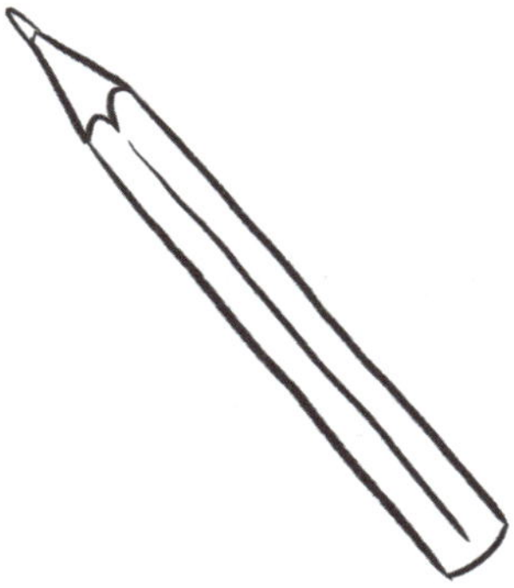
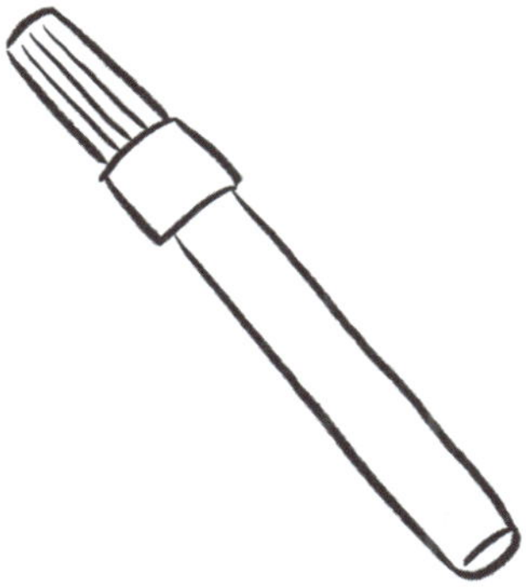

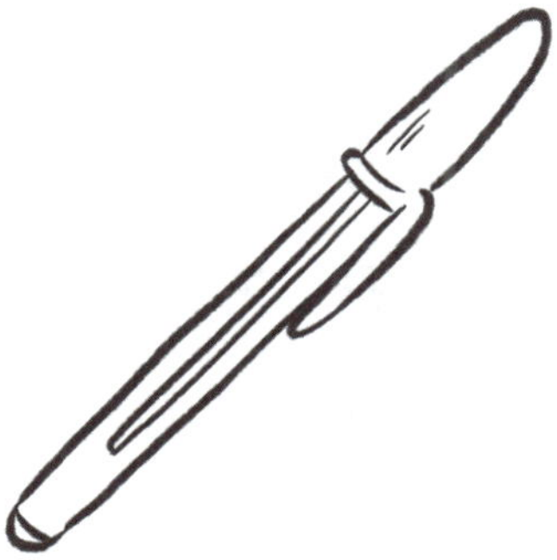

LEÇON 4 (Livre de l'élève, page 24)

Où je vais ?

je voudrais lire un livre	je voudrais regarder un film	je voudrais faire du bricolage
je voudrais écouter de la musique	je voudrais dormir	je voudrais changer de vêtements
je voudrais préparer un gâteau	je voudrais jouer au ballon	je voudrais manger un sandwich
je voudrais me laver les cheveux	je voudrais laver la voiture de papa	je voudrais faire du vélo

LEÇON 1 (Livre de l'élève, page 35)

Mon rapport avec la technologie et Internet

As-tu un téléphone portable ?
- ☐ oui
- ☐ non

Qu'est-ce que tu fais avec ton téléphone portable ?
- ☐ j'appelle mes amis
- ☐ j'envoie des messages
- ☐ je prends des photos
- ☐ j'écoute de la musique

Est-ce que tu utilises un ordinateur chez toi ?
- ☐ oui
- ☐ non

Quand ?
- ☐ tous les jours
- ☐ 1 ou 2 fois par semaine
- ☐ chaque 15 jours

Est-ce que tu utilises Internet ?
- ☐ oui
- ☐ non

Que fais-tu quand tu surfes sur Internet ?
- ☐ je lis
- ☐ je joue
- ☐ je fais des recherches
- ☐ je chatte avec mes ami(e)s

Est-ce que tu partages tes informations personnelles ?
- ☐ parfois
- ☐ jamais

Tu utilises un ordinateur pour :
- ☐ jouer à des jeux vidéo
- ☐ écrire ou dessiner
- ☐ surfer sur Internet
- ☐ télécharger de la musique ou des images sur Internet
- ☐ utiliser des livres numériques
- ☐ envoyer et recevoir des mails
- ☐ passer du temps sur les réseaux sociaux
- ☐ chatter avec mes ami(e)s

Avec qui utilises-tu ton ordinateur ?
- ☐ avec mon père
- ☐ avec ma mère
- ☐ avec mes frères ou mes sœurs
- ☐ avec mes ami(e)s
- ☐ seul
- ☐ autre : ____________

Tu peux passer un mois sans ordinateur ?
- ☐ oui
- ☐ non

LEÇON 5 (Livre de l'élève, page 39)

Jeu des quatre familles

le père jongleur	la mère jongleuse	le fils jongleur	la fille jongleuse
le grand-père jongleur	la grand-mère jongleuse	l'oncle jongleur	la tante jongleuse
le cousin jongleur	la cousine jongleuse	le père acrobate	la mère acrobate
le fils acrobate	la fille acrobate	le grand-père acrobate	la grand-mère acrobate
l'oncle acrobate	la tante acrobate	le cousin acrobate	la cousine acrobate

le père danseur	la mère danseuse	le fils danseur	la fille danseuse
le grand-père danseur	la grand-mère danseuse	l'oncle danseur	la tante danseuse
le cousin danseur	la cousine danseuse	le père clown	la mère clown
le fils clown	la fille clown	le grand-père clown	la grand-mère clown
l'oncle clown	la tante clown	le cousin clown	la cousine clown

LEÇON 7 (Livre de l'élève, page 43)

Le système solaire

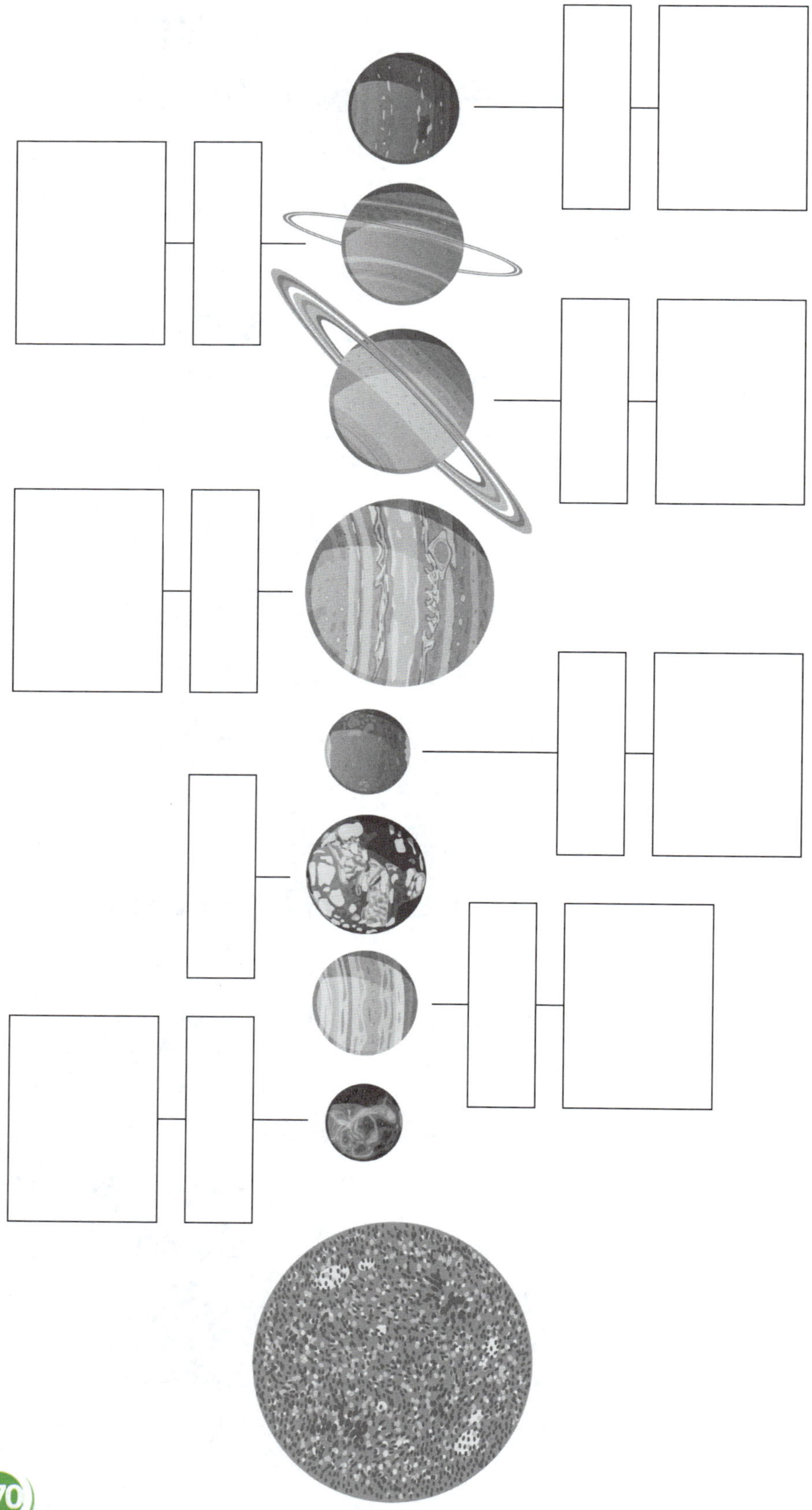

Mars

Neptune

Terre

Uranus

Vénus

Saturne

Mercure

Jupiter

le dieu du ciel

le dieu de la mer

le dieu de l'agriculture et du temps

le roi des dieux

le dieu de la guerre

la déesse de la beauté et de l'amour

le dieu messager de l'Olympe

LEÇON 6 (Livre de l'élève, page 52)

Qu'est-ce que vous désirez ?

LEÇON 3 (Cahier d'activités, page 43)

Recompose les phrases !

Pour	aller	à la	poste,	il faut	prendre	l'autobus	numéro	cinq.
Quand	le	feu	est	rouge,	il ne faut pas	traverser	la	rue.
Allons	acheter	des	croissants	à la	boulangerie	pour	le	petit-déjeuner.
Pour	aller	au	parc,	tu	dois	tourner	à	droite.
Avant	de	traverser,	il faut	regarder	à	droite	et	à gauche.
Il	va	à	l'école	à	pied	avec	ses	amis.
Excusez-	moi,	où	se	trouve	le	magasin	de	jouets ?
Si	tu	veux	faire	les	courses,	va	au	supermarché.
Achète	un	ticket	de	bus	au	kiosque	à	journaux.
À	quel	arrêt	je	dois	descendre	pour	aller	au musée ?
Je	ne	peux	pas	aller	à la	gare	à	pied.

LEÇON 4 (Livre de l'élève, page 65)

Il faut ou il ne faut pas ?

pousser ses amis sur la rue

pédaler avec des tongs

pousser ses camarades quand on monte dans l'autobus

parler trop fort dans l'autobus

jouer au ballon dans la rue

traverser la rue sur le passage piétons

regarder à droite et à gauche avant de traverser

mettre un casque pour protéger sa tête

porter des genouillères pour protéger ses genoux

attendre l'autobus loin du bord du trottoir

LEÇON 2 (Livre de l'élève, page 75)

Les métiers

La Saint-Valentin (Livre de l'élève, page 86)

Es-tu romantique ?

Pour la Saint-Valentin, ton cadeau préféré est :
C une bague
D un jeu vidéo
B des pralines
A un texto d'amour

Il/Elle a oublié ton cadeau :
B Tu es très en colère.
C Ce n'est pas grave.
D Tu lui téléphones pour protester.
A Impossible de le/la pardonner.

Tu l'aimes parce que :
A Il est gentil / Elle est gentille.
D Il est beau / Elle est belle.
C Il/Elle me fait rire.
B Il/Elle est disponible.

Il/Elle t'invite à goûter :
D Je trouve ça idiot.
B Je trouve ça sympa.
C Je trouve ça inutile.
A Je trouve ça romantique.

Il/Elle t'envoie 50 textos par jour :
D Quelle barbe !
C C'est normal !
B C'est gentil !
A Tu préfères les appels.

Découvre ton profil !

Majorité de A : Tu es content(e) quand il/elle pense à toi, quand il/elle t'offre de petits cadeaux. Tu es très romantique.

Majorité de B : La personne que tu aimes doit avoir beaucoup d'imagination et toi aussi tu aimes lui faire des surprises.

Majorité de C : Tu n'es pas très romantique. Ce qui compte pour toi, c'est la bonne humeur !

Majorité de D : Tu n'es pas du tout romantique. Pas besoin d'offrir des fleurs pour dire qu'on s'aime !

Prénom : ____________________ Classe : __________

Nom : ____________________ Date : __________

Compréhension de l'oral

1 Écoute et relie pour recomposer le voyage de chaque personnage.

Julie

Nathan

Aurélie

Kévin

Vocabulaire

2 Complète la grille.

Lieux	Moyens de transport	Logements	Activités
mer, ______	*voiture*, ______	*hôtel*, ______	*nager*, ______
______	______	______	______
______	______	______	______
______	______	______	______
______	______	______	______
______	______	______	______

Communication

3 Remets les dialogues dans l'ordre.

A

- ☐ Non, avec mes amis. Nous allons en colonie de vacances en car !
- ☐ Et où tu vas en vacances ?
- ☐ Bonjour, tu pars en vacances au mois de juillet ?
- ☐ Je vais à la montagne. À Chamonix !
- ☐ Non, je pars en vacances au mois d'août !
- ☐ C'est super la montagne ! Tu pars avec tes parents ?

B

- ☐ Et pourquoi c'est fatigant ?
- ☐ Ah oui ?! Où vous avez été ?
- ☐ Parce que nous avons donné à manger aux animaux.
- ☐ Nous avons été à la campagne chez nos grands-parents.
- ☐ Salut, comment ont été vos vacances ?
- ☐ Nous avons passé des vacances fatigantes.

Production écrite

4 Complète la lettre et raconte tes vacances.

Salut ! Cet été, au mois de ____________________, j'ai été en vacances à ____________________ avec ____________________. Nous avons passé ____________________ jours fantastiques ! Nous avons voyagé en ____________________ et nous avons dormi ____________________.
J'ai passé des vacances amusantes et ____________________ !
J'ai ____________________, j'ai ____________________ et j'ai ____________________. L'année prochaine, je veux aller à ____________________ avec ____________________ !
En vacances, j'aime ____________________ mais je déteste ____________________.

Mon passeport

- 🐾🐾🐾 Très bien
- 🐾🐾 Bien
- 🐾 Assez bien

Prénom : ____________ Classe : ________
Nom : ____________ Date : ________

Compréhension de l'oral

1 Écoute. Vrai ou faux ?

		Vrai	Faux
1	Sophie habite dans un appartement.	☐	☐
2	Elle habite au cinquième étage.	☐	☐
3	Elle a deux frères et une sœur.	☐	☐
4	Ses grands-parents ont une maison avec un jardin.	☐	☐
5	Le chat de ses grands-parents s'appelle Moustache.	☐	☐
6	Elle aime bavarder avec son papy dans la cuisine.	☐	☐
7	Sa mamie prépare toujours du flan ou de la tarte pour le goûter.	☐	☐
8	Sa chambre est grande et confortable.	☐	☐
9	Il y a une petite bibliothèque.	☐	☐
10	Sur son bureau il y a des crayons, des livres et un ordinateur.	☐	☐

Vocabulaire

2 Cherche 18 mots dans la grille. Complète la bulle avec les lettres restantes.

F	T	C	B	A	R	M	O	I	R	E	T
A	C	H	A	M	B	R	E	T	É	M	O
U	S	A	L	O	N	L	É	O	C	I	I
T	A	I	C	G	R	E	N	I	E	R	L
E	W	S	O	A	L	I	T	T	N	O	E
U	C	E	N	R	T	A	B	L	E	I	T
I	A	P	J	A	R	D	I	N	É	R	T
L	F	R	I	G	O	C	H	A	I	S	E
S	A	L	L	E	D	E	B	A	I	N	S

Communication

3 Lis et associe pour recomposer le dialogue.

1 Où tu habites ?
2 À quel étage ?
3 Comment est ton appartement ?
4 Où est ta maman ?
5 Qu'est-ce qu'elle est en train de faire ?
6 Et toi qu'est-ce que tu fais ?
7 Avec qui ?
8 Comment est ta chambre ?
9 Où sont tes livres ?
10 Qu'est-ce qu'il y a à côté de ton lit ?

a Dans la cuisine.
b Elle est grande et confortable.
c Au rez-de-chaussée.
d Je suis en train de jouer aux cartes.
e Dans la bibliothèque et sur mon bureau.
f Avec ma sœur Coralie.
g Dans un immeuble.
h Elle est en train de lire un magazine.
i Ma table de nuit avec une jolie lampe.
j Il est petit mais moderne.

Production écrite

4 Réponds aux questions.

1 Tu habites dans une maison ou dans un appartement ?

____

____

2 Il y a combien d'étages ?

____

____

3 Comment est ta chambre ? Qu'est-ce qu'il y a dans ta chambre ?

____

____

4 Qu'est-ce qu'il y a dans ton salon ?

____

____

5 Qu'est-ce que ta maman est en train de faire maintenant ?

____

____

Mon passeport

🐾🐾🐾 Très bien
🐾🐾 Bien
🐾 Assez bien

Prénom : ____________________ Classe : __________

Nom : ____________________ Date : __________

Compréhension de l'oral

1 Écoute et écris les noms dans les bonnes cases.

fils · mamie · cousine · maman · papa

oncle · cousin · fille · papy · tante

Vocabulaire

2 Observe et complète.

1 Grâce à la  _ _ _ _ _ _ _, je peux voir mes amis qui habitent de l'autre côté du monde.

2 Pour envoyer des photos à mes amis, j'utilise mon  _ _ _ _ _ _ _ _ _ _.

3 Je surfe sur mon  _ _ _ _ _ _ _ _ _ _ _ pour chercher des informations sur le cirque.

4 Ma  _ _ _ _ est très grande et je peux regarder des vidéos avec mes amis.

5 Pour écouter de la musique, je mets mon  _ _ _ _ _ _ _, c'est très pratique !

6 À Noël, mes parents m'ont offert une  _ _ _ _ _ _ _ _ et des jeux vidéo.

7 Pour écrire un mail, je dois utiliser le 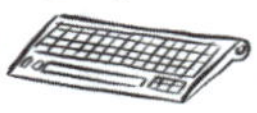 _ _ _ _ _ _ _ _ et la  _ _ _ _ _ _ _ _.

8 J'utilise une  _ _ _ _ _ _ pour mettre des informations dans ma  _ _ _ _ _ _ _ _ _.

Communication

3 Remets les conversations téléphoniques dans l'ordre.

A

- ☐ Et ton papa ?
- ☐ Merci Benjamin. À la prochaine !
- ☐ Je suis Monsieur Legrand. Est-ce que ta maman est là ?
- ☐ Au revoir Monsieur Legrand.
- ☐ Ici, c'est Benjamin.
- ☐ Non elle n'est pas là, je suis désolé.
- ☐ Excuse-moi, je suis bien au 03 21 55 07 18 ?
- ☐ Il est dans le garage.
- ☐ Tu peux me passer ton papa ?
- ☐ Allô ? Qui est à l'appareil ?
- ☐ Oui, ne quittez pas.
- ☐ Oui ! C'est le bon numéro de téléphone !

B

- ☐ Je t'envoie un message avec le programme sur ton portable.
- ☐ Parfait ! À samedi alors !
- ☐ C'est moi, ton cousin Jules. Tu viens à ma fête samedi ?
- ☐ D'accord !
- ☐ Il y a des clowns, des jongleurs et des acrobates.
- ☐ Bonne idée ! Quel est le programme ?
- ☐ Allô ? Qui est à l'appareil ?
- ☐ Mais c'est super ! J'adore le cirque !

Production écrite

4 Complète le message pour inviter un(e) ami(e) au cirque.

Salut ________________ ! Le cirque ________________ arrive aujourd'hui à ________________. Le spectacle est ce soir à ________________.
Il y a des ________________, des ________________ des ________________, mais moi je préfère les ________________.
Ce spectacle est ________________ et nous pouvons ________________ avec le portable.
C'est un beau souvenir, non ? Tu viens avec moi ?

Mon passeport

- Très bien
- Bien
- Assez bien

Prénom : ______________________ Classe : __________
Nom : ______________________ Date : __________

Compréhension de l'oral

1 Écoute et réponds.

1 Madame Coin et Charlotte vont...
A ☐ au supermarché. B ☐ à la supérette. C ☐ au marché.

2 Madame Coin veut...
A ☐ 2 kilos de tomates et 4 kilos de carottes.
B ☐ 1 kg de tomates et 5 carottes.
C ☐ 1 kilos de tomates et 5 kilos de carottes.

3 Le vendeur offre...
A ☐ une plaquette de beurre à Madame Coin.
B ☐ une tablette de chocolat à Charlotte.
C ☐ des fleurs à Madame Coin.

4 Combien coûtent ces produits ?
tomates : __________ lait : __________
carottes : __________ œufs : __________

5 Madame Coin paie avec...
A ☐ un billet de 20 euros. B ☐ un billet de 50 euros. C ☐ une carte de crédit.

Vocabulaire

2 Associe.

1 un morceau	a de beurre
2 une bouteille	b d'orangeade
3 une plaquette	c de confiture
4 une brique	d de bonbons
5 un pot	e de thon
6 un paquet	f de fromage
7 une canette	g de tomates
8 une tablette	h de lait
9 une boîte	i de biscuits
10 un sachet	j de chocolat
11 un tube	k d'eau
12 un kilo	l de mayonnaise

Communication

3 Lis et complète le dialogue.

c'est cher | Désolé | autre chose | Combien | Est-ce vous avez | Je voudrais | Ça fait | vous désirez | s'il vous plaît

- Bonjour Madame Legrand !
- Bonjour Monsieur !
- Qu'est-ce que ______________ ?
- ______________ une boîte de thon et un morceau de fromage, ______________ .
- Voilà Madame ! Vous désirez ______________ ?
- ______________ des carottes ?
- ______________ Madame, je n'ai pas de carottes.
- Ce n'est pas grave. ______________ je vous dois ?
- ______________ 14 euros 55.
- Hum... ______________ !

Production écrite

4 Invente une recette.

il faut mettre | il faut ajouter | il faut battre | il faut faire ramollir

____

Ingrédients :

- ______________
- ______________
- ______________
- ______________
- ______________
- ______________

Préparation :

Pour faire ______________ ,
d'abord ______________ .
Ensuite, ______________ .
Après, ______________ .
Enfin, ______________ et c'est prêt !

Mon passeport

Très bien
Bien
Assez bien

Prénom : ______________________ Classe : __________

Nom : ______________________ Date : __________

Compréhension de l'oral

1 (5) Écoute et associe. Dans quel magasin ils doivent aller ?

Julie – Léo – Caroline – Nathan – Émilie – Luc – Sophie – Benjamin – Isabelle – Père Noël

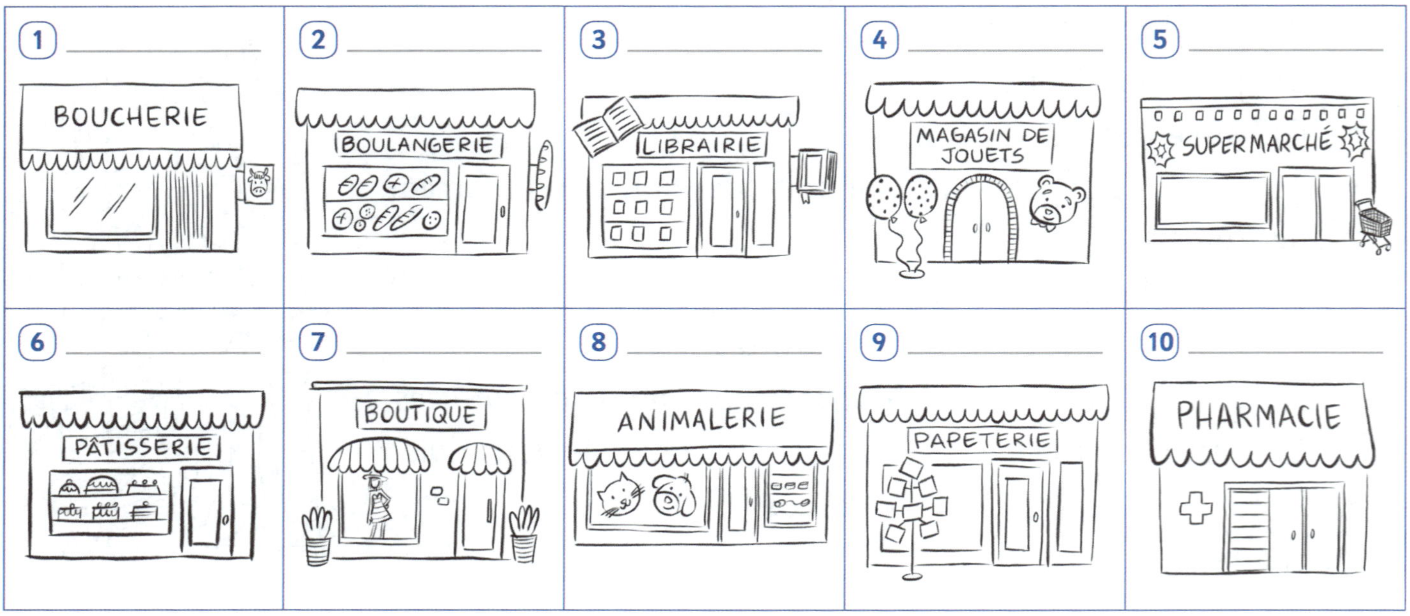

Vocabulaire

2 Complète les phrases.

1 Je vais acheter des livres à la l_ _ _ _ _ _ _ _ ou je vais à la bibliothèque de mon quartier.
2 Ma mère va faire les courses au s_ _ _ _ _ _ _ _ _ _, elle veut faire une tarte tatin.
3 Avant la rentrée, nous achetons des cahiers et des crayons à la p_ _ _ _ _ _ _ _.
4 En France, on achète des macarons à la p_ _ _ _ _ _ _ _ et des croissants à la b_ _ _ _ _ _ _ _ _.
5 Quand j'ai mal à la tête, je vais acheter des médicaments à la p_ _ _ _ _ _ _ _.
6 Pour l'anniversaire de son petit frère, Julie va acheter un cadeau au m_ _ _ _ _ _ de _ _ _ _ _ _.
7 Mon chien aime jouer, je dois aller à l'a_ _ _ _ _ _ _ _ _ pour lui acheter une petite balle.
8 À la b_ _ _ _ _ _ _ _, on trouve des steaks pour préparer des hamburgers, comme au fast-food !

Communication

3 Lis et complète le dialogue.

en face de | Achète un ticket | nous sommes ici | il faut prendre | C'est loin | tout droit | tourner à gauche | Par où | traverse

- Bonjour Madame ! ________________ je dois passer pour aller à la piscine ?
- C'est facile ! Regarde le plan de la ville, ________________, au point rouge. Et la piscine est ici !
- ________________ ! Je ne peux pas aller à la piscine à pied !
- Non, ________________ l'autobus 47.
- Je n'ai pas de ticket.
- ________________ au kiosque à journaux !
- Je dois descendre à l'arrêt de la piscine ?
- Non, descends à l'arrêt du musée et va ________________. Tu arrives à la poste.
- La piscine est ________________ la poste ?
- Non, il faut ________________, puis à droite.
- C'est très compliqué ! Je vais prendre le métro alors !
- Alors ________________ la rue, tu te retrouves à la station de métro.
- Merci Madame.
- Au revoir !

Production écrite

4 Écris une carte postale à ton correspondant français.

Cher/Chère ________________,
Comment ________________ ? Moi, ça va ! Je t'envoie une carte postale de ma ville. C'est une ville très ________________. Sur la place, il y a ________________. Moi, j'aime faire les courses. Mon magasin préféré est ________________. Viens me voir ! Quand tu arrives en ville tu dois prendre ________________. Après c'est facile, il faut ________________, puis ________________.
J' habite ________________, au numéro ________.
À bientôt !!!

____

Mon passeport

🐾🐾🐾 Très bien
🐾🐾 Bien
🐾 Assez bien

Prénom : ____________________ Classe : __________

Nom : ____________________ Date : __________

Compréhension de l'oral

1 Écoute et choisis le bon métier.

1
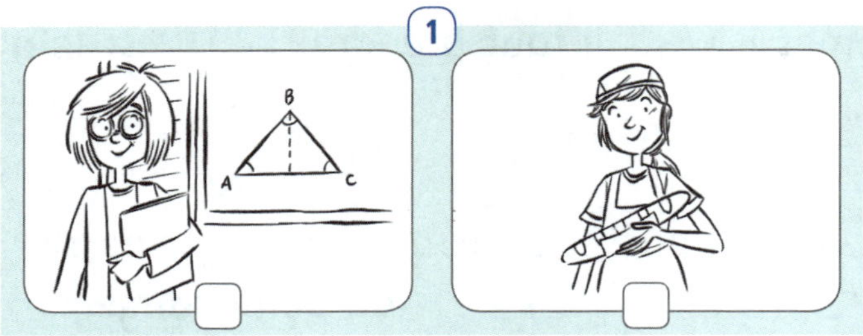

2
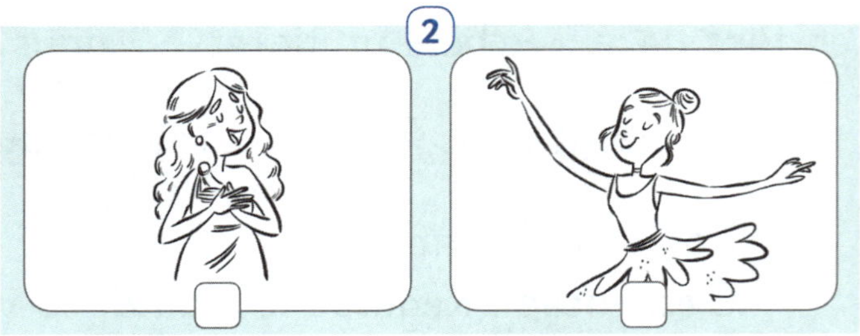

3
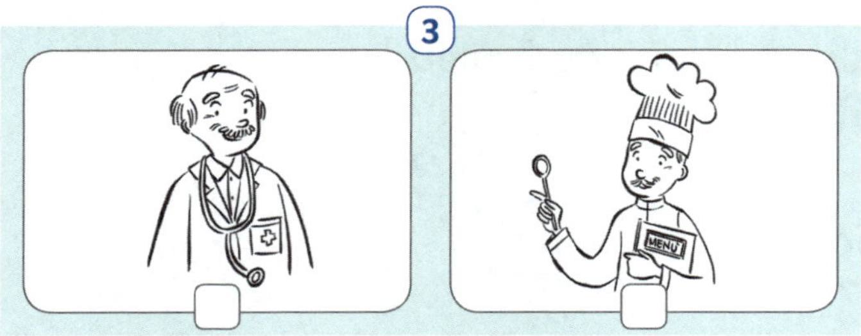

4

5
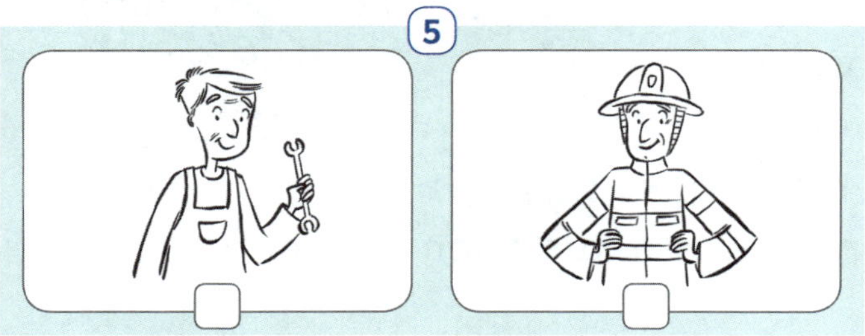

6
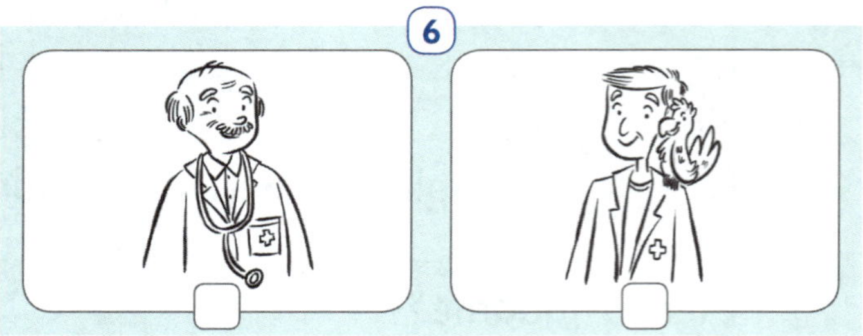

Vocabulaire

2 Complète les phrases.

1 La v_ _ _ _ _ _ _ vend des fruits et légumes dans son m_ _ _ _ _ _.

2 Le cuisinier sait c_ _ _ _ _ _ _ et travaille dans un r_ _ _ _ _ _ _ _ _.

3 La maîtresse aime e_ _ _ _ _ _ _ _ le français dans son é_ _ _ _.

4 J'ai mal à la tête, je vais au c_ _ _ _ _ _ m_ _ _ _ _ _ et le m_ _ _ _ _ _ me soigne.

5 Le métier de p_ _ _ _ _ _ est plus dangereux que le métier de mécanicien.

6 Ce v_ _ _ _ _ _ _ _ _ _ sait soigner les animaux sauvages. Il travaille dans un p_ _ _ a_ _ _ _ _ _ _ _.

7 Moi, je ne sais pas r_ _ _ _ _ _ les voitures, mais je sais é_ _ _ _ _ à l'ordinateur. Je serai s_ _ _ _ _ _ _ _ _ dans un b_ _ _ _ _.

8 Il sait faire rire les gens ! Il sera c_ _ _ _ dans un c_ _ _ _ _ ou il sera a_ _ _ _ _ au théâtre.

Communication

3 Remets le dialogue dans l'ordre.

- ☐ Non, je ne sais pas cuisiner, mais j'aime aller au restaurant !
- ☐ Oui, le métier de clown est plus amusant que le métier de cuisinier !
- ☐ Super ! C'est très intéressant. Une rédaction sur nos loisirs ?
- ☐ Nous allons faire une rédaction.
- ☐ Et tu sais faire rire les gens !
- ☐ Moi, je ne sais pas Madame.
- ☐ Qu'est-ce que tu sais faire ?
- 1 Bonjour les enfants !
- ☐ Bonjour Madame ! Qu'est-ce qu'on va faire aujourd'hui ?
- ☐ Est-ce que tu seras cuisinier plus tard ?
- ☐ Euh... j'aime la quiche, la viande, les légumes...
- ☐ Non, sur votre avenir. Qu'est-ce que vous ferez quand vous serez grands ?

Production écrite

4 Écris une lettre à un(e) ami(e) pour lui raconter ce que tu feras plus tard.

Salut ____________ !
Aujourd'hui à l'école nous avons parlé de notre avenir.
Moi, je ne sais pas ____________ et donc je ne peux pas être ____________. Je n'aime pas ____________ et donc je ne peux pas être ____________ et travailler dans ____________.
Non, quand je ____________, je serai ____________ parce que je sais ____________ et j'aimerai travailler dans ____________.
C'est un travail très ____________ et ____________, tu ne trouves pas ?
Et toi ? Qu'est-ce que tu veux faire plus tard ?
Bises,
____

Mon passeport

- 🐾🐾🐾 Très bien
- 🐾🐾 Bien
- 🐾 Assez bien

Test Unité 1

Compréhension de l'oral

Exercice 1

Transcription de l'enregistrement et clef

1 Salut ! Je m'appelle **Julie** et en juillet j'ai été en vacances à **Paris** ! Quelle ville magnifique ! J'ai pris l'**avion** avec mes parents et nous avons dormi à l'**hôtel**. **J'ai visité le Musée du Louvre et le Musée d'Orsay**, j'ai passé des vacances formidables !

2 Bonjour, je suis **Nathan** et cette année j'ai choisi l'aventure ! J'ai voyagé en **camping-car** avec ma famille. J'ai été sur la Côte d'Azur parce que j'adore aller à la **mer** et nous avons dormi dans un **appartement**. **J'ai joué aux raquettes** avec mon frère. J'ai passé des vacances très amusantes !

3 Moi, c'est **Aurélie** ! J'ai passé mes vacances à la **montagne**, à Chamonix. J'ai voyagé en **voiture**. En été, il ne neige pas mais on peut faire de très belles promenades dans la nature. J'ai dormi dans un gîte rural et **j'ai photographié** beaucoup d'animaux. J'ai passé des vacances très intéressantes !

4 Salut ! Je m'appelle **Kévin** et cette année j'ai pris le **bateau** pour aller sur une **île** au milieu de l'océan. Je n'ai pas dormi à l'hôtel mais sur la plage, sous une **tente**. **J'ai nagé** et j'ai parlé avec les gens qui habitent sur l'île. J'ai appris beaucoup de choses et j'ai passé des vacances magnifiques !

Vocabulaire

Exercice 2

Lieux	Moyens de transport	Logements	Activités
mer, lac, montagne, ville, sur une île, à la campagne	*voiture*, camping-car, car, train, avion, bateau	*hôtel*, gîte rural, appartement, tente	*nager*, jouer aux raquettes, lire des magazines, visiter un musée, photographier sa famille, voir des animaux, randonner, pique-niquer

Communication

Exercice 3

A

6 Non, avec mes amis. Nous allons en colonie de vacances en car !
3 Et où tu vas en vacances ?
1 Bonjour, tu pars en vacances au mois de juillet ?
4 Je vais à la montagne. À Chamonix !
2 Non, je pars en vacances au mois d'août !
5 C'est super la montagne ! Tu pars avec tes parents ?

B

5 Et pourquoi c'est fatigant ?
3 Ah oui ?! Où vous avez été ?
6 Parce que nous avons donné à manger aux animaux.
4 Nous avons été à la campagne chez nos grands-parents.
1 Salut, comment ont été vos vacances ?
2 Nous avons passé des vacances fatigantes.

Production écrite

Exercice 4

Réponses personnelles

Test Unité 2

Compréhension de l'oral

Exercice 1

Transcription de l'enregistrement

Sophie Bonjour, je m'appelle Sophie et j'habite dans un appartement au troisième étage d'un immeuble. Je vis avec mes parents, mon frère et mes deux sœurs. Mes grands-parents habitent au rez-de-chaussée et j'aime aller les voir parce qu'ils ont un petit jardin : je peux jouer avec leur petit chat Moustache ! J'aime beaucoup bavarder avec ma mamie dans la cuisine, elle prépare toujours du flan ou de la tarte pour le goûter. Miam ! J'aime aussi beaucoup ma chambre : elle est grande et confortable. Il y a une grande bibliothèque et sur mon bureau il y a des crayons, des livres et un ordinateur.

1 vrai, 2 faux (Elle habite au troisième étage), 3 faux (Elle a un frère et deux sœurs), 4 faux (Ils habitent au rez-de-chaussée et ils ont un petit jardin), 5 vrai, 6 faux (Elle aime bavarder avec sa mamie dans la cuisine), 7 vrai, 8 vrai, 9 faux (Il y a une grande bibliothèque), 10 vrai

Vocabulaire

Exercice 2

F	T	C	B	A	R	M	O	I	R	E	T
A	C	H	A	M	B	R	E	T	É	M	O
U	S	A	L	O	N	L	É	O	C	I	I
T	A	I	C	G	R	E	N	I	E	R	L
E	W	S	O	A	L	I	T	T	N	O	E
U	C	E	N	R	T	A	B	L	E	I	T
I	A	P	J	A	R	D	I	N	É	R	T
L	F	R	I	G	O	C	H	A	I	S	E
S	A	L	L	E	D	E	B	A	I	N	S

J'aime regarder la **télé** dans mon **canapé** !

Communication

Exercice 3

1 g, 2 c, 3 j, 4 a, 5 h, 6 d, 7 f, 8 b, 9 e, 10 i

Production écrite

Exercice 4

Réponses personnelles

Test Unité 3

Compréhension de l'oral

Exercice 1

Transcription de l'enregistrement

Je vous présente la famille du cirque Babou. Les spectateurs adorent leur spectacle ! Papy Jules présente tous les artistes qui sont sur la piste. Mamie Charlotte prend des photos pour les offrir aux enfants. Les clowns sont au milieu de la piste, ils sont très amusants : papa Luc est un clown triste mais son fils Kévin est très content. Il jette de l'eau à son oncle Thomas qui est très surpris. Regardez ! Maman Sophie danse sur un cheval blanc, comme elle est jolie ! Sa fille Angélique est acrobate et elle a très peur de tomber. Tante Chantal est une fantastique jongleuse, elle ne fait jamais tomber ses balles. Le cousin de Kévin et Sophie s'appelle Nathan et il aime beaucoup faire de la musique. Leur cousine Élise vend de bonnes choses à manger aux spectateurs.

1 maman, 2 cousin, 3 fille, 4 fils, 5 cousine, 6 mamie, 7 papy, 8 papa, 9 oncle, 10 tante

Vocabulaire

Exercice 2

1 webcam, 2 portable, 3 ordinateur, 4 télé, 5 casque, 6 console, 7 clavier, souris, 8 clé USB, tablette

Communication

Exercice 3

A

7 Et ton papa ?
11 Merci Benjamin. À la prochaine !
5 Je suis Monsieur Legrand. Est-ce que ta maman est là ?
12 Au revoir Monsieur Legrand.
2 Ici, c'est Benjamin.
6 Non elle n'est pas là, je suis désolé.
3 Excuse-moi, je suis bien au 03 21 55 07 18 ?
8 Il est dans le garage.
9 Tu peux me passer ton papa ?
1 Allô ? Qui est à l'appareil ?
10 Oui, ne quittez pas.
4 Oui ! C'est le bon numéro de téléphone !

B

4 Je t'envoie un message avec le programme sur ton portable.
8 Parfait ! À samedi alors !
2 C'est moi, ton cousin Jules. Tu viens à ma fête samedi ?
3 D'accord !
6 Il y a des clowns, des jongleurs et des acrobates.
5 Bonne idée ! Quel est le programme ?
1 Allô ? Qui est à l'appareil ?
7 Mais c'est super ! J'adore le cirque !

Production écrite

Exercice 4

Réponse personnelle

Test Unité 4

Compréhension de l'oral

4 Exercice 1

Transcription de l'enregistrement

Charlotte et sa maman vont faire leurs courses à la supérette.

Vendeur Bonjour Madame Coin, bonjour Charlotte !
Mme Coin Bonjour Monsieur.
Vendeur Qu'est-ce que vous désirez ?
Mme Coin Nous voulons faire de la salade ce soir !
Vendeur Alors regardez quelles belles tomates !
Mme Coin Parfait ! Alors donne-moi 1 kilo de tomates, s'il vous plaît.
Vendeur Voilà Madame ! Vous désirez autre chose ?
Mme Coin Donnez-moi 5 carottes.
Charlotte Super maman ! Tu vas faire de la purée de carottes ?
Mme Coin Oui, donc il faut aussi acheter du lait et 2 œufs.
Vendeur Vous voulez aussi une plaquette de beurre ?
Mme Coin Non merci, j'ai du beurre dans mon frigo. Tu veux autre chose Charlotte ?
Charlotte Oui, je voudrais une tablette de chocolat.
Vendeur Bien sûr Charlotte ! Tiens ! C'est un cadeau !
Mme Coin Combien je vous dois Monsieur ?
Vendeur Alors 1 euro 90 pour les tomates, 4 euros 50 pour les carottes, 1 euro 20 pour le lait et 60 centimes pour les œufs. Ça fait 8 euros 20 Madame !
Mme Coin Excusez-moi, j'ai un billet de 50 euros.
Vendeur Je n'ai pas la monnaie. Vous avez une carte de crédit ?
Mme Coin Oui, voilà ma carte de crédit.
Vendeur Merci Madame. Au revoir Charlotte !
Charlotte Au revoir Monsieur !

1 B ; 2 B ; 3 B ; 4 tomates : 1 euro 90, carottes : 4 euros 50, lait : 1 euro 20, œufs : 60 centimes ; 5 C

Vocabulaire

Exercice 2

1 f un morceau de fromage, **2 k** une bouteille d'eau, **3 a** une plaquette de beurre, **4 h** une brique de lait, **5 c** un pot de confiture, **6 i** un paquet de biscuits, **7 b** une canette d'orangeade, **8 j** une tablette de chocolat, **9 e** une boîte de thon, **10 d** un sachet de bonbons, **11 l** un tube de mayonnaise, **12 g** un kilo de tomates

Communication
Exercice 3
- Bonjour Madame Legrand !
- Bonjour Monsieur !
- Qu'est-ce que **vous désirez** ?
- **Je voudrais** une boîte de thon et un morceau de fromage, **s'il vous plaît**.
- Voilà Madame ! Vous désirez **autre chose** ?
- **Est-ce que vous avez** des carottes ?
- **Désolé** Madame, je n'ai pas de carottes.
- Ce n'est pas grave. **Combien** je vous dois ?
- **Ça fait** 14 euros 55.
- Hum... **c'est cher** !

Production écrite
Exercice 4
Réponse personnelle

Test Unité 5
Compréhension de l'oral
5 Exercice 1

Transcription de l'enregistrement

1 Salut ! Je m'appelle Julie. Aujourd'hui, c'est l'anniversaire de mon papa et nous allons organiser une grande fête ! Moi, je dois acheter un gros gâteau au chocolat. Dans quel magasin je dois aller ?

2 Bonjour, moi c'est Léo ! Hier j'ai fait du sport et je suis tombé par terre. Maintenant, j'ai très mal au genou, je dois aller à la...

3 Je suis Caroline. Je dois acheter des biscuits pour mon petit chat et des boîtes de viande pour mon chien. Dans quel magasin je dois aller ?

4 Allô ! Ici c'est Nathan ! Demain je dois aller jouer au foot avec mes amis. Dans quel magasin je dois aller pour acheter un t-shirt et un short ?

5 Bonjour, je suis Émilie. Ce soir, mes amis viennent déjeuner chez moi. Je dois acheter beaucoup de choses : du poisson, des pommes de terre, de la tarte aux pommes... Où je dois faire mes courses ?

6 Je m'appelle Luc et demain à l'école nous allons faire du bricolage. Il faut apporter de la colle, des ciseaux et du carton blanc. Où je dois aller ?

7 Salut ! Je suis Sophie et pour le dîner ma maman veut préparer du poisson. Mais moi je n'aime pas le poisson ! Je dois aller acheter un steak. Dans quel magasin ?

8 Moi, je suis Benjamin. À l'école la maîtresse a donné beaucoup de devoirs à faire ! Nous devons lire une bande dessinée. Où je dois aller pour acheter Astérix ?

9 Bonjour, je m'appelle Isabelle et j'ai faim. J'adore manger du pain avec de la confiture... mais il n'y a plus de pain à la maison. Où je dois aller pour acheter une baguette ?

10 Salut les amis ! C'est moi ! Le père Noël ! Je dois acheter beaucoup de cadeaux pour les enfants. Où je dois aller ?

1 Sophie, 2 Isabelle, 3 Benjamin, 4 Père Noël, 5 Émilie, 6 Julie, 7 Nathan, 8 Caroline, 9 Luc, 10 Léo

Vocabulaire
Exercice 2
1 librairie, 2 supermarché, 3 papeterie, 4 pâtisserie, boulangerie 5 pharmacie, 6 magasin de jouets, 7 animalerie, 8 boucherie

Communication
Exercice 3
- Bonjour Madame ! **Par où** je dois passer pour aller à la piscine ?
- C'est facile ! Regarde le plan de la ville, **nous sommes ici**, au point rouge. Et la piscine est ici !
- **C'est loin** ! Je ne peux pas aller à la piscine à pied !
- Non, **il faut prendre** l'autobus 47.
- Je n'ai pas de ticket.
- **Achète un ticket** au kiosque à journaux !
- Je dois descendre à l'arrêt de la piscine ?
- Non, descends à l'arrêt du musée et va **tout droit**. Tu arrives à la poste.

- La piscine est **en face de** la poste ?
- Non, il faut **tourner à gauche**, puis à droite.
- C'est très compliqué ! Je vais prendre le métro alors !
- Alors **traverse** la rue, tu te retrouves à la station de métro.
- Merci Madame.
- Au revoir !

Production écrite

Exercice 4

Réponse personnelle

Test Unité 6

Compréhension de l'oral

Exercice 1

Transcription de l'enregistrement

1 J'adore faire du pain, mais aussi du flan et des tartes aux pommes. Quand je serai grande, je serai...
2 J'aime beaucoup le théâtre, mais je n'aime pas la danse classique. Quand je serai grande, je serai...
3 Quand je serai grand, j'aurai des vêtements blancs parce que je travaillerai dans un cabinet médical. Oui ! Je serai...
4 Je suis très créative et j'aime coiffer les personnes. Quand je serai grande, j'aurai un grand salon et je serai...
5 Moi, j'adore réparer les voitures, les motos et les vélos. Quand je serai grand, j'aurai un garage et je serai...
6 Je sais m'occuper de mon chien et de mon chat et j'aime aller au parc animalier. Quand je serai grand, je serai...

1 boulangère, 2 actrice, 3 médecin, 4 coiffeuse, 5 mécanicien, 6 vétérinaire

Vocabulaire

Exercice 2

1 vendeuse, magasin, 2 cuisiner, restaurant, 3 enseigner, école, 4 cabinet médical, médecin, 5 pompier, 6 vétérinaire, parc animalier, 7 réparer, écrire, secrétaire, bureau, 8 clown, cirque, acteur

Communication

Exercice 3

10 Non, je ne sais pas cuisiner, mais j'aime aller au restaurant !
12 Oui, le métier de clown est plus amusant que le métier de cuisinier !
4 Super ! C'est très intéressant. Une rédaction sur nos loisirs ?
3 Nous allons faire une rédaction.
11 Et tu sais faire rire les gens !
6 Moi, je ne sais pas Madame.
7 Qu'est-ce que tu sais faire ?
1 Bonjour les enfants !
2 Bonjour Madame ! Qu'est-ce qu'on va faire aujourd'hui ?
9 Est-ce que tu seras cuisinier plus tard ?
8 Euh... j'aime la quiche, la viande, les légumes...
5 Non, sur votre avenir. Qu'est-ce que vous ferez quand vous serez grands ?

Production écrite

Exercice 4

Réponse personnelle